La Chute de Constantinople

Du même auteur

The Emperor Romanus Lecapenus and his Reign : A Study of Tenth-Century Byzantium, Cambridge, Cambridge University Press, 1929 ; rééd., 1990.

A History of the First Bulgarian Empire, Londres, G. Bell and Sons, 1930.

Byzantine Civilisation, Londres, Arnold, 1933. Éd. fr. : *La Civilisation byzantine*, 330-1453, trad. de l'anglais par E.-J. Lévy, Paris, Payot, coll. « Bibliothèque historique », 1934 ; rééd., 1952.

The Medieval Manichee : A Study of the Christian Dualist Heresy, Cambridge, Cambridge University Press, 1947 ; réimpr., 1982. Éd. fr. : *Le Manichéisme médiéval : l'hérésie dualiste dans le christianisme*, trad. de l'anglais par Simone Pétrement et Jacques Marty, Paris, Payot, coll. « Bibliothèque scientifique », 1949.

A History of the Crusades, Cambridge, Cambridge University Press, 1951-1954, 3 vol. ; rééd., 1989 ; *Histoire des croisades*, trad. de l'anglais par Denis-Armand Canal et Guillaume Villeneuve, Paris, Dagorno, 1998 ; 2e éd., Tallandier, 2006.

The *Eastern Schism : A Study of the Papacy and the Eastern Churches during the XIth and XIIth Centuries*, Oxford, Clarendon Press, 1955. Éd. fr. : *Le Schisme d'Orient : la papauté et les Églises d'Orient, XIe et XIIe siècles*, trad. de l'anglais par Hugues Defrance, Paris, Les Belles Lettres, coll. « Histoire », 2005.

The Sicilian Vespers : A History of the Mediterranean World in the Later XIIIth Century, Cambridge, Cambridge University Press, 1958 ; rééd., 1992. Éd. fr. à paraître.

The White Rajahs : A History of Sarawak from 1841 to 1946, Cambridge, Cambridge University Press, 1960.

The Great Church in Captivity : A Study of the Patriarchate of Constantinople from the Eve of the Turkish Conquest to the Greek War of Independence, Cambridge, Cambridge University Press, 1968 ; réimpr., 1997.

The Last Byzantine Renaissance, Cambridge, Cambridge University Press, 1970.

Orthodox Churches and the Secular State, Oxford, Oxford University Press, 1972.

Byzantine Style and Civilization, Harmondsworth, Penguin, 1975 ; rééd. sous le titre : *Byzantine Art and Civilisation*, Londres, Folio Society, 2004.

The Byzantine Theocracy, Cambridge, Cambridge University Press, 1977.

Mistra : Byzantine Capital of the Peloponnese, Londres, Thames and Hudson, 1980.

A Traveller's Alphabet : Partial Memoirs, Londres, New York, Thames and Hudson, 1991.

STEVEN RUNCIMAN

La Chute de Constantinople

1453

Traduction revue, corrigée et annotée
par Hélène Pignot
Introduction de Laurent Motte

TEXTO

NOTE DE L'ÉDITEUR

Comme chacun de nous, à ma façon, à ma mesure, j'ai le goût de l'histoire. Parce qu'ils donnent matière à réflexion sur les autres, et par conséquent sur soi-même et les temps que nous vivons, et parce qu'ils sont source de pédagogie, les livres d'histoire ont toujours figuré au premier rang de ma bibliothèque. Livres de sagesse, de réflexion et d'analyse donc, mais aussi livres de divertissement, dès lors qu'ils échappent aux écoles et aux académies, bref à l'orthodoxie.

Ce goût me vient de loin : le grenier de la maison où je fus caché durant la Seconde Guerre mondiale était rempli de vieilles collections du journal *L'Illustration*. Cet accès précoce à la lecture et à l'histoire a été un moment privilégié dans mon « éducation ». Si d'autres influences s'y sont exercées, celle-là a été capitale.

Aussi bien ai-je souhaité, chez Tallandier, réunir ces tableaux vivants d'époques ou d'événements qui ont marqué le cours des siècles, des livres destinés – je l'ai dit – à nourrir notre culture. Livres d'histoire, ce seront aussi autant de récits : vastes fresques ou études et recherches ponctuelles, souvent initiatiques, parfois identitaires, livres d'aventures toujours, individuelles ou collectives.

Cette diversité recouvre une unité : c'est parce qu'avec les livres d'histoire, il y en a pour tous les goûts que chacun, je le crois, à sa façon, à sa mesure, a le goût de l'histoire.

Ainsi m'efforcerai-je avec Texto d'offrir à chacun des livres une lecture *citoyenne*, celle qui développe l'esprit critique et enrichit nos connaissances, ouvrant ainsi la voie à toutes les réussites.

Jean-Claude ZYLBERSTEIN

Éditions Tallandier – 2, rue Rotrou 75006 PARIS
www.tallandier.com
www.texto-legoutdelhistoire.com

Sommaire

Introduction

STEVEN RUNCIMAN, HISTORIEN DE LA ROME NOUVELLE

par Laurent Motte

En décembre 537, Justinien, entrant pour la première fois dans la basilique Sainte-Sophie et admirant les beautés de l'édifice, s'écria : « Gloire à Dieu, qui a daigné me trouver digne d'accomplir cette œuvre ! Ô Salomon, je t'ai vaincu ! » L'empereur chrétien, d'une manière significative, ne se référait ni à Périclès, ni à Hadrien, il n'avait cure ni du Parthénon, ni du Panthéon, mais il songeait au Temple de Salomon et au roi sage par excellence. De fait, Byzance n'est pas la continuation, la pâle copie ou la parodie du monde gréco-romain ; c'est une civilisation *sui generis*, biblique si l'on veut, dont la splendeur n'est l'héritière ni de la gloire de la Grèce, ni de la grandeur de Rome. Pour l'avoir compris, l'historien britannique sir Steven Runciman (1903-2000) a renouvelé, avec des moyens en apparence simples et classiques, tout un pan de l'histoire de l'Europe et de la Méditerranée.

Jusqu'au XVIIIe siècle au moins, l'Empire romain d'Orient a eu ses détracteurs en Occident. Le monde byzantin se réduisait, aux yeux des historiens, à un étalage de luxe oriental, de corruption et de décadence. Moins hostiles, les savants du XIXe siècle ont néanmoins souvent marginalisé Byzance, qui ne semblait pas avoir joué un rôle moteur sur la voie ayant conduit le monde des Anciens aux Modernes, en passant par l'« obscur » Moyen Âge.

Revenons un instant sur ces préjugés anciens, pour montrer comment Runciman, par ses choix méthodologiques rigoureux, et notamment la prise en compte de l'ensemble des sources, a rendu à Byzance sa place centrale dans notre histoire.

Pendant plus de mille ans, depuis la fondation de Constantinople, la nouvelle Rome *(Nova Roma)*, le 11 mai 330, jusqu'au cri du 29 mai 1453 : « La Ville est prise », Byzance a été une puissance internationale de premier plan. Son rôle fut éclatant dans les domaines du commerce – elle connut la prospérité sous la dynastie des Comnène, aux XIe et XIIe siècles, même après la défaite de Mantzikert en 1071 et la perte de l'Asie Mineure* –, de la politique – elle contint les Barbares puis servit de tampon entre l'Islam conquérant et les royaumes d'Occident – et de la culture – elle conserva l'*archivium* gréco-romain et transmit l'héritage classique. Au IXe siècle, Photios le Grand, patriarche de Constantinople, inventa le genre du « compte rendu de lecture » dans sa remarquable *Bibliothèque*, qui couvrait tous les domaines et qui a sauvé pour l'avenir d'innombrables textes antiques ; au concile de Florence (1438), un Marc d'Éphèse citait

*. Voir Angeliki E. LAIOU, éd., *The Economic History of Byzantium, from the Seventh through the Fifteenth Century*, Washington, Dumbarton Oaks, 2002, 3 vol.

l'*Ajax* de Sophocle comme nous citerions *Le Cid* de Corneille, car il se sentait de plain-pied avec l'hellénisme millénaire. Pour un Byzantin, toutefois, tous ces points auraient paru secondaires ; c'est la place de sa cité mère comme phare du christianisme qu'il aurait plus volontiers souligné. Ainsi, Photios écrivait :

« Comme d'un sommet élevé et haut perché, la ville impériale fait jaillir les sources de l'orthodoxie, répand, dans toute leur pureté, les flots de la piété jusqu'aux confins de l'univers, et arrose de dogmes, à l'instar des fleuves, les âmes de ces contrées lointaines ; et ces âmes depuis longtemps desséchées [...] ne laissent pas, une fois baignées des ondes de l'enseignement et rendues riantes par la culture, d'enrichir de leurs fruits la campagne du Christ[*]. »

Or c'est justement ce rôle spirituel, dont les Byzantins étaient si fiers, qui leur a valu le dédain, voire la franche hostilité, des historiens occidentaux, et cela à cause du schisme entre catholiques et orthodoxes, schisme magistralement étudié par Steven Runciman[**]. Donnons quelques exemples de la manière dont les historiens ont longtemps traité la matière byzantine ; ils feront ressortir la nouveauté apportée dans ce domaine par Runciman.

Les préjugés occidentaux contre Byzance

Dès le XIIe siècle, Chrétien de Troyes expose, en des vers fameux de son roman *Cligès*, le schéma explicatif de

---

*. Saint PHOTIOS, « Encyclique aux patriarches orientaux », in *Œuvres trinitaires*, t. I, Paris, Fraternité orthodoxe Saint Grégoire Palamas, 1989, p. 57.

**. Steven RUNCIMAN, *Le Schisme d'Orient : la papauté et les Églises d'Orient, XIe-XIIe siècles*, trad. de l'anglais par Hugues DEFRANCE, Paris, Les Belles Lettres, 2005.

la « translation de clergie », qui hantera désormais la conscience occidentale :

Ce nos ont nostre livre apris
Que Grece ot de chevalerie
Le premier los et de clergie,
Puis vint chevalerie a Rome
Et de la clergie la somme,
Qui or est en France venue.

La vaillance – la chevalerie – ainsi que la culture – la clergie – seraient ainsi passées des Grecs anciens aux Romains, et de ceux-là aux Français. Dans une telle perspective, Byzance est périmée et le vol des reliques justifié : l'Empire chrétien, devenu « schismatique » à une date du reste indéterminée, n'a plus droit à l'histoire. Il faudrait, bien sûr, remonter aux disputes des temps carolingiens pour saisir l'origine de cette antipathie contre l'empire des Romains et son symbole vivant, l'empereur de Constantinople, que les nouveaux venus en Occident ont remplacé.

L'appréciation sur le monde byzantin va, bien entendu, évoluer au gré des changements politiques. Le schéma demeure néanmoins : les Romains d'Orient ont péché en devenant rebelles au pape de Rome, et leurs malheurs sont la conséquence de ce péché. Le jésuite Louis Maimbourg (1610-1686), dont les livres, écrits avec talent, firent les délices du public au XVIIe siècle, déclare au sujet de la chute de Constantinople :

« Ainsi mourut Constantin XV. Le dernier des empereurs grecs, en défendant, en héros digne de son nom, cette illustre Ville, que le premier des Constantin avait bâtie, pour être la seconde Rome, et que Dieu avait résolu de livrer aux

Infidèles, pour la punir de sa révolte opiniâtre contre l'ancienne Rome, à laquelle Jésus-Christ a donné dans l'ordre de la hiérarchie la puissance et l'autorité suprême sur tous les chrétiens pour le spirituel*. »

Peu à peu se forge l'image de Byzance, lieu où s'exhibent des richesses insolentes, où règnent la corruption des mœurs et les finasseries théologiques. Voltaire donne le ton en 1768, dans *L'Homme aux quarante écus* :

« Pourquoi donc le monachisme a-t-il prévalu ? parce que le gouvernement fut presque partout détestable et absurde depuis Constantin [...].

« La question du luxe fut traitée à fond [au cours d'un dîner à Paris]. On demanda si c'était le luxe qui avait détruit l'Empire romain, et il fut prouvé que les deux empires d'Occident et d'Orient n'avaient été détruits que par la controverse et par les moines. En effet, quand Alaric prit Rome, on n'était occupé que de disputes théologiques ; et quand Mahomet II prit Constantinople, les moines défendaient beaucoup plus l'éternité de la lumière du Thabor, qu'ils voyaient à leur nombril, qu'ils ne défendaient la ville contre les Turcs**. »

---

*. Louis MAIMBOURG, *Histoire du schisme des Grecs*, Paris, S. Mabre-Cramoisy, 1677, p. 684.

**. VOLTAIRE, *L'Homme aux quarante écus*, in *Romans et contes*, éd. Henri BÉNAC, Paris, Garnier, 1958, p. 318 et 340. Voltaire reprend ici les critiques habituelles, adressées par les théologiens latins aux hésychastes ou solitaires depuis l'époque de la querelle entre Barlaam le Calabrais et saint Grégoire Palamas (1341). C'est Barlaam qui se servit du terme d'« omphalopsyques » ou « ayant l'âme au nombril » pour railler les pratiques hésychastes.

Lorsqu'il rédige, entre 1776 et 1788, sa monumentale *Histoire du déclin et de la chute de l'Empire romain* en six volumes, l'historien britannique Edward Gibbon (1737-1794) est certes délivré des considérations théologiques d'un Maimbourg. Il n'en reste pas moins prisonnier d'une certaine ambiance générale. Car la foi chrétienne, qui fonde la civilisation byzantine et en irrigue toutes les ramifications, est, aux yeux de cet enfant des Lumières, essentiellement négative. Jugée et évaluée à l'aune de la cité grecque antique ou de la Rome païenne, l'histoire de Byzance est celle d'une longue décadence. « Je croyais, écrit Gibbon, et je crois toujours, que la diffusion de l'Évangile et le triomphe de l'Église sont inséparablement liés à la décadence de la monarchie romaine[*]. »

Avec Henri Grégoire, Louis Bréhier, Ernest Stein, Gustave Schlumberger, Jules Gay, Nicolae Iorga et les autres grands byzantinistes du premier XXe siècle, l'historiographie sort de la caricature. Ces auteurs, malheureusement, sont souvent hermétiques aux questions religieuses. Ils considèrent les disputes qui ont secoué l'Empire soit comme les conséquences de clivages plus profonds dont la clef – économique, sociale, politique... – se trouverait ailleurs, soit comme un sujet sans intérêt, du temps perdu. La logique des nombreux affrontements au sein de l'Empire romain chrétien, dont un Byzantin ne sépare jamais la partie occidentale, même soumise aux Barbares, de la partie orientale, leur échappe encore. La coupure entre Byzance et Rome serait donc inéluctable, due à des divergences de

*. Edward GIBBON, *Autobiographie*, citée par A. JORI, « Gibbon », in *Encyclopédie universelle philosophique*, t. III : *Les Œuvres philosophiques*, vol. 1, Paris, PUF, 1992.

mentalités entre un Occident au fond prétendument juridique et un Orient à la culture supposée mystique…

Sir Steven Runciman et sa méthode historique

Formé au Trinity College de Cambridge dans les années 1920, Runciman a bien entendu tiré parti, en termes de méthodes, des leçons du positivisme et de son labeur consciencieux. On pourrait cependant appliquer à son œuvre ces mots de Lucien Febvre en 1946 : « Méthode historique, méthode philologique, méthode critique : beaux outils de précision… Mais savoir les manier, aimer les manier, voilà qui ne suffit pas à faire l'historien. Celui-là seul est digne de ce beau nom qui se lance dans la vie tout entier […][*]. » D'une manière générale, Runciman a résisté victorieusement à deux tendances qui, bien qu'elles ne soient pas sans valeur, pourraient conduire à la cécité l'historien de Byzance.

Il a d'abord renoncé à chercher une clef unique d'explication – que l'on songe, par exemple, à l'histoire économique et sociale, telle que la concevaient les idéologues « marxistes ». Dans le domaine si délicat de l'histoire du schisme, Runciman se garde ainsi de tout a priori et analyse avec une scrupuleuse exactitude chronologique toutes les étapes d'un processus où interagissent constamment les principes théologiques et les visées politiques.

Runciman a également refusé le « documentalisme ». Nous voulons parler du désir, très fréquent chez les historiens, de livrer des documents bruts, de première main, les *ipsissima verba* des acteurs de l'histoire. Une telle « objectivité » est fallacieuse, tous ceux qui ont réfléchi sur

---

*. Lucien FEBVRE, *Combats pour l'histoire* [1953], 2e éd., Paris, Armand Colin, 1953, p. 43, cité par Guy PALMADE, « Histoire de l'Histoire », in *Encyclopedia Universalis*, vol. 8, p. 432-433.

l'histoire l'ont montré cent fois, et n'aboutit souvent qu'à rentrer dans les ornières tracées par l'idéologie des prédécesseurs. Runciman renonce à saupoudrer son texte de morceaux choisis qui font « vrai », il fond dans l'écriture tous les documents qu'il a attentivement lus dans leur langue originale et traduits. (Il connaissait le grec, le latin, le français, le russe, appris dans son enfance, mais aussi, entre autres, l'italien, le bulgare et le turc.) Dans *La Chute*, le récit fait ainsi entendre les voix, les sentiments, les aspirations des peuples et des partis en présence. L'auteur signale les conditions atmosphériques, les miracles, les rumeurs qui enveloppent les derniers jours de Constantinople ; il lui arrive de mentionner que telle décision allait se révéler funeste, donnant ainsi à l'événement la grandeur de la tragédie. Qu'on ne s'y trompe pas : il ne s'agit pas, par ces notations, d'enjoliver les faits, mais de nous faire entrer dans l'expérience et la mentalité des combattants. En un mot, Runciman joint, d'une manière classique et inépuisable, la précision documentaire à un art quasi cinématographique, qui déplace le lecteur de l'intérieur de la cité assiégée à la tente de Mahomet II, du champ de bataille aux délibérations du sénat vénitien, des cours européennes aux embruns de l'Égée et aux ultimes combats navals dans la Corne d'Or.

Trois apports capitaux

Le renouveau apporté par Runciman à l'historiographie byzantine tient en une phrase concise et modeste, discrètement placée au début de son ouvrage sur le schisme d'Orient : « Si mes sympathies personnelles paraissent aller à Byzance, c'est simplement parce que j'ai essayé de comprendre le point de vue byzantin*. » Cette sympathie,

*. S. RUNCIMAN, *Le Schisme d'Orient*, *op. cit.*, p. 10.

non pas sentimentale mais méthodologique, lui a permis de mettre en lumière trois éléments essentiels, qui étaient avant lui – et sont encore souvent – soit entièrement négligés soit inexactement appréciés.

L'identité romaine ou romaïque

« Rome n'est plus dans Rome », dit-on, afin de marquer l'importance du millénaire byzantin ; mais il est juste aussi de dire que Byzance n'a jamais été Byzance. Les habitants de ce vaste et durable empire se considéraient comme des Romains, fils de Romains, c'est-à-dire comme les membres de ce vaste ensemble supranational que fut l'Empire romain chrétien de Constantin le Grand. Ce point de vue « romain », pleinement adopté par Runciman, lui a permis de discerner une coupure qui avait échappé jusque-là. Nous y reviendrons dans un instant.

Remarquons d'abord que l'historien n'a plus à se préoccuper du faux problème de savoir quand commence l'« Empire byzantin ». L'historien et théologien grec Jean Romanidès a relevé une aberration due à cette dernière appellation : dans ses extraits en langue anglaise du géographe maghrébin Ibn Khaldoun (1332-1406), Charles Philippe Issawi traduit l'arabe *Roum* par « Romains » puis par « Byzantins », en adoptant pour césure la fin du règne d'Héraclius (610-641). Il s'agit là clairement d'une projection de l'idéologie dans la traduction. L'identité des Romains d'Orient avec les Romains d'Occident, leur appartenance à une unique nation, utilisant des langues différentes mais fidèle à la même foi des conciles œcuméniques, doivent fonder toute l'histoire future du schisme. Appeler « Grecs » ou « Byzantins » les Romains d'Orient, c'est tacitement accepter la division entre une chrétienté latine et une chrétienté grecque, entre des pères grecs et des pères latins – division qui est un mythe forgé par les Européens pour masquer la véritable césure, celle qu'a introduite Charlemagne : « La prétendue cassure entre l'Orient et l'Occident fut, en réalité, l'importation dans l'ancienne Rome du schisme provoqué par Charlemagne à l'intérieur de l'Occident*. »

La réévaluation de tous les aspects de l'identité « byzantine » à la lumière de la notion de romanité chrétienne a eu des effets importants dans le domaine esthétique. L'œuvre de Runciman s'inscrit ainsi dans le grand mouvement de retour à l'art « byzantin » qui caractérise le meilleur XXe siècle. On sait l'admiration des peintres modernes, tel Matisse, pour les icônes, et leur redécouverte de la perspective inversée. Cet art, que l'on disait jusque-là figé, incapable de variation dans l'espace ou dans le temps, apparaît singulièrement riche et divers. La notion s'est imposée peu à peu d'un art non pas « à sujet religieux » ou « aux règles hiératiques », mais « théologique », formulant peu à peu, avec des couleurs créées, le monde exploré par les mystiques. Le même changement de perspective a eu lieu dans le champ de la musique**. De cet art théologique, le peintre Photios Kontoglou a redécouvert, dès les années 1920, les techniques et les potentialités.

Cette identité romaine, supranationale en politique, théologique dans son fond, et puissamment artistique dans son expression, allait cependant s'éroder, et Runciman

---

*. Citation, traduite par nos soins, de Jean ROMANIDES, *Franks, Romans, Feudalism, and Doctrine : An Interplay between Theology and Society*, Brookline (Mass.), Holy Cross Orthodox Press, 1981, p. 31. Pour la référence à Ibn Khaldoun, voir du même auteur, en grec, *Romaiosyné, Romania, Roumeli*, Thessalonique, Pournaras, 1975, p. 288 n. 26.

**. Voir E. WELLESZ, « La musique byzantine », in *Histoire de la musique*, t. I, Gallimard, « Encyclopédie de la Pléiade », 1960, p. 636.

relève avec précision les responsables et le moment de cette évolution : les néoplatoniciens du XIVe siècle, tels Gémiste Pléthon († 1452) et ses disciples, qui se sentaient néohellènes, à la fois néogrecs et néopaïens, plutôt que romains. La Renaissance italienne leur devrait beaucoup – la réfection du néoplatonisme par Pléthon inspira Marsile Ficin et l'Académie platonicienne de Florence –, mais ces intellectuels accomplirent une double rupture : historique, avec une civilisation indissolublement romaïque et chrétienne ; sociale, avec un petit peuple qui continuerait de porter, sous la domination turque, les valeurs qui avaient fait la grandeur de la nouvelle Rome. Ce dont témoignent les thrènes sur Constantinople, qui ont entretenu la flamme de la foi pendant les siècles les plus durs de la turcocratie :

> Malheur à nous ! malheur à nous !
> La Romanité a passé.
> La Romanité est passée, la Romanie n'est plus.
> La Romanité, même si elle a passé,
> Fleurit et porte une autre fleur*.

Le rapport ambigu de l'Occident à Byzance

À partir du haut Moyen Âge et de la fin des invasions barbares, l'historien assiste à la montée en puissance des royaumes d'Occident, issus du démembrement de l'Empire romain. Face à cette histoire que les nationalismes traçaient d'un trait, que devenait celle de Byzance ? Une longue et monotone agonie. Cette interprétation a souvent cours

*. Chant populaire cité par Eugénia ANDRIOPOLOU-PAPACHRISTOU, « 29 mai 1453, jour de mémoire nationale » (en grec), *Orthodoxon Paterikon Salpisma*, Athènes, mai-juin 2005, n° 55, p. 260. Voir aussi Claude-Charles FAURIEL, *Chants populaires de la Grèce moderne*, t. II, Paris, Firmin Didot, 1825, p. 337.

encore aujourd'hui, même si l'on assigne une date de plus en plus basse au début de cette déchéance supposée. Entièrement libéré de l'interprétation classique – les Grecs punis pour leur schisme –, Runciman a pu étudier en détail les transformations du jeu des pouvoirs en Méditerranée, qui sont loin d'avoir suivi une courbe continue, et s'interroger sur les sentiments complexes et variables qui se sont tissés entre Byzance et l'Occident.

Runciman évite tout manichéisme. Les meilleures intentions note-t-il, sont parfois dévoyées. Urbain II désirait peut-être sincèrement libérer les chrétiens d'Orient en 1095, mais les ambitions des croisés ont détourné l'entreprise de son but. Les efforts du pape Nicolas V (1447-1455) pour sauver Constantinople restèrent sans effet en raison des circonstances. En revanche, il est indéniable que la papauté a souvent cherché à étendre sa puissance et n'a pas dissimulé son mépris pour ceux que Nicolas Ier, au IXe siècle, appelait injurieusement « Grecs » plutôt que Romains.

Pour avoir étudié les croisades du double point de vue des agresseurs et des victimes, Runciman s'est écarté de la vision trop étroitement nationaliste qui avait souvent prévalu chez les historiens du continent. « Les croisés, dit-il, n'amenèrent pas la paix, mais l'épée ; et cette épée partagea la chrétienté en deux*. » Les croisades ont eu un effet négatif sur les Arabes musulmans, sur les chrétiens d'Orient et, en conséquence, sur ceux d'Occident : « Ce furent les croisés eux-mêmes qui brisèrent de leur plein gré les défenses de la chrétienté et permirent à l'Infidèle de traverser le détroit et de pénétrer au cœur de l'Europe**. » Ceux qu'ils venaient

*. S. RUNCIMAN, *Le Schisme d'Orient*, *op. cit.*, p. 89.

sauver, les chrétiens de Syrie, des Balkans, d'Anatolie se sont retrouvés esclaves.

La cause profonde de ce « fiasco* » est, selon Runciman, davantage due à une attitude spirituelle profonde qu'à un ensemble de petites convoitises particulières – même si celles-ci ont joué un rôle « La vraie tragédie des croisades, écrit-il, fut l'inaptitude de la chrétienté occidentale à comprendre Byzance**. » Les royaumes francs ont nourri pour Byzance tantôt du mépris, tantôt de l'admiration, mais toujours de la jalousie. Comme il l'écrit, « les papes eux-mêmes, dit-il, étaient infiniment plus soucieux de placer les Grecs rétifs sous leur férule ecclésiastique que de sauver Jérusalem ». Son récit de la chute de Constantinople s'achève sur ces mots : « L'Europe occidentale, au fond de sa mémoire ancestrale, restait jalouse de Byzance ; ses conseillers spirituels dénonçaient les orthodoxes comme des pécheurs schismatiques ; se sentant coupable d'avoir finalement trahi Byzance, elle préféra ne plus y penser***. » Cette attitude mentale explique l'ambiguïté profonde d'une cérémonie comme le « Vœu du faisan », souvent qualifié de dernier acte de chevalerie ou de première fête du baroque, par lequel le duc Philippe de Bourgogne se proposa de délivrer la Ville en 1454****. Elle éclaire également l'attitude des hommes de la Renaissance à l'égard des rescapés de Constantinople, de ces savants grecs qui crurent trouver en

---

**. S. Runciman, *Histoire des croisades*, trad. de l'anglais par Denis-Armand Canal et Guillaume Villeneuve, Paris, Tallandier, 2006, p. 1050.

*. *Ibid.*, p. 1043.

**. *Ibid.*, p. 1048.

***. Voir *infra* le texte de Runciman, p. 268.

****. Voir *infra*, p. 239.

Italie un refuge amical et n'y essuyèrent bien souvent que des avanies.

Interprétant les croisades comme la dernière et la plus désastreuse des invasions barbares, Runciman montre qu'au final, les Byzantins, les Romains d'Orient, ont vécu ces événements comme une agression des Francs qui avaient soumis leurs frères d'Occident. Strictement fidèle à la méthode historique, néanmoins, et à une forme d'humanisme que certains pourront trouver désuet, mais qui anime sa quête, il ne construit pas une autre idéologie. L'écriture de l'histoire est pour lui une œuvre en marche, *a work in progress*, et les interprétations successives affinent et enrichissent l'humanité – même si elles ne doivent jamais parvenir à un « jugement dernier ». Son revirement d'opinion sur la chute de Constantinople illustre bien ces deux points. Dans *La Civilisation byzantine*, paru en 1933, il évoque une véritable mort : « Au 29 mai 1453 une civilisation fut irrévocablement effacée. [...] Pendant onze siècles, Constantinople avait été le centre du monde éclairé*. » Le lecteur retrouvera le même langage dans *La Chute*, publié en 1965. Trois ans plus tard, dans son chef-d'œuvre *La Grande Église en captivité*, la perspective s'est radicalement modifiée. Mai 1453 marque la fin d'une structure politique, non celle d'une civilisation chrétienne, qui va se perpétuer durant des siècles, quoique sous une autre domination. Les Romains d'Orient ont été à même de conserver leur identité et leur liberté religieuse pendant le long et douloureux épisode de la turcocratie. Runciman a changé d'avis, parce que ses études lui ont permis de dégager plus précisément le noyau de la civilisation byzantine, de découvrir, à travers le

*. S. RUNCIMAN, *La Civilisation byzantine*, Paris, Payot, 1934, p. 319.

Kulturleib, l'ensemble des expressions matérielles d'une culture, le *Kulturgeist*, son monde d'idées intérieures.

L'importance de la théologie

L'historien a parfois tendance à considérer l'art, la littérature, le mouvement des idées et la philosophie comme le dessert, après le plat de résistance des rapports de production, des guerres et de la politique. Vision matérialiste antérieure au marxisme et apparemment justifiée par la notion, chère déjà à Aristote, qu'on ne se met à spéculer que lorsqu'on a le ventre plein et du loisir devant soi.

Or le cas de Byzance est différent. Comme l'a écrit John Julius Norwich, « Byzance n'a peut-être pas atteint ses plus hauts idéaux, [mais son art] réussit à atteindre un degré d'intensité et d'exaltation sans pareil ni auparavant ni depuis ». Cet art ne devait rien à l'idéal de mesure et de proportion qui avait régné dans l'Antiquité et qui régnerait encore sur le classicisme, et presque tout à la théologie. « Les instructions données aux peintres et aux mosaïstes de Byzance, poursuit Norwich, étaient simples : "Représenter l'esprit de Dieu." C'était un formidable défi [...], et à maintes et maintes reprises, [...] cette tâche aboutit à une réussite triomphale[*]. »

Le mot de théologie, en effet, ne doit pas nous égarer. Il ne s'agissait pas, à Byzance, d'une forme de philosophie, comparable à la scolastique occidentale, mais d'une rencontre avec l'Incréé, dans la prière et les autres pratiques de la piété. Quant à la théologie de controverse, à laquelle on réduit souvent Byzance pour se moquer du « byzantinisme » et des querelles qui vont avec, Runciman a montré que l'historien ne devait pas craindre de l'étudier, malgré

*. John Julius NORWICH, *Histoire de Byzance*, trad. de l'anglais par Dominique PETERS, Paris, Perrin, coll. « Tempus », 2002, p. 433-434.

son aridité. Ce faisant, il est parvenu à trois résultats importants :

– Il a définitivement montré que les chefs des Églises d'Orient et d'Occident se sont affrontés comme représentants de patriarcats ou de théologies, non en tant que personnes. Il a ainsi mis fin à une tradition historiographique qui, jusqu'au XIXe siècle, avec Jaeger et Hergenröther, a cherché à expliquer le schisme, en lui trouvant un coupable – ce fut souvent Photios, le « patriarche usurpateur » du IXe siècle.

– Il a évité le piège d'une explication par l'*estrangement* ou l'éloignement culturel des deux moitiés de l'Empire romain. Il y eut certes, des malentendus, des moments où les deux parties, croyant parler des mêmes choses, tenaient des langages incompatibles. Mais la grandeur de Runciman consiste à *expliciter* le schisme plutôt qu'à l'*expliquer*. Il met ainsi dans leur lumière propre des attitudes jusqu'à lui mal comprises ou sous-évaluées. Un exemple typique à cet égard est celui de Luc Notaras, un des derniers grands ministres de Byzance, qui déclara préférer le turban des Turcs au chapeau de cardinal, autrement dit à la domination de pape. Il exprimait ainsi non pas sa haine des catholiques mais son souci de conserver ce qui était à ses yeux le « saint des saints » de la civilisation byzantine, sa valeur suprême et immatérielle, le dépôt de la foi apostolique. Byzance eut certes ses opportunistes et ses collaborateurs ; ils n'expliquent pas sa survie multiséculaire.

– Enfin, c'est justement cette importance cardinale du théologique aux yeux des Byzantins qui explique les étonnantes facultés d'adaptation dont leur État a fait preuve au cours de l'histoire, et même sa survie après sa chute – « Byzance après Byzance », pour parler comme l'historien roumain Nicolae Iorga. Byzance fut tout sauf figée. C'est parce qu'ils tenaient à leur théologie, qui faisait tenir en un tout les divers peuples de l'Empire, qu'ils ont pu modifier leur système fiscal, supporter la disparition des cités, changer leur mode d'exercice du pouvoir et accepter la domination ottomane.

Au travers des crises, notamment des grandes hérésies, cette théologie constitue le fil rouge des ouvrages de Runciman, depuis *The Emperor Romanus Lecapenus and his Reign* (1929), jusqu'à *The Great Church in Captivity* (1968) et *Orthodox Churches and the Secular State* (1972).

Il fut un érudit fécond et scrupuleux. L'histoire telle qu'il l'écrit est « un art littéraire presque égal au roman », selon les mots de Gore Vidal. En mettant toutes les ressources de sa riche personnalité au service de la connaissance du passé, Runciman n'a pas fondé une « nouvelle histoire », il a fait mieux. Regardant Byzance, non depuis la Grèce ancienne, la Rome antique, l'Europe de Charlemagne et de ses successeurs, mais depuis Byzance elle-même, il nous a donné une histoire plausible de la Rome nouvelle, de cet Empire romain renouvelé par la foi chrétienne.

L. M.

PRÉFACE DE L'AUTEUR

Au temps où les historiens étaient des gens simples, la chute de Constantinople, en 1453, passait pour marquer la fin du Moyen Âge. Aujourd'hui, nous ne savons que trop ce qu'est l'histoire : un flot inexorable. Il n'existe aucun point, aucun moment qui marque réellement le passage du monde médiéval au monde moderne. Bien avant 1453, cette période que l'on appelle la Renaissance avait déjà commencé en Italie et dans le monde méditerranéen. Bien après 1453 les idées du Moyen Âge ont continué d'avoir cours en Occident. Certes avant 1453 les premiers explorateurs avaient fait la découverte des nouvelles voies maritimes qui devaient bouleverser l'économie mondiale. Le déclin et la chute de Byzance, le triomphe des Ottomans furent pour quelque chose dans cette mutation ; mais les événements d'une seule année n'y suffirent pas. La culture byzantine a apporté sa contribution à la Renaissance, mais plus d'un demi-siècle avant 1453 des érudits byzantins avaient déjà fui la pauvreté et les vicissitudes de leur patrie pour occuper de confortables chaires dans les universités italiennes, et les érudits grecs qui les suivirent après 1453 n'étaient pas, pour la plupart, des réfugiés échappant au nouveau joug des infidèles, mais des étudiants arrivant des îles où Venise gouvernait encore. Certes depuis longtemps les progrès de la puissance ottomane gênaient les cités marchandes d'Italie, mais c'est surtout en leur interdisant l'accès de la mer Noire, qu'ils anéantirent leur commerce. La conquête de l'Égypte par les Ottomans eut des effets plus désastreux que celle de Constantinople ; bien que Gênes dût beaucoup souffrir de l'occupation des Détroits par le sultan, c'est sa position précaire en Italie plus que la ruine de son commerce avec l'étranger qui fut la cause principale de sa perte.

Du point de vue politique, la chute de Constantinople ne changea pas grand-chose au tableau. Les Turcs avaient atteint les rives du Danube, et déjà ils menaçaient l'Europe centrale ; n'importe qui aurait pu voir que Constantinople était condamnée, qu'un empire réduit à guère plus qu'une ville en ruines ne pouvait tenir tête à une puissance dont le territoire comprenait la plus grande partie de la péninsule des Balkans et de l'Asie Mineure, gouvernée d'une main de fer et pourvue de la meilleure armée du monde. La chrétienté fut, à vrai dire, frappée de stupeur par la chute de Constantinople. Les puissances occidentales, qui n'avaient pas comme nous une connaissance rétrospective de la situation, ne comprirent pas que la conquête turque était devenue inévitable. Mais cette tragédie ne modifia en rien leur politique, ou leur carence politique à l'égard de la question d'Orient. Seule la papauté fut sincèrement bouleversée, elle seule réfléchit véritablement à une contre-attaque ; mais d'autres problèmes plus pressants ne devaient pas tarder à la retenir.

Il semble donc que l'année 1453 ne mérite guère qu'on lui consacre un nouveau livre. Mais, en vérité, pour deux peuples au moins, elle fut d'une importance capitale. Pour les Turcs la prise de l'antique cité impériale leur offrit non seulement une nouvelle capitale, mais elle leur garantit également le maintien de leur empire en Europe. Tant que la ville, située au milieu de leurs possessions, à la croisée de l'Asie et de l'Europe, n'était pas entre leurs mains, ils ne pouvaient se sentir en sécurité. Ils n'avaient aucune raison de craindre les Grecs isolément, mais une large alliance des chrétiens, opérant à partir de cette base, était encore en mesure de les déloger. Constantinople prise, ils étaient parfaitement en sûreté. De nos jours, et après toutes les péripéties de leur histoire, les Turcs sont encore en possession de la Thrace, ils ont toujours un pied en Europe.

Pour les Grecs la chute de la ville fut un événement encore plus marquant. Oui, c'était pour eux une page qui se tournait. Dans sa splendeur, Byzance avait déjà contribué à civiliser le monde, mais, tout comme la ville, cette civilisation était à l'agonie. Elle existait encore, mais pour combien de temps ? La population de Constantinople, qui allait diminuant à la veille de la chute, abritait toujours les esprits les plus brillants de cette époque, héritiers d'une haute culture qui remontait à l'antiquité grecque et romaine. Et, aussi longtemps que l'Empereur, souverain après Dieu, vivait sur les rives du Bosphore, tous les Grecs, même déjà réduits en esclavage pour certains, pouvaient encore s'enorgueillir d'appartenir à la communauté des vrais chrétiens orthodoxes. Ici-bas l'empereur ne pouvait lui être que d'un maigre secours, mais il était toujours le point de mire et le vivant symbole du règne de Dieu sur terre. La chute de l'empereur, la chute de la ville marqueraient l'avènement de l'Antéchrist ; à la Grèce de survivre, clandestinement, comme elle le pourrait. Que l'hellénisme n'ait pas disparu du même coup, manifeste l'inépuisable vitalité et la vaillance de l'esprit grec.

Dans l'histoire que voici, le peuple grec a le rôle du héros tragique ; en l'écrivant je ne l'ai jamais oublié. Cette histoire, d'autres l'ont racontée avant moi. Elle a inspiré Gibbon, mais pas au point de lui faire oublier son mépris de Byzance. La dernière version complète, en langue anglaise, en fut donnée par Sir Edwin Pears, dans un ouvrage publié voici soixante ans et qui mérite encore une lecture attentive. Son récit des opérations militaires qui marquèrent le siège, fondé sur une étude approfondie des sources et sur sa connaissance intime du terrain, est toujours valable, même si certains passages ont un peu vieilli, du fait des dernières recherches. Je dois beaucoup à l'œuvre de Sir Edwin Pears, qui reste la meilleure relation des événements de 1453, en quelque langue que ce soit. Depuis sa publication, l'érudition a enrichi notre connaissance. L'année 1953, notamment, qui est celle du cinquième centenaire, a vu paraître de nombreux articles et d'essais. Mais à part le livre de Gustave Schlumberger, publié en 1914, et fondé presque entièrement sur celui de Pears, aucun ouvrage relatant en détail les péripéties du siège n'a paru en Occident au cours des cinquante dernières années.

En essayant de combler cette lacune, j'ai été heureux d'utiliser le travail de nombreux érudits de notre temps, décédés ou vivants. Mes notes montrent ce que je leur dois. Parmi les érudits grecs de notre époque, j'aimerais faire mention spécialement du professeur Zakythinos et du professeur Zoras. Pour l'histoire des Ottomans, nous avons tous une dette envers le professeur Babinger, même si, dans son grand ouvrage sur le sultan de la conquête, il ne nous fournit pas les références de ses sources. Pour comprendre l'histoire turque ancienne, les livres du professeur Wittek sont sans égal ; et parmi les érudits turcs plus jeunes, il convient de mentionner le professeur Inalcîk. L'important travail du père Gill sur le concile de Florence et sur ses suites m'a été de la plus grande utilité.

Un des appendices du présent ouvrage indique les principales sources de ce récit. Leur accès n'a pas toujours été facile. Les sources chrétiennes ont été rassemblées par feu le professeur Dethier en deux volumes, XXI et XXII, première et deuxième partie des *Monumenta Hungariae Historica*, il y a environ quatre-vingts ans, mais si les volumes en furent imprimés, ils ne furent toutefois jamais livrés au public, à cause, semble-t-il, des nombreuses erreurs qu'ils contiennent. Des sources musulmanes, il en est peu qui soient facilement utilisables, surtout pour celui qui ne peut lire que lentement et avec peine les auteurs ottomans. J'espère avoir été capable d'en extraire l'essentiel.

Ce livre n'aurait jamais pu être écrit sans la London Library ; je suis reconnaissant au personnel de la salle de lecture du British Museum pour l'aide qu'il m'a patiemment accordée. J'aimerais également remercier M. S. J. Papastavrou pour ses corrections d'épreuves, et les syndics de la Cambridge University Library pour leur bienveillance et leur constante amabilité.

CHAPITRE I

UN EMPIRE À L'AGONIE

Ce jour de Noël de l'an 1400 le roi Henry IV d'Angleterre donnait un banquet dans son palais d'Eltham. Il ne s'agissait pas seulement d'honorer la sainte fête. Il désirait aussi rendre hommage à un invité de marque : Manuel Paléologue, empereur des Grecs, comme l'appelaient la plupart des Occidentaux, bien que d'aucuns se souvinssent qu'il était en vérité empereur des Romains. Il avait traversé l'Italie et fait halte à Paris où le roi Charles VI, pour l'accueillir, avait fait re-décorer une aile du Louvre et les docteurs de la Sorbonne avaient été ravis de rencontrer un monarque capable de débattre avec d'autant d'érudition et de finesse qu'eux-mêmes. En Angleterre, il fit grande impression par la dignité de son maintien et la blancheur immaculée des robes que l'on portait à sa cour[a]. Mais, malgré tous ses titres glorieux, il n'en inspirait pas moins la pitié à ses hôtes, car c'était en mendiant qu'il se présentait, un mendiant en

a. Manuel II se signala aussi par sa piété, voir D. M. Nicol, « A Byzantine Emperor in England : Manuel II's visit to London in 1400-1401 », in *Byzantium : its Ecclesiastical History and Relations with the Western World*, London, Variorum Reprints, 1972, 204-25.

quête désespérée de secours contre l'Infidèle qui encerclait son empire. Pour Adam d'Usk, légiste employé à la cour du roi d'Angleterre, c'était une tragédie que de le voir là. « Je songeais, écrivait Adam, combien il était cruel que ce grand prince chrétien, chassé par les Sarrasins du lointain Orient, dût venir jusqu'aux îles des confins de l'Occident pour quémander une aide contre eux… Mon Dieu, ajoutait-il, qu'es-tu donc devenue, ancienne gloire de Rome[1] ? »

De fait l'antique Empire romain se réduisait à fort peu de chose. Manuel était l'héritier légitime d'Auguste et de Constantin ; mais bien des siècles s'étaient écoulés depuis que les empereurs résidant à Constantinople pouvaient s'assurer l'allégeance du monde romain. Pour l'Occident, ils n'étaient plus que les souverains des Grecs ou de Byzance, indignes rivaux des empereurs qui avaient surgi en Occident. Jusqu'au XIe siècle Byzance avait été une grande et splendide puissance, le champion de la chrétienté, son défenseur contre les assauts de l'islam. Les Byzantins avaient fait leur devoir, vaillamment et avec succès, mais au milieu du XIe siècle ils firent face, à l'est, à un nouveau défi musulman, l'invasion turque, tandis qu'à l'ouest, les Normands, puissance montante d'Europe occidentale, lançaient leur offensive. Byzance était engagée dans une guerre sur deux fronts alors qu'elle traversait une période de crise constitutionnelle et dynastique. Elle repoussa l'assaut normand, mais perdit l'Italie, possession byzantine, et dut abandonner pour toujours aux Turcs, les terres qui lui avaient fourni l'essentiel de ses soldats et de son ravitaillement, le plateau de l'Anatolie. Dès lors, l'empire fut pris entre deux feux, et cette situation incommode se compliquait du fait de ce mouvement que nous appelons les Croisades. En tant que chrétiens, les Byzantins sympathisaient avec les croisés. Mais une longue expérience politique leur avait enseigné qu'il fallait faire preuve de tolérance envers l'infidèle et s'accommoder de sa présence. La guerre sainte telle que la pratiquaient les Occidentaux, leur semblait dangereuse et peu réaliste.

Ils espéraient néanmoins en tirer quelque avantage. Mais la force, pour un homme entouré d'ennemis, est la condition indispensable de la sécurité. Byzance continuait de jouer le rôle d'une grande puissance alors que ses forces déclinaient déjà. La perte de l'Anatolie, où elle recrutait le plus gros de ses troupes, alors que l'état de guerre était permanent, mettait l'empereur sous la dépendance de l'étranger, alliés ou mercenaires, et ces derniers exigeaient rétribution, en argent ou en concessions commerciales. Ces exigences se manifestaient au moment où la perte du blé d'Anatolie bouleversait l'économie intérieure de l'Empire. Pendant tout le XIIe siècle Constantinople semblait encore une cité si riche et si splendide, la cour impériale si magnifique, quais et bazars regorgeaient tant de marchandises, que l'on persistait à traiter l'empereur en potentat. Mais les musulmans ne lui savaient aucun gré de ses efforts pour tempérer l'ardeur des Croisés, tandis que ces derniers s'offusquaient de sa tiédeur à l'égard de la guerre sainte. Pendant ce temps les différends religieux très profonds qui opposaient les Chrétiens d'Orient et d'Occident, et que la politique avait exacerbés au cours du onzième siècle, ne cessèrent de s'aggraver : au point qu'au terme du XIIe siècle, entre les Églises de Rome et de Constantinople, le schisme était consommé.

La crise éclata lorsqu'une armée de croisés, poussée par l'ambition de ses chefs, par l'envie et la cupidité de ses alliés vénitiens et par le ressentiment qu'inspirait à tous les Occidentaux l'Église de Byzance, marcha sur Constantinople pour s'en emparer, la piller, et instaurer sur ses ruines un empire latin. La quatrième croisade de 1204 mit fin au vieil Empire romain en tant qu'État supranational. Après un demi-siècle d'exil à Nicée, dans le Nord-Ouest de l'Asie Mineure, les autorités impériales revinrent à Constantinople, et l'empire latin s'effondra. Une nouvelle ère de grandeur semblait s'annoncer. Mais l'Empire que Michel Paléologue venait de restaurer n'était plus la puissance dominante de l'Orient chrétien[a]. Il gardait un peu de son ancienne aura. Constantinople, nouvelle Rome, restait la capitale historique et sacrée de la chrétienté orthodoxe. L'empereur était toujours, du moins aux yeux des Orientaux, l'empereur des Romains. En fait, il n'était plus qu'un prince parmi d'autres d'une puissance supérieure ou égale. Il y avait d'autres souverains grecs. À l'est se trouvait l'empire de Trébizonde, celui du grand Comnène, enrichi par ses mines d'argent et par le commerce en provenance d'Asie qui suivait l'antique route de Tabriz. En Épire se trouvait le despotat des princes de la dynastie des Anges, autrefois rivaux des princes de Nicée pour reconquérir la capitale, mais qui devaient bientôt perdre à jamais le pouvoir. Dans les Balkans, la Bulgarie et la Serbie devaient chacune à leur tour dominer la péninsule. Il y avait aussi des seigneuries franques et des colonies italiennes disséminées dans toute la Grèce continentale et sur les îles. Pour chasser les Vénitiens de Constantinople, les Byzantins avaient fait appel aux Génois, qui demandaient rétribution ; à présent la colonie génoise de

a. N.d.t Pour faciliter la lecture les notes de l'auteur sont présentées en fin de document, et celles du traducteur en bas de page. Pour l'histoire de l'Empire byzantin, de sa renaissance en 1261 à sa conquête par les Turcs, on lira avec profit l'ouvrage de Donald M. Nicol, disciple de S. Runciman, publié pour la première fois en 1972, *The Last Centuries of Byzantium, 1261-1453*, Cambridge, CUP, 1993. Ce texte a été traduit en français et publié sous le titre *Les derniers siècles de Byzance, 1261-1453*, Paris, Les Belles Lettres, 2005.

Péra ou Galata, sur l'autre rive de la corne d'Or, monopolisait presque tout le commerce de la capitale[2]. Le danger était partout. En Italie, certains potentats brûlaient de venger la chute de l'empire latin. Les princes slaves des Balkans rêvaient du titre impérial. En Asie, pendant un temps, les Turcs s'étaient tenus tranquilles ; et de fait, sans cette accalmie, Byzance n'aurait vraisemblablement pas survécu. Mais ils devaient bientôt se réveiller, sous la conduite d'une dynastie de chefs brillants, Osman et ses successeurs ottomans. L'Empire byzantin restauré, tenu par de délicats engagements en Europe et sous la menace constante de l'Occident, avait besoin de fonds et d'hommes. Il réduisit ses dépenses sur sa frontière orientale jusqu'à provoquer l'irrésistible invasion ottomane[3].

Les illusions se dissipèrent. Le XIVe siècle fut pour Byzance une période de désastres politiques. Pendant plusieurs décennies, il semblait probable que le grand royaume de Serbie finirait par absorber tout l'Empire. La révolte d'une bande de mercenaires, la compagnie catalane, dévasta les provinces. Des querelles de cour, personnelles et dynastiques, provoquèrent une longue série de guerres civiles, envenimées par les conflits sociaux et religieux. L'empereur Jean V Paléologue, dont le règne dura cinquante ans, de 1341 à 1391, fut trois fois renversé, une fois par son beau-père, une autre fois par son fils, et par son petit-fils enfin, ce qui ne l'empêcha pas de détenir encore le trône le jour où il mourut[4]. Des épidémies de peste firent d'énormes ravages. La Peste noire en 1347, qui frappa au plus fort de la guerre civile, emporta au moins un tiers de la population de l'Empire. Les Turcs profitèrent des troubles que connaissaient Byzance et les Balkans pour multiplier leurs incursions, de telle sorte qu'à la fin du siècle les armées du sultan avaient atteint le Danube, et ses possessions encerclaient entièrement Byzance. De l'Empire il ne restait plus que Constantinople et quelques villes disséminées sur la côte de Thrace, au bord de la mer de Marmara et sur les côtes de la mer Noire, jusqu'à Mésembria, Thessalonique et ses faubourgs, quelques îlots, et le Péloponnèse, où les despotes de Morée, cadets de la maison impériale, réussissaient à reprendre aux Francs un peu de territoire. Quelques seigneuries et colonies latines se maintenaient difficilement en Grèce continentale et dans les îles. Les ducs de Florence régnaient encore sur Athènes et des princes de Vérone sur l'Archipel égéen. Ailleurs les Turcs avaient tout pris[5].

Par une sorte d'ironie de l'Histoire, cette période de déclin politique s'accompagnait d'une vie culturelle plus intense et plus florissante que jamais. Du point de vue artistique et intellectuel, l'ère des Paléologues fut exceptionnelle. Les mosaïques et les fresques de l'église de la Chora à Constantinople, qui datent du début du XIVe siècle, ont une vigueur, une fraîcheur et une beauté en comparaison desquelles les tableaux italiens de la même époque semblent primitifs et grossiers. Des œuvres de qualité égale virent le jour ailleurs dans la capitale et à Thessalonique[6]. Mais un art si splendide coûte cher à réaliser. L'argent commençait à manquer. En 1347, on remarqua que les joyaux des diadèmes lors du couronnement de Jean VI et de son impératrice étaient de la verroterie[7]. À la fin du siècle, bien que l'on produisît encore des œuvres d'art mineures, c'est seulement dans les provinces, à Mistra dans le Péloponnèse ou sur le Mont Athos, que l'on construisait de nouvelles églises ; mais leur décoration était des plus modestes, faute d'argent. La vie intellectuelle cependant, moins tributaire d'un soutien financier, restait brillante. À la fin du XIIIe siècle l'Université de Constantinople avait été réorganisée par le grand ministre Théodore Métochitès, homme de goût et fin lettré, au patronage de qui l'église de la Chora devait sa décoration[8]. Métochitès fut l'inspirateur d'une remarquable génération d'érudits qui fleurit à sa suite. Les plus grandes figures intellectuelles du XIVe siècle, comme l'historien Nicéphore Grégoras, le théologien Grégoire Palamas, le mystique Nicolas Cabasilas ou les philosophes Dimitri Cydonès[a] et Acindyne[b], passèrent tous à un moment ou à un autre par l'Université et subirent l'influence de Métochitès. Tous reçurent aide et encouragement de Jean Cantacuzène, qui lui succéda comme Premier ministre, quoique certains d'entre eux dussent rompre avec lui quand il usurpa la couronne impériale. Chacun de ces érudits avait des idées bien à lui ; entre eux les controverses étaient aussi vives que les amitiés. Ils débattaient, comme le faisaient les Grecs depuis deux mille ans, des mérites comparés de Platon et d'Aristote. Leurs débats portaient sur la logique et la sémantique, et leurs arguments empiétaient inévitablement sur la théologie. La tradition orthodoxe se défiait quelque peu de la philosophie. Les meilleurs hommes d'Église croyaient en la vertu d'un enseignement philosophique. Ils avaient recours aux concepts de Platon et à la méthodologie d'Aristote. Mais leur théologie était apophatique[c]. Ils pensaient que la philosophie était incapable de

a. Cydones, qui se convertit au catholicisme et apprit le latin, traduisit en grec la *Somme contre les Gentils* et la *Somme théologique* de Thomas d'Aquin. Voir sa correspondance, éditée par G. Cammelli, Les Belles Lettres, Paris, 1930.

b. Akindyne : moine d'origine bulgare et intellectuel humaniste byzantin, dont la doctrine fut condamnée en concile par l'Église orthodoxe.

c. apophatique ou négative : comme le dit Vladimir Lossky, la connaissance humaine, a pour objet ce qui est, or Dieu est au-delà de tout ce qui existe, c'est en procédant par négations, en renonçant à toute opération rationnelle, à tout ce qui est comme à tout ce qui n'est pas, qu'on peut s'approcher de l'Inconnu. Voir V. Lossky, *Théologie mystique de l'Église d'Orient*, Paris, Aubier, 1944, 23-26.

résoudre les problèmes théologiques, puisque Dieu, par essence, était au delà de toute connaissance humaine. Des troubles éclatèrent au milieu du XIVe siècle, lorsque certains philosophes, influencés par la scolastique occidentale, remirent en cause la mystique traditionnelle de l'Église, dont les défenseurs durent alors formuler leur doctrine et affirmer leur croyance aux Énergies incréées de Dieu. Ce fut l'occasion d'une âpre controverse, où s'affrontèrent amis et factions. La doctrine des Énergies trouva son principal soutien auprès des moines, où la tendance était à l'anti-intellectualisme. Leur principal avocat, Palamas, dont on donne souvent le nom à cette doctrine, était un érudit d'une redoutable intelligence mais hostile à l'humanisme. Mais parmi ses alliés on comptait des intellectuels humanistes tels Jean Cantacuzène et Nicolas Cabasilas. Leur victoire ne fut pas, comme on l'a souvent prétendu, le triomphe de l'obscurantisme[9].

Une question primordiale agitait non seulement les théologiens et les philosophes, mais également les politiciens. C'était celle de l'union avec l'Église de Rome. Le schisme était désormais total et le triomphe du palamisme[a] ne faisait qu'élargir le fossé. Mais pour nombre d'hommes

a. On ne peut pas, en réalité, parler de « palamisme » pas plus que de Chrysostomisme ou d'Athanasisme. La doctrine de Saint Grégoire Palamas n'est pas un courant de pensée, c'est la doctrine de l'Église orthodoxe. Saint Grégoire Palamas a apporté une terminologie nouvelle (grâce à la distinction essence/énergies) à une doctrine qui existait depuis les premiers Pères de l'Église : « Imparticipable dans son essence, Dieu est participable dans l'énergie qui émane de l'essence et qui en reste inséparable… », *La Lumière du Thabor, Revue internationale de théologie orthodoxe*, n° 41-42, 1er semestre 1994, 29. Sur ces querelles théologiques voir aussi Calliste Angélikoudès, « Sur la simplicité de Dieu et la distinction de l'essence et de l'énergie : réfutation de Thomas d'Aquin », *La Lumière du Thabor, Revue internationale de théologie orthodoxe*, n° 25, 1er trimestre 1990, 32-46.

d'État byzantins, il semblait évident que l'Empire ne pouvait survivre sans le secours de l'Occident. Et si les Grecs ne pouvaient obtenir ce secours qu'au prix d'une soumission à l'Église de Rome, il devait en être ainsi. Michel Paléologue avait tenté de contrecarrer les projets occidentaux visant à restaurer l'empire latin en promettant, lors du concile de Lyon, l'union de son peuple avec Rome. Ce geste scandalisa la plupart des Byzantins ; et lorsque le danger fut écarté, son fils Andronic n'honora pas cette promesse. Mais à présent, alors que les Turcs encerclaient l'empire, la situation était beaucoup plus inquiétante. L'union était cette fois nécessaire non pour soudoyer l'adversaire chrétien mais pour se gagner des amis et repousser l'infidèle, un ennemi autrement plus menaçant. Aucune puissance de l'Orient chrétien n'était en mesure de leur porter secours. Les princes danubiens et ceux du Caucase étaient trop faibles, et eux-mêmes en grand péril ; les Russes, trop éloignés, aux prises avec leurs propres difficultés. Mais quel potentat catholique viendrait au secours d'un peuple qu'il tenait pour schismatique ? Ne considérerait-il pas l'avancée des Turcs comme un juste châtiment de son insoumission ? L'empereur Jean V y songeait lorsqu'il fit sa soumission personnelle au pape en Italie en 1369. Mais par prudence, il s'était bien gardé d'engager ses sujets, tout en espérant, mais sans succès, les convaincre de suivre son exemple[10].

Michel VIII, pas plus que Jean, n'était théologien. Pour eux les avantages politiques de l'union l'emportaient sur tout le reste. Pour les théologiens le problème était plus ardu. Depuis des temps très anciens les chrétiens d'Orient et d'Occident connaissaient des divergences sur les questions de théologie, sur les usages liturgiques, sur la théorie et la pratique ecclésiastiques. À présent le principal sujet de discorde était la procession du Saint-Esprit et le Filioque,

que les Latins avaient ajouté au Credo. D'autres questions, mineures, se posaient aussi. L'Occident ne pouvait accepter la nouvelle doctrine des Énergies, proclamée par l'Église orthodoxe. Le dogme occidental du Purgatoire semblait, pour les Orientaux, l'effet d'une extrême arrogance. Sur la liturgie la question principale était de savoir s'il fallait utiliser du pain levé ou du pain azyme lors de la célébration de l'Eucharistie. Pour l'Orient l'emploi du pain azyme, à la manière des Occidentaux, semblait un usage judaïque et témoignait d'un manque de respect envers l'Esprit Saint, dont le levain était le symbole. Même irrévérence dans le refus occidental de l'Épiclèse, l'invocation du Saint-Esprit, sans laquelle, pour les Orientaux, le pain et le vin ne sont pas pleinement sanctifiés. D'autres querelles sur la communion : fallait-il ou non la donner sous les deux espèces aux laïcs, et sur le mariage des prêtres séculiers. Mais le désaccord fondamental était du domaine ecclésiastique. L'évêque de Rome jouissait-il d'une primauté d'honneur ou d'une suprématie absolue sur l'Église ? La tradition byzantine croyait depuis toujours à l'égalité spirituelle des évêques. Nul d'entre eux, fût-il héritier de saint Pierre, n'avait le droit d'imposer une doctrine, si respectables que fussent ses idées. La définition de la doctrine incombait au seul concile œcuménique, tous les évêques de l'Église y étant représentés comme à la Pentecôte, et le Saint-Esprit descendant sur eux pour les inspirer.

L'addition du Filioque au Credo souleva l'indignation de l'Orient non seulement pour des raisons théologiques, mais parce que Rome avait modifié unilatéralement un article de foi, sanctifié par un concile œcuménique. La tradition orientale ne pouvait accepter l'autorité administrative et disciplinaire de Rome, cette autorité appartenant, d'après elle, à la pentarchie des patriarches, dont l'évêque de Rome n'était qu'un membre, le doyen mais non le supérieur. Les Byzantins étaient profondément attachés à leurs traditions et à leur liturgie ; mais leur doctrine de l'économie, qui recommandait de fermer les yeux sur les petits différends dans l'intérêt de l'Église, qu'il fallait gouverner avec souplesse, leur laissait une marge de manœuvre. L'Église romaine, de par sa nature, se prêtait mal aux concessions[11].

Les érudits byzantins étaient divisés. Beaucoup d'entre eux étaient trop fidèles à leur Église pour pouvoir envisager une union avec Rome. Mais nombre d'autres, surtout parmi les philosophes, étaient prêts à accepter la suprématie de Rome à condition que l'on ne condamnât pas totalement leur propre Credo et leurs usages. Pour eux, ce qui importait avant tout, c'était l'unité de la chrétienté et de la civilisation chrétienne. Certains avaient séjourné en Italie et avaient constaté combien la vie intellectuelle y était florissante. Combien, également on y appréciait les érudits grecs surtout lorsqu'ils venaient en amis. Vers 1340 Dimitri Cydonès avait traduit en grec les œuvres de Thomas d'Aquin. La scolastique aquinienne séduisait bien des penseurs grecs et montrait que l'érudition italienne méritait leur estime. Ils désiraient resserrer les liens intellectuels avec l'Italie ; et ce souhait était payé de retour. Bon nombre d'entre eux se voyaient offrir des chaires professorales fort bien rémunérées dans les universités de l'Occident. L'idée d'intégrer la culture byzantine à la culture italienne avait fait son chemin ; et si les traditions grecques étaient sauvegardées, fallait-il refuser la soumission à Rome, jadis objet de tant d'hommages, et l'éclat de la vie italienne, telle qu'elle brillait à présent[12] ?

Les partisans de l'union se trouvaient uniquement parmi les politiciens et les intellectuels. Les moines et le bas clergé s'y opposaient farouchement. Les arguments culturels ne touchaient qu'un petit nombre d'entre eux. Ils étaient fiers de leur foi et de leurs traditions. Ils se remémoraient les souffrances de leurs pères sous la domination des hiérarques et des empereurs latins. Ils avaient un grand ascendant sur l'esprit du peuple, lui montrant que l'union était une faute morale et que l'accepter, c'était risquer la damnation éternelle. Sort bien pire qu'aucune catastrophe affectant ce monde éphémère ! Leur opposition empêcherait l'empereur de tenir ses engagements concernant l'union ; ils avaient le soutien des érudits et des théologiens dont l'attachement à la tradition était autant intellectuel que sentimental, et des politiciens, qui se demandaient si l'Occident serait jamais capable de porter secours à Byzance.

Ces débats passionnés se déroulaient dans un contexte de déclin matériel. Malgré le génie de ses érudits, Constantinople à la fin du XIVe siècle était une ville mélancolique et à l'agonie. Sa population qui, avec ses faubourgs, comptait environ un million d'habitants au XIIe siècle, était tombée à un peu plus de cent mille, et elle baissait encore[13]. Les faubourgs situés de l'autre côté du Bosphore étaient aux mains des Turcs. Péra, sur l'autre rive de la Corne d'Or, était une colonie génoise. Des faubourgs situés le long des côtes de la Thrace, du Bosphore et de la mer de Marmara, autrefois parsemées de splendides villas et de riches monastères, il ne restait que quelques hameaux, serrés autour d'une vieille église. La ville elle-même, avec ses vingt-deux kilomètres de murs d'enceinte, même à ses plus beaux jours, avait toujours contenu des parcs et des jardins, qui séparaient les différents quartiers. Or à présent bien des faubourgs avaient disparu, et champs et vergers s'étendaient entre les quartiers restants. Le voyageur Ibn Battuta au milieu du XIVe siècle avait dénombré treize bourgades différentes à l'intérieur des murs. Gonzales de Clavijo, au début du XVe siècle, fut stupéfait qu'une ville aussi immense pût comporter autant de ruines, et Bertrandon de la Broquière, quelques années plus tard, consterné de la trouver déserte. Pero Tafur, en 1437, avait remarqué que sa population était clairsemée et misérable. Dans bien des quartiers l'on se serait cru au beau milieu de la campagne, des rosiers sauvages fleurissaient dans les haies au printemps et des rossignols gazouillaient dans les taillis.

À la pointe sud-est de la ville, les bâtisses du vieux palais impérial n'étaient plus habitables. Le dernier empereur latin, à la dernière extrémité, après avoir vendu à Saint Louis la plupart des saintes reliques de la ville, et avant de livrer en otage aux Vénitiens son propre fils, héritier du trône, avait fait retirer le plomb de toutes les toitures pour le vendre au plus offrant. Michel Paléologue, pas plus que ses successeurs, ne trouva l'argent pour les faire réparer. Dans l'enceinte du palais, peu d'églises étaient entretenues excepté la nouvelle Basilique édifiée par Basile Ier et l'église du Phare, dédiée à la Mère de Dieu. Non loin de là, l'hippodrome était en passe de s'effondrer ; des jeunes gens de la noblesse se servaient de l'arène comme d'un terrain de polo. De l'autre côté de la place, le patriarche avait toujours ses appartements dans le palais du patriarcat, mais il ne se risquait plus à y résider. Seule la cathédrale Sainte-Sophie, dédiée à la Sagesse de Dieu, n'avait rien perdu de sa splendeur ; c'est sur le budget de l'État qu'on assurait son entretien.

La grande rue qui longeait l'arête centrale de la ville, depuis la porte de Charisius, aujourd'hui porte d'Andrinople, jusqu'au vieux palais était jalonnée çà et là de boutiques et d'habitations et surplombée par la cathédrale des Saints-Apôtres. Mais cet immense édifice était en triste état. Le long de la Corne d'Or, les villages étaient plus proches les uns des autres et plus peuplés, surtout aux deux extrémités de la ville, vers les Blachernes, près des remparts, où se trouvait à présent le palais de l'empereur, et à la pointe de la cité, au pied de la colline de l'arsenal. Les Vénitiens occupaient un quartier prospère, près du port ; et les rues réservées aux autres commerçants occidentaux, originaires d'Ancône, de Florence, de Raguse et de Catalogne, ainsi qu'aux Juifs n'étaient pas loin. Il y avait des quais et des entrepôts le long de la plage, et des bazars dans le quartier qui est encore celui du grand bazar turc. Mais chaque quartier était distinct, en général bordé d'un mur ou d'une palissade. Sur les pentes sud de la ville, qui avaient vue sur la mer de Marmara, les villages étaient plus clairsemés et plus éloignés les uns des autres. Au Studion où les remparts terrestres descendaient vers la mer de Marmara, les bâtiments de l'Université et de l'Académie patriarcale entouraient la vieille église Saint-Jean, et son célèbre monastère doté d'une belle bibliothèque. Plus à l'est, se trouvaient les quais de Psamathia. Dans la ville, on voyait çà et là quelques belles demeures, monastères et couvents. Des seigneurs richement vêtus et des dames traversaient encore la ville à cheval ou en litière, mais La Broquière fut peiné de voir combien maigre était l'escorte qui accompagnait la belle impératrice Marie de la cathédrale de la Divine Sagesse au palais. On trouvait toujours des marchandises dans les bazars et sur les quais, et des négociants vénitiens, slaves ou musulmans, qui préféraient faire leur commerce dans la vieille ville, plutôt qu'avec les Génois, de l'autre côté de la Corne d'Or. Chaque année affluaient les pèlerins, venus de Russie pour admirer les églises et leurs reliques. L'État continuait alors d'entretenir des hôtelleries pour loger ces visiteurs, des hôpitaux et des orphelinats, selon les moyens de son budget[14].

La seule autre ville importante que possédât encore l'Empire était Thessalonique. Elle gardait un air de grande prospérité. Elle était toujours le principal port des Balkans. Sa foire annuelle demeurait le rendez-vous des marchands de toutes les nations. Dans ses limites plus étroites, il y avait moins de lieux inhabités, moins de ruines. Mais elle ne s'était jamais remise des troubles du milieu du XIVe siècle, lorsque les Zélotes, des révolutionnaires aimés du peuple, y prirent le pouvoir, et avant d'être réduits, détruisirent nombre de palais, de maisons de commerce et de monastères. Avant la fin du siècle, elle avait subi l'occupation des Turcs, puis, un peu plus tard, une reconquête provisoire. Mistra dans le Péloponnèse, capitale du despote de la Morée, avait beau s'enorgueillir d'un palais, d'un château et de quelques églises, elle n'était guère plus qu'un village[15].

Tels étaient les vestiges tragiques de l'Empire que Manuel II reçut en héritage en 1391. Manuel était lui-même un personnage de tragédie. Il avait passé sa jeunesse au milieu des querelles familiales et des guerres ; il avait été le seul à rester fidèle à Jean V, son père, qu'il avait dû un jour sauver de la prison pour dettes à Venise. Pendant plusieurs années il avait été l'otage des Turcs, contraint de vivre à la cour du sultan et de lui prêter allégeance ; il avait même dû commander un régiment byzantin pour aider son suzerain à conquérir la ville libre byzantine de Philadelphie. Il avait trouvé consolation dans l'étude et rédigé, entre autres ouvrages, un livre destiné à ses amis turcs où il comparait le christianisme et l'islam, ouvrage qui est un modèle du genre[a]. Cet empereur inspirait le respect. Il avait généreusement décidé de partager le trône avec son neveu Jean VII, fils de son frère aîné, jeune homme instable qui vécut peu

---

a. Pour un extrait de cet ouvrage, voir Manuel II Paléologue, *Entretiens avec un Musulman : 7e controverse*, éd. et trad. de Théodore Khoury, Paris, Le Cerf, 1966.

mais donna toute satisfaction à son oncle par sa constante loyauté. Il s'efforça de réformer les monastères et d'améliorer leur tenue ; il fit don à l'Université de tout l'argent qu'il put épargner. Il avait compris la nécessité politique d'une aide venue de l'Occident. La croisade qui commença en 1396, bénie par deux papes rivaux, pour échouer lamentablement par la faute et la folie de ses chefs à Nicopolis sur le Danube, répondait, il est vrai, aux supplications du roi de Hongrie, plutôt qu'à celles de Manuel ; mais c'est à son appel que le maréchal français Boucicault accourut à Constantinople en 1399 avec quelques troupes, sans pouvoir faire grand-chose, il faut le reconnaître. Manuel était opposé à l'union des Églises, en partie par conviction religieuse – conviction qu'il fut assez franc pour exposer dans un traité à l'intention des professeurs de la Sorbonne – et aussi parce qu'il connaissait trop bien ses sujets pour croire qu'ils l'accepteraient un jour. Il conseilla à Jean VIII, son fils et successeur, de continuer à négocier l'union dans un climat amical, mais d'éviter les engagements qui s'avéreraient impossibles à tenir. Quand il se rendit en Occident en quête de secours, il choisit le moment où la papauté était discréditée par le grand schisme, et il s'adressa à des potentats laïques, dans l'espoir d'échapper ainsi aux pressions du clergé. Certes il fit bonne impression, mais ses voyages ne lui rapportèrent aucun avantage matériel sinon quelques menues sommes d'argent extorquées par ses hôtes à des sujets peu enthousiastes ; et il dut rentrer au plus vite en 1402, à la nouvelle que le sultan marchait sur Constantinople. La capitale fut sauvée avant son retour, puisque Timour, le Tartare, avait attaqué les possessions turques sur leur frontière orientale. Mais le répit que procurait à Byzance la défaite du sultan à Ankara ne pouvait régénérer un empire à l'agonie. La puissance des princes ottomans fut contenue mais seulement pour un temps. Des querelles dynastiques les empêchèrent de lancer une nouvelle attaque pendant deux décennies ; et lorsqu'en 1423 le sultan Mourad II marcha sur Constantinople, les querelles de famille et les rumeurs de sédition le contraignirent à lever le siège presque immédiatement[16].

L'intervention de Timour retarda d'un demi-siècle la chute de Constantinople. Mais Manuel tout seul ne pouvait en tirer qu'un maigre avantage. Il reconquit quelques villes de Thrace, et fit accéder au sultanat un prince qui était son ami. Si toutes les puissances européennes avaient été capables de se coaliser immédiatement contre les Ottomans, la menace aurait pu être définitivement écartée. Mais le temps et la bonne volonté, nécessaires pour former une coalition, manquaient l'un et l'autre. Les Génois, inquiets pour leur commerce, se hâtèrent d'envoyer une ambassade à Timour et de fournir aux Turcs des navires pour rapatrier d'Asie en Europe leurs soldats vaincus. Les Vénitiens, craignant une tromperie des Génois, donnèrent l'ordre aux autorités de la colonie d'observer la plus stricte neutralité. La papauté, dans les affres du grand schisme, ne pouvait diriger les opérations. Les puissances laïques de l'Occident se souvenaient de la catastrophe de Nicopolis ; mais chacune d'elle avait des soucis plus pressants. Le roi de Hongrie, croyant que les Turcs n'étaient plus une menace pour lui, intriguait en Allemagne pour devenir empereur d'Occident. Constantinople n'était plus en danger dans l'immédiat. Pourquoi donc aujourd'hui s'en soucier[17] ?

À Constantinople même on n'était pas si optimiste. On avait clairement conscience du danger mais la vie intellectuelle continuait, toujours aussi brillante. La vieille génération des érudits s'était éteinte. En dehors de l'empereur lui-même, la figure la plus marquante était Joseph Bryennos, directeur de l'Académie patriarcale et professeur à l'Université. Celui-ci forma la dernière génération d'érudits byzantins. Il connaissait parfaitement la littérature de l'Occident et les lettres grecques, et aida l'empereur à introduire les études occidentales dans les programmes de l'Université. Il accueillait avec empressement les étudiants venus d'Occident. Ainsi Sylvius Piccolomini, le futur pape Pie II, devait écrire plus tard que dans sa jeunesse tout Italien ayant des prétentions savantes se vantait d'avoir étudié à Constantinople. Mais Bryennios tout comme Manuel était opposé à l'union des Églises. Il ne pouvait accepter la théologie romaine et ne voulait pas renoncer aux traditions byzantines[18].

Un savant encore plus remarquable, Georges Gémiste Pléthon, un peu plus jeune que Bryennios, quitta à cette époque Constantinople, sa ville natale, pour élire résidence à Mistra, sous le patronage du plus érudit des fils de l'empereur, le despote Théodore II de Morée. Il y fonda une Académie platonicienne et écrivit une série d'ouvrages recommandant une réorganisation de l'État selon les principes de Platon. Elle seule permettrait la renaissance du monde grec. Il fit des propositions dans le domaine social, économique et militaire, mais peu d'entre elles étaient vraiment réalisables. En matière religieuse il défendait la cosmologie de Platon, en y ajoutant des éléments d'épicurisme et de zoroastrisme. Orthodoxe au moins de nom, il faisait peu cas du christianisme et dans ses écrits se plaisait à donner à Dieu le nom de Zeus. Ses opinions religieuses ne furent jamais ouvertement publiées. Le manuscrit auquel il les avait confiées, tomba, après sa mort et après la chute de Constantinople, entre les mains de son vieil ami et contradicteur, le Patriarche Gennade, qui le lut avec une fascination mêlée d'horreur, et finit, non sans regret, par le faire brûler. Il n'en reste plus que quelques fragments[19].

Pléthon était partisan résolu d'une terminologie qui nous montre à quel point le monde byzantin avait changé. Jusqu'alors les Byzantins employaient le mot « Hellène » pour désigner un Grec païen par opposition à un grec chrétien ou pour faire référence à la langue parlée dans le pays. À présent que l'Empire se réduisait à un groupe de cités et que le monde occidental était rempli d'admiration pour la Grèce antique, les humanistes commençaient à se qualifier eux-mêmes d'« Hellènes ». L'empire était encore officiellement l'Empire romain, mais le mot grec *Romaioi*, que les Byzantins avaient toujours employé par le passé pour parler d'eux-mêmes, était abandonné par les gens instruits, si bien que finalement le mot romaique en vint à désigner la langue populaire, par opposition à la langue littéraire. Cette mode commença à Thessalonique, où les intellectuels tiraient grande fierté de leur héritage grec. Nicolas Cabasilas, qui était Thessalonicien, parlait de « l'Hellade, notre communauté ». Plusieurs de ses contemporains suivirent son exemple. À la fin du XIVe siècle, on appelait souvent Manuel « l'empereur des Hellènes ». Quelques siècles auparavant, une ambassade qui arrivait à Constantinople avec des lettres adressées à l'« empereur des Grecs », n'était pas reçue à la cour. À présent, bien qu'elle déplût à quelques traditionalistes et que personne n'y voulût voir le signe d'un abandon des prétentions œcuméniques de l'Empire, cette nouvelle appellation florissait, venant ainsi rappeler aux Byzantins leur héritage hellénique[a]. Dans les dernières décennies de son existence, Constantinople avait pleinement conscience d'être une ville grecque[20].

---

a. En employant le terme « Hellènes », ils voulaient désormais « se distinguer des Latins d'Occident et des barbares de l'Orient », voir D. M. Nicol, *op. cit.*, article 13, « The Byzantine Church and Hellenic Learning in the Fourteenth Century », 29.

Manuel II se retira de la vie politique en 1423 et mourut deux ans plus tard. Son ami le sultan Mehmet I était déjà mort ; et sous le nouveau sultan Mourad II, les Ottomans étaient plus forts que jamais. Beaucoup de Grecs avaient de l'admiration pour Mourad, qui, bien que fervent musulman, était bienveillant, honorable et juste ; mais son tempérament se révéla lorsqu'il marcha sur Constantinople en 1422. Bien que sa tentative de siège ait tourné court, la pression qu'il exerça sur d'autres régions de l'Empire fut telle que le gouverneur de Thessalonique, Andronic, le troisième fils de Manuel, d'un caractère maladif et nerveux, désespéra de garder la place et vendit la ville aux Vénitiens. Eux non plus ne purent la conserver. Après un siège de courte durée, les Turcs s'en emparèrent, en 1436. Pendant les années qui suivirent, Mourad ne sembla guère désireux de préparer une nouvelle attaque. Mais combien de temps durerait ce répit[21] ?

Le fils aîné de Manuel, Jean VIII, absolument convaincu que seule une aide de l'Occident pourrait sauver l'Empire, prit la décision, contre les conseils paternels, d'obtenir au plus vite l'union avec Rome. Seule l'Église de Rome pourrait rallier les puissances catholiques et les inciter à lui porter secours. La Papauté s'était remise du schisme ; mais elle devait sa restauration à un mouvement conciliaire. Jean savait bien que le seul moyen de faire accepter l'union à son peuple était de la faire décréter par un concile aussi œcuménique que les circonstances le permettraient. La Papauté ne pouvait à présent rejeter un projet de concile. À l'issue de longues négociations le pape Eugène IV invita l'empereur à conduire une délégation jusqu'en Italie, où se tiendrait le concile. Jean aurait préféré qu'il ait lieu à Constantinople, mais il accepta l'invitation. Le concile s'ouvrit à Ferrare en 1438 et fut transféré l'année suivante à Florence, où se tinrent les débats les plus importants.

L'histoire détaillée du concile de Florence est un sujet ingrat[a]. Il y eut d'abord des querelles de préséance. Était-ce l'empereur qui devait présider, comme ce fut le cas lors des conciles précédents ? Quel accueil devait réserver le pape au patriarche de Constantinople[b] ? Il fut décidé que les débats porteraient sur l'interprétation exacte des canons des conciles œcuméniques et des textes patristiques. On considérait que les Pères de l'Église, latins aussi bien que grecs, étaient divinement inspirés, et leurs décisions avaient force de loi. Hélas, l'inspiration ne semblait pas impliquer la cohérence dans les idées. Les Pères avaient souvent été en désaccord les uns avec les autres et s'étaient même parfois contredits. La langue était source de difficultés sans fin. Il était rarement possible de trouver un équivalent exact en latin des concepts de théologie grecque ; et les versions latine et grecque des canons des conciles divergeaient souvent. Lors des débats, il faut reconnaître que ce sont les Latins qui l'emportèrent[c]. Leur délégation se composait

a. Sur le concile de Florence, pour connaître le point de vue des Grecs, on peut lire, outre l'ouvrage du Père Gill mentionné par S. Runciman, celui de N. Ostroumoff, *The History of the Council of Florence* (1861), Boston, St Nectarios P, 1971. Voir aussi l'article du Père Panaiotes Carras, « Les enjeux théologiques du concile de Florence », *La Lumière du Thabor, Revue internationale de théologie orthodoxe*, n° 22, 2e trimestre 1989, 48-73.

b. Le pape désirait que l'empereur et le clergé s'agenouillent devant lui et baisent sa mule, les Grecs refusèrent, voir S. Syropoulos, *Mémoires du Grand Ecclésiarque de l'Église de Constantinople*, éd. V. Laurent, Paris, éditions du CNRS, 1971, vol. IV, chap. 30, 230.

c. Marc d'Éphèse et Antoine d'Héraclée furent mis aux arrêts par l'empereur Jean et empêchés d'assister aux deux dernières sessions du concile, la 24e et la 25e, ils ne purent répondre aux arguments des théologiens latins. Si l'on en croit Doukas, qui était pour sa part favorable à l'union, à leur retour à Constantinople, les hiérarques grecs dirent qu'ils avaient signé l'union (excepté Marc d'Éphèse) par « crainte des Francs ».

d'habiles polémistes qui travaillaient en équipe, avec le pape dans les coulisses pour les conseiller. La délégation grecque était plus brouillonne. Les évêques présents faisaient triste figure, les plus honorables ayant pour nombre d'entre eux refusé de prendre part au concile. Pour relever le niveau, l'empereur avait élevé trois doctes moines à la dignité de métropolite. Il s'agissait de Bessarion de Trébizonde, métropolite de Nicée, Isidore, métropolite de Kiev et de toute la Russie, et Marc Eugenikos, métropolite d'Éphèse. Il leur associa quatre philosophes laïcs, Georges Scholarios, Georges Amiroutzès, Georges de Trébizonde et le vieux Pléthon. On demanda aux patriarches orientaux de nommer des délégués parmi les évêques présents ; mais ils s'exécutèrent à contrecœur, en n'accordant même pas les pleins pouvoirs à leurs représentants. Selon la tradition orthodoxe, chacun des évêques, y compris le patriarche, est également inspiré quant à la doctrine, tandis que les laïques ont le droit d'avoir leur opinion en matière de théologie. Ainsi chacun des participants grecs eut-il son mot à dire. Le Patriarche, un vieil homme affable du nom de Joseph, qui était l'enfant illégitime d'un prince bulgare et d'une dame grecque, n'était pas assez talentueux, ni bien portant ; il n'en imposait pas. L'empereur lui-même dut intervenir pour éviter que la discussion ne portât sur des sujets trop délicats, comme la doctrine des Énergies, par exemple. Les Grecs n'avaient ni discipline ni ligne de conduite arrêtée ; on leur coupait les vivres[a], et tous avaient hâte de rentrer chez eux.

---

a. Runciman dit “ they were kept short of money ”. Le concile se prolongea tellement que certains évêques grecs durent vendre jusqu'à leurs vêtements pour pouvoir simplement se nourrir, voir Ostroumoff, *op. cit.*, 42.

Finalement l'union leur fut imposée. Trois des philosophes, Georges Scholarios, Georges Amiroutzès, et Georges de Trébizonde, tous admirateurs de Thomas d'Aquin, l'acceptèrent. Pléthon réussit apparemment à ne pas signer. Il considérait l'Église latine comme plus hostile encore que la grecque à la liberté de pensée. Mais il se plut beaucoup à Florence. On l'y fêta comme le plus éminent des érudits platoniciens, et Cosme de Médicis fonda une Académie platonicienne en son honneur. Ainsi fut-il, en tant qu'opposant, réduit au silence. Le patriarche Joseph convint avec les Latins que leur formule du Saint-Esprit procédant « du Père et du Fils » signifiait la même chose que la formule grecque du Saint-Esprit procédant « du Père par le Fils », après quoi il tomba malade et mourut. « Que diantre pouvait-il faire d'autre après s'être embrouillé dans ses prépositions ? » fit remarquer un érudit un peu malveillant. Bessarion et Isidore s'étaient ralliés à l'opinion des Latins. La science des Italiens les impressionnait, ils désiraient intégrer la culture grecque à la culture latine. Tous les autres évêques grecs, à une exception près, signèrent l'acte d'union, certains en protestant et en se plaignant d'avoir subi des pressions et des menaces de la part de l'empereur. Un seul n'apposa pas sa signature : Marc d'Éphèse, qui ne voulut pas y souscrire, même après avoir été menacé de perdre son siège. L'acte lui-même, s'il autorisait certains usages grecs, n'était rien de moins qu'une profession de foi catholique, quoique la clause concernant les relations du pape et des conciles fût d'une rédaction assez vague[22].

Signer était facile ; mettre à exécution l'était moins. Quand la délégation s'en revint à Constantinople, elle reçut un accueil franchement hostile. Bientôt Bessarion, bien que profondément respecté, jugea prudent de se retirer en Italie, où Isidore, conspué par les Russes, le rejoignit. Les patriarches orientaux refusèrent de se reconnaître liés par la signature de leurs délégués. L'empereur eut de la peine à trouver un remplaçant au patriarche de Constantinople. Le premier qu'il choisit mourut presque aussitôt. Le suivant, Grégoire Mammas, nommé en 1445, se cramponna à son poste six années durant, boycotté par presque tout son clergé, pour finalement se retirer à Rome, où l'atmosphère était plus amicale. Marc d'Éphèse perdit son siège de métropolite[a], et le peuple de ce fait le considéra pour lors comme le seul chef légitime de la hiérarchie. Parmi les philosophes, Georges de Trébizonde gagna l'Italie. Georges Scholarios commença à douter, pour des raisons politiques plus que religieuses. Il admirait toujours la scolastique mais décida néanmoins que l'union ne servait pas les intérêts des Grecs. Il se retira dans un monastère, sous le nom de Gennade. À la mort de Marc d'Éphèse, il devint le chef incontesté du parti anti-unioniste. Georges Amiroutzès devait aller plus loin : il étudia la possibilité d'une entente avec l'islam. L'empereur lui-même se demanda s'il avait eu raison. Il ne voulait pas dénoncer l'union, mais sous l'influence de sa mère, l'impératrice Hélène, il cessa d'en exiger l'application. Son seul effet avait été de diviser et d'emplir d'amertume Constantinople, qui n'en avait plus pour longtemps[23].

Si l'union avait été suivie d'une expédition victorieuse contre les Turcs, elle aurait pu à la rigueur être acceptée. Le pape Eugène prêcha la croisade en 1440 et parvint à lever une armée composée surtout de Hongrois, qui passèrent le Danube en 1444. Mais le légat du pape, le cardinal Césarini, après avoir contraint leur chef militaire, Jean Hunyadi, voïvode de Transylvanie, à violer le traité qu'il avait conclu

a. Saint Marc d'Éphèse fut arrêté sur ordre de l'empereur et exilé sur l'île de Lemnos pour avoir refusé de signer l'union.

avec le sultan, sous prétexte que les serments faits aux infidèles étaient sans valeur, se querella ensuite avec lui sur sa stratégie. Le sultan Mourad vainquit facilement l'armée des croisés à Varna, sur les côtes de la mer Noire[24].

Pour beaucoup d'historiens il semble que les Byzantins, en rejetant l'union avec autant de légèreté et d'entêtement, commettaient un suicide. Le petit peuple, sous la conduite des moines, était passionnément attaché à son Credo, à sa liturgie et à ses traditions, qui étaient pour eux d'inspiration divine ; c'eût été pécher que d'y renoncer. L'esprit de cette époque était religieux. Les Byzantins savaient que la vie ici-bas n'était qu'un prélude à la vie éternelle. Il ne pouvait être question d'acheter la sécurité matérielle sur cette terre au prix du salut éternel. Il y avait aussi chez eux un côté fataliste. Si la catastrophe devait se produire, ce serait le châtiment de Dieu pour leurs péchés. Ils étaient pessimistes. Le climat humide et déprimant du Bosphore affaiblissait la gaieté naturelle des Grecs. Même aux heures grandioses de l'empire, il se murmurait des prophéties annonçant que ces temps auraient une fin. On savait bien que la liste des empereurs était gravée sur des pierres çà et là dans la ville et inscrite dans les livres composés par les sages des temps passés, mais cette liste touchait à sa fin. On ne pourrait retarder plus longtemps le règne de l'Antéchrist. Ils étaient peu nombreux ceux qui croyaient encore que la Mère de Dieu ne permettrait jamais à une ville qui lui était dédiée de tomber entre les mains des infidèles. L'union avec l'Occident hérétique n'apporterait pas plus le salut qu'elle ne changerait le destin[25].

Cette piété était peut-être le fait d'esprits étroits et ignorants. Mais il y avait des hommes d'État avisés qui doutaient eux aussi des avantages de l'union. Beaucoup d'entre eux estimaient avec raison que l'Occident ne serait jamais capable ni désireux d'envoyer une aide assez efficace pour mettre en échec la puissance militaire des Turcs, si parfaitement organisée. D'autres, surtout parmi le clergé, craignaient que l'union n'aboutît qu'à un nouveau schisme. Les Grecs qui s'étaient si longtemps battus pour préserver leur intégrité face à la persécution des conquérants francs, n'auraient-ils pas le sentiment d'avoir été trahis ? De plus en plus de Grecs étaient tombés sous le joug turc, et seule l'Église pouvait maintenir leurs liens avec Constantinople. Si le patriarche s'engageait auprès de l'Occident, ses fidèles en feraient-ils autant ? Leurs hiérarques s'y refuseraient certainement. Les orthodoxes du Caucase, du Danube et de Russie seraient-ils prêts à le suivre ? Les autres patriarcats de l'Orient avaient clairement manifesté leur désaccord. Pouvait-on espérer que les orthodoxes dépendant du patriarcat byzantin mais non de l'Empire accepteraient de se soumettre à Rome simplement pour sauver l'Empire ? On savait que les Russes, en particulier, haïssaient l'Église latine, qui était celle de leurs ennemis polonais et scandinaves. Une note datée de 1437 nous révèle que des 67 sièges métropolitains relevant du patriarche de Constantinople, huit seulement étaient situés dans les territoires appartenant à l'Empire, et sept autres dans le despotat de Morée[26]. Ce qui veut dire que l'union avec Rome pourrait faire perdre au patriarche plus des trois quarts des évêques de sa synodie. C'était là un argument décisif, qui s'ajoutait à la répugnance naturelle des Byzantins à sacrifier leur liberté religieuse. Quelques hommes d'État regardaient plus avant. Byzance, tout observateur lucide pouvait le comprendre, était condamnée. Pour refaire l'unité de l'Église et du peuple grec par la même occasion, il fallait peut-être accepter le joug turc, auquel la majorité des Grecs était déjà soumise. N'était-ce pas la seule manière de faire renaître la nation grecque orthodoxe et de la revivifier de telle sorte qu'elle eût un jour la force de secouer le joug de l'infidèle et de ressusciter Byzance ? À de rares exceptions près, aucun Grec ne manquait assez de fierté pour envisager une soumission volontaire de son corps à l'infidèle, pas plus qu'il n'eût soumis volontairement son âme aux Romains. Mais la première solution n'était-elle pas la plus sage, surtout si elle lui évitait la dernière ? Le peuple grec uni sous la domination ottomane ne préserverait-il pas mieux son intégrité qu'une fraction de ce peuple accrochée aux marches de l'Occident ? Les propos que ses ennemis attribuent à Luc Notaras, le dernier grand ministre de Byzance : « plutôt le turban que le chapeau de cardinal » n'étaient pas si outrageants qu'il y paraît[27].

Pour Bessarion et ses amis humanistes, qui, en Italie, œuvraient avec passion et dévouement pour qu'on secourût leurs compatriotes, l'atmosphère à Constantinople semblait étrange, absurde et étouffante. Ils étaient convaincus que l'union avec l'Occident donnerait à Byzance la vigueur politique et culturelle qui lui permettrait de renaître. Qui sait s'ils avaient tort ?

L'empereur Jean VIII vécut encore neuf ans, des années malheureuses, après son retour d'Italie. Il était rentré pour trouver son épouse adorée, l'impératrice Marie de Trébizonde, morte de la peste. Il n'avait pas d'enfants. Ses frères, passaient tout leur temps à se quereller au Péloponnèse ou à intriguer contre lui en Thrace. Dans sa famille, la seule personne en qui il pût avoir confiance était sa mère, l'impératrice Hélène, qui était âgée ; or elle n'aimait pas sa politique. Il s'efforça, du mieux qu'il le pût, de maintenir la paix dans sa capitale divisée, en faisant preuve d'indulgence et de tact. Il consacra tout l'argent que l'État pouvait épargner à consolider les remparts terrestres de la ville, afin de les préparer à l'assaut des Turcs, qui était devenu inévitable. La mort vint à lui comme une délivrance, le 31 octobre 1448[28].

CHAPITRE II

MONTÉE DU SULTANAT

Jadis, en ses plus beaux jours, la prospérité de Byzance était liée à la possession de l'Anatolie. L'immense péninsule, que les Anciens appelaient Asie Mineure, avait été à l'époque romaine une des régions les plus peuplées du monde. Le déclin de l'Empire romain, la peste et la malaria puis les invasions perses et arabes du VIIe et du VIIIe siècles, avaient décimé la population. Le calme revint au IXe siècle. Un dispositif de défense bien conçu diminuait le risque de raids ennemis. L'agriculture avait repris et trouvait un marché à Constantinople et dans les villes prospères de la côte. Les riches vallées de l'Ouest regorgeaient d'olives, d'arbres fruitiers et de céréales. Les troupeaux de moutons et de bovins paissaient sur les plateaux ; et partout où l'on pouvait irriguer, s'étendaient de vastes champs de blé. Les empereurs n'aimaient pas la grande propriété terrienne ; ils préféraient que la terre fût exploitée par des communautés villageoises, qui payaient leur tenure en fournissant des soldats à l'armée impériale ou à la milice locale. Le gouvernement central assurait son contrôle par de fréquentes inspections et en réglant le salaire des fonctionnaires provinciaux sur le budget de l'Empire.

La condition de cette prospérité était d'avoir des frontières bien gardées. Là-bas, aux confins de l'Empire, on vivait autrement. La défense était confiée aux barons de la frontière, les *akritai*, des hommes qui passaient leur temps à faire des raids en territoire ennemi ou à repousser les attaques de leurs adversaires. C'étaient des individus insoumis, indépendants, refusant d'être aux ordres du gouvernement ; ils ne voulaient pas payer d'impôt, et s'attendaient à être récompensés de leurs services. Leurs recrues étaient des aventuriers de toutes sortes, car il n'y avait ni vie sédentaire, ni cohésion raciale dans ces régions sauvages, sauf aux endroits où les Arméniens s'étaient établis et conservaient leurs traditions. L'état de guerre était permanent, que la paix régnât ou non, officiellement, entre les gouvernements byzantin et arabe ; mais les barons n'étaient pas hostiles à leurs rivaux, de l'autre côté de la frontière, qui menaient le même genre de vie. Les seigneurs musulmans de la frontière, étaient peut-être plus fanatiquement attachés à leur foi, mais leur fanatisme n'empêchait pas les liaisons voire même les mariages mixtes. Des deux côtés de la frontière, la religion officielle n'était pas très populaire. Beaucoup d'*akritai* étaient membres de l'Église arménienne séparée, et la plupart d'entre eux prenaient volontiers les hérétiques sous leur protection, tandis que les hérétiques de l'islam étaient assurés de trouver un refuge auprès des seigneurs musulmans de la frontière[1].

Cet équilibre fut rompu pendant quelque temps, par suite du déclin du califat, et d'un regain d'agressivité chez les Byzantins. À partir du XIe siècle, les armées de l'Empire reprirent possession de vastes territoires frontaliers, en Syrie particulièrement. La nouvelle frontière ne se situait plus dans la montagne déserte mais traversait des terres cultivées et populeuses. Sa défense pouvait être organisée par des fonctionnaires stationnés à Antioche ou dans quelque autre ville reconquise. On n'avait plus besoin des barons de la frontière. Ils se dédommagèrent en investissant en terres, dans toute l'Anatolie, les richesses acquises lors des récentes campagnes. Mais toujours rebelles et orgueilleux, ils s'entourèrent de bandes recrutées essentiellement dans les villages naguère libres dont ils avaient obtenu, le plus souvent illégalement, le contrôle. Ces barons furent à l'origine de l'aristocratie foncière, qui, par sa puissance, allait ébranler le gouvernement impérial vers le milieu du XIe siècle. Entre-temps, l'administration centrale s'efforça de mettre la main sur les territoires frontaliers arméniens, plus au nord, et elle annexa de vastes provinces qui tombèrent ainsi sous la coupe détestée du collecteur d'impôt et des autorités ecclésiastiques byzantines. D'où un ressentiment qui affaiblit la défense[2].

Celle-ci était à présent menacée par un peuple avec lequel Byzance avait eu jusqu'alors des contacts amicaux. Depuis quelques siècles, les grandes plaines du Turkestan s'asséchaient et les tribus turques se déplaçaient vers l'ouest à la recherche de nouveaux foyers. Byzance avait été en contact, au VIe siècle, avec les Turcs de l'Asie centrale et elle connaissait bien ces tribus dont les migrations pénétraient au cœur des steppes russes : les Khazars judaïsants et plus raffinés, dont deux princesses avaient épousé des empereurs byzantins, ainsi que les Petchenègues et les Coumans, tribus plus agitées, qui à l'occasion faisaient des incursions en territoire impérial, mais qui, plus utilement, fournissaient des volontaires aux armées de l'empereur. À beaucoup de ces mercenaires l'Empire avait fait don d'habitations permanentes, plus spécialement en Anatolie, et ils s'étaient convertis au christianisme. Mais la plus active des nations turques, le peuple des Oghouz, avait poussé à travers la

Perse, en direction des terres du califat arabe. Les armées du calife, comme celles de l'empereur, comprenaient des régiments turcs : ceux-ci se convertirent à l'islam. À mesure que déclinait la puissance du calife, celle de ses vassaux turcs croissait. Le premier des grands musulmans turcs, Mahmoud le Ghasnavide, bâtit un Empire en Orient qui s'étendait d'Ispahan à Lahore. À sa mort, l'hégémonie, chez les Turcs, passa aux princes d'une tribu oghouz, la famille de Seldjouk. Les descendants de ce personnage à demi mythique dominèrent les Turcs établis dans le califat et les immigrants du Turkestan acceptèrent volontiers leur autorité. En 1055, Tughril Bey, le chef de la maison, ne s'était pas seulement constitué pour lui-même un royaume qui incluait la Perse et le Khorassan, avec des apanages confiés à ses frères et à ses cousins sur ses frontières nord ; il avait aussi été invité par le calife abbasside de Bagdad à assurer le gouvernement de ses possessions[3].

L'invitation de Bagdad était due aux craintes qu'inspirait le califat rival des Fatimides d'Égypte, lequel avait déjà mis la main sur la plus grande partie de la Syrie. Les Fatimides étaient en bons termes avec l'Empire byzantin ; et les princes seldjoukides désiraient éviter toute action que pourraient entreprendre les Byzantins sur la frontière nord du califat abasside pour appuyer une attaque fatimide. Déjà certains roitelets turcs s'étaient établis avec leur suite sur les frontières byzantines où ils jouaient le rôle des barons et faisaient des razzias chez l'adversaire, dès que l'occasion s'en présentait. Le successeur de Tughril, Alp Arslan, son neveu, était bien résolu à écarter tout danger d'attaque de la part des Byzantins. Il pilla et annexa la vieille capitale arménienne d'Ani et encouragea ses barons frontaliers à multiplier leurs incursions. Byzance riposta en s'emparant de la dernière principauté arménienne indépendante. Mais les garnisons impériales n'étaient pas assez fortes pour faire cesser les raids ; et il n'y avait plus d'*akritai* pour s'y opposer. En 1071 l'empereur Romain Diogène décida qu'il fallait une expédition militaire pour défendre la frontière. Des économies récentes avaient réduit l'armée impériale, et l'empereur dépendait maintenant surtout de mercenaires, quelques-uns originaires d'Europe occidentale et le plus grand nombre recruté chez les Turcs Coumans. Alp Arslan était en Syrie, en campagne contre les Fatimides, lorsqu'il eut vent de l'expédition. Il présuma qu'elle était un effet de l'alliance entre les Fatimides et les Byzantins et il se dirigea en hâte vers le nord pour lui faire échec. Le plus curieux dans cette campagne, qui devait peser lourdement sur le cours de l'histoire, c'est que chacun des adversaires croyait tout bonnement se défendre.

La bataille décisive eut lieu le vendredi 19 août 1071, près de la ville de Mantzikert. Romain était un homme courageux mais un piètre tacticien ; et ses mercenaires devaient trahir sa confiance. Son armée fut mise en déroute et anéantie, et lui-même fait prisonnier[4].

Alp Arslan, assuré que son flanc ne serait plus menacé par les Byzantins, libéra généreusement son prisonnier impérial et revint à ce qui l'intéressait le plus, la Syrie. Mais ses barons frontaliers ne l'entendaient pas de cette oreille. Les défenses de l'Empire byzantin étaient tombées, et les crises politiques à Constantinople interdisaient toute tentative de redressement. Les rares *akritai* qui subsistaient, arméniens pour la plupart, n'avaient aucun moyen de communiquer avec la capitale. Ils se retranchèrent, eux et leurs troupes, dans des forteresses isolées. Les roitelets turcs multiplièrent leurs attaques ; et, comme la résistance était insignifiante, ils s'installèrent dans les régions qu'ils avaient envahies et les colonisèrent, avec des gens de leur suite et d'autres tribus turques attirées par ces riches contrées livrées à l'occupation[5].

Depuis quelque temps les barons frontaliers musulmans avaient reçu le titre de *ghazi*, ou combattant de la foi. Le *ghazi* était à peu près l'équivalent du chevalier chrétien. Il était apparemment pourvu de quelque insigne et prêtait serment à une sorte de suzerain, idéalement au calife ; et il se conformait à la *futuwwa*, ce code mystique de moralité qui se développa aux Xᵉ et XIᵉ siècles et qui fut adopté par les guildes et les corporations du monde islamique. Les *ghazis* turcs étaient surtout des guerriers et des conquérants. Les gouvernements réguliers ne les intéressaient pas. À mesure qu'ils avançaient et prenaient possession de nouveaux territoires, ils gouvernaient ceux-ci comme ils gouvernaient leurs domaines frontaliers, sans intervenir de trop dans les affaires des habitants, qui comptaient en réalité sur eux pour les défendre contre d'autres pillards, et en finançant leur règne grâce au butin qu'ils rapportaient de leurs razzias. Dans les régions frontalières, accoutumées depuis longtemps à ces mœurs, la venue des *ghazis* provoquait peu de mécontentement. Leurs partisans pouvaient expulser quelques chrétiens, qui se réfugiaient en lieu sûr. Mais la population était mélangée et fluide ; l'afflux des Turcs ne changeait rien à la tendance générale. Mais à mesure qu'ils pénétraient en Asie Mineure, le tableau changea néanmoins. Dans certaines régions, les chrétiens s'enfuirent, abandonnant la terre aux hommes des tribus turques. Ailleurs, les villes et les villages chrétiens essayèrent de se maintenir, mais se trouvèrent bientôt isolés et contraints de se soumettre à l'envahisseur. Les raids eurent rapidement pour effet le délabrement des routes, des ponts, des puits et des canaux d'irrigation. L'ancienne économie du pays en fut ruinée[6].

Comme ils ne rencontraient aucune opposition, les *ghazis* purent envahir toute la péninsule, ne laissant aux Byzantins que quelques enclaves côtières. Byzance ne put regagner du terrain qu'après que l'empereur Alexis Comnène eut réorganisé l'Empire, reconstitué l'armée impériale et usé de diplomatie pour opposer les *ghazis* les uns aux autres. Entre-temps la dynastie seldjoukide, s'inquiétant du désordre en Anatolie, avait chargé un de ses cadets de réunir les territoires conquis en un solide royaume islamique. La tâche du chef seldjoukide Suleïman et de son fils Kilij Arslan fut entravée par les guerres et les intrigues d'Alexis et par l'aide que les soldats de la première croisade apportèrent à Byzance. Vers le début du XIIe siècle, la frontière entre les territoires byzantins et turcs fut établie approximativement sur la ligne qui séparait du plateau central les vallées fertiles de l'Anatolie occidentale et les régions côtières du Nord et du Sud. Les gouvernants seldjoukides s'intéressaient moins, pourtant, à leurs relations avec Byzance qu'à leurs efforts pour s'imposer aux princes *ghazis* et en particulier au puissant clan Danishmend. Ils surveillaient aussi avec attention les territoires de l'Est, siège central du pouvoir de leur famille. Le déclin de Byzance vers la fin du XIIe siècle et le désastre de la quatrième croisade permirent au royaume seldjoukide de s'étendre. Au début du XIIIe siècle, les sultans seldjoukides de Roum – nom dérivé de *Romaios* et qu'on leur donnait habituellement à cause de leurs possessions au cœur de territoires qui avaient appartenu à Rome et à Byzance – étaient des figures de l'islam, puissantes et respectées. Ils avaient établi leur autorité sur les princes *ghazis*. Ils étaient habituellement en bons termes avec leurs voisins byzantins, les empereurs de Nicée. Ils avaient abandonné leurs ambitions sur l'Orient et se contentaient d'administrer leur État tolérant et bien ordonné depuis la capitale, Konya.

Ils ranimèrent la vie urbaine et réparèrent les voies de communication ; ils encouragèrent les arts et la culture. Il est tout à l'honneur de leur sagesse et de leur talent que l'Anatolie en grande majorité chrétienne ait pu se transformer si insensiblement en un pays à grande majorité musulmane et avec si peu de heurts que personne n'a pris la peine de les consigner[7].

Ce sont les invasions mongoles qui mirent fin au règne bienfaisant des Seldjoukides. Un certain nombre de tribus turques, fuyant devant les armées mongoles, pénétrèrent en Asie Mineure. On les établit sur la frontière ouest où elles s'associèrent aux *ghazis* qui supportaient mal l'autorité seldjoukide. En 1243, les Mongols eux-mêmes apparurent. Le sultan seldjoukide subit une défaite écrasante dont son royaume ne se remit jamais. Désormais lui et ses successeurs furent les tributaires et les vassaux du khan mongol de Perse : leur pouvoir et leur autorité déclinèrent. Moins d'un siècle plus tard, la dynastie s'éteignit[8].

La décadence du sultanat seldjoukide libéra progressivement les princes *ghazis* de la frontière. Des réfugiés de plus en plus nombreux, fuyant les Mongols, se joignirent à eux : fonctionnaires de villes seldjoukides, paysans venus de régions dévastées ou accablées d'impôts, saints hommes, cheiks et derviches, qui souvent passaient pour hérétiques dans les milieux musulmans les plus stricts mais dont le fanatisme convenait à l'esprit de la frontière. La nécessité et la foi les incitaient à attaquer les chrétiens. Or cela n'était guère facile. Les empereurs de Nicée avaient pris grand soin de la frontière, ils y avaient rétabli des *akritai* mais qu'ils mirent sous leurs ordres[9]. La reconquête de Constantinople en 1261, si glorieuse qu'elle fût, n'avait pas que des avantages. L'Empire, désormais profondément engagé en Europe, devait faire face à des menaces qui ne venaient pas seulement des Balkans mais aussi des Occidentaux désireux de venger la perte de l'Empire latin. On retira des troupes des garnisons d'Asie. Des économies faites sur la marine affaiblirent la défense côtière. Il fallut augmenter les impôts dans tout l'Empire pour répondre aux nouvelles charges. Les *akritai* se trouvèrent mal soutenus et mal payés. Au cours des trente dernières années du XIIIe siècle, plusieurs *ghazis* franchirent la frontière. Pressés par la surpopulation qui régnait de leur côté, par leur soif de butin et par leurs chefs religieux, ils se répandirent avec leurs troupes dans le reste des pays byzantins d'Asie. Les tentatives désordonnées faites par l'armée impériale pour les refouler furent infructueuses. Quelques-uns des plus entreprenants, tels les princes de Menteshe et d'Aydin, attaquèrent par mer aussi bien que sur terre ; la marine byzantine était trop faible pour les empêcher d'occuper plusieurs îles ainsi que les côtes ouest de l'Anatolie. En 1300, tout ce que possédait encore Byzance en Asie, exception faite d'une ou deux villes isolées, se réduisait aux plaines situées entre l'Olympe bithynien et la mer de Marmara, à la péninsule qui s'avance vers le Bosphore à partir du Sangarius, à cent cinquante kilomètres environ des côtes de la mer Noire.

L'émirat de Menteshe, dans le sud-ouest de l'Asie Mineure, avait été l'un des animateurs de ces mouvements. Mais sa puissance faiblit lorsque les chevaliers de Malte s'emparèrent de Rhodes et s'y établirent. L'hégémonie passa aux émirs d'Aydin, les premiers Turcs asiatiques à piller les côtes européennes de la mer Égée. Il fallut les forces conjuguées de Venise, de Chypre et des Hospitaliers pour les contenir. Plus au nord se trouvaient les princes de Sarakhan, qui avaient leur quartier général à Manisa, ou Magnésie, récemment encore seconde capitale des empereurs de Nicée, et près d'eux, les princes Karasi, établis dans la plaine de Troie. Sur la côte de la mer Noire, le *ghazi* Chelebi régentait l'émirat de Sinope, fameux pour les exploits de ses pirates. Il existait quelques émirats plus petits à l'intérieur ; et surtout, les deux grands émirats de Karaman et de Germiyan prétendaient l'un et l'autre à l'héritage des Seldjoukides et voulaient tous deux instaurer un État régulier capable de soumettre les *ghazis*. Les princes de Karamanie, qui occupèrent Konya en 1327, étaient assez loin de la frontière pour éliminer les *ghazis* locaux. Les princes de Germiyan, dont la capitale était Koutahia, refusaient de s'intituler *ghazis* mais s'efforçaient d'établir un peu d'autorité sur les seigneurs *ghazis* du voisinage, dont beaucoup étaient à l'origine des chefs militaires de Germiyan. Pour l'essentiel ces princes réussirent. À une exception près, les émirats de la côte égéenne et de la frontière byzantine les traitèrent avec respect et prévenance, sans pourtant reconnaître ouvertement leur suzeraineté[10].

Il y avait une exception : un petit État fondé pendant la seconde moitié du XIIIe siècle, sur les confins est d'Olympe en Bithynie. Son fondateur était un certain Ertughrul, qui mourut en 1281 en laissant comme successeur son fils Osman. Les origines de la famille des Osmanli, ou des Ottomans, ainsi qu'on appela les descendants d'Osman, ont été déformées et agrémentées par la légende après que la famille fut devenue célèbre. On nous propose une liste de vingt et un ancêtres remontant à Noé, liste à laquelle on ajoute ensuite trente et un autres ancêtres pour rendre la chronologie plus convaincante. La lignée passe par le héros éponyme Oghouz Khan, fondateur des Turcs Oghouzs, par son fils Gök Alp et par son petit-fils Chamoundar, qui s'identifie à Chavouldar, qui serait selon d'autres légendes un des vingt-quatre petits-fils d'Oghouz, dont descendaient les vingt-quatre principales tribus oghouz. Mais, quoiqu'une tribu chandar ait été absorbée dans l'État ottoman vers la fin du XIIIe siècle, cette tribu, bien distincte, était à l'origine hostile à la domination d'Osman. Une autre légende a auréolé la famille en lui attribuant comme aïeul le petit-fils aîné d'Oghouz, Qayi, fils de Gun Khan, ce qui ferait des Ottomans une branche de la plus ancienne tribu oghouz. Mais cette version n'est apparue qu'au XVe siècle, après qu'on eut généralement accepté l'autre tradition rattachant la famille à Gök Alp. Les courtisans flagorneurs ont encore compliqué le problème au XVe siècle, en donnant des ancêtres arabes à la dynastie, bien que celle-ci n'ait jamais prétendu descendre du Prophète lui-même ; la généalogie de ses descendants était trop connue[11]. Le sultan de la conquête, Mehmet II, voulut impressionner ses sujets turcs aussi bien que grecs, en soutenant une théorie selon laquelle sa famille descendait d'un prince de la maison impériale des Comnènes, qui, émigré à Konya, s'y serait converti à l'islam et aurait épousé une princesse seldjoukide[12].

Il n'existe aucune preuve valable à l'appui de ces théories. L'historien prudent conclura qu'Ertughrul n'était pas un chef de tribu mais un bon commandant *ghazi* d'origine inconnue, qui, de quelque façon, atteignit la frontière et là, grâce à ses prouesses, réunit autour de lui un nombre suffisant de partisans pour fonder un émirat. Son atout principal était la position géographique de la région qu'il occupait. Pour justifier son existence, une communauté *ghazi* était tenue de faire des incursions en territoire ennemi et de le piller. Mais à la fin du XIIIe presque tous les émirs *ghazis* avaient atteint les limites de l'Asie Mineure. Les Byzantins étaient partis ; et la mer interdisait toute autre avancée. Bien que des pirates entreprenants, tels que les émirs d'Aydin et de Sinope fussent en mesure de razzier avec profit les côtes ennemies, aucun d'eux n'avait de marine qui permît d'envisager le transport de leurs gens en nombre suffisant pour établir des colonies outre-mer. À l'exception des émirats situés en bordure de l'Empire de Trébizonde vers l'est, seul le territoire dont Osman avait hérité avait encore une frontière avec des terres peuplées d'infidèles. C'était maintenant vers les possessions d'Osman qu'affluaient les plus entreprenants des éléments turcs, chefs *ghazis* en quête de terres riches à piller, derviches et savants désireux de s'éloigner un peu plus des Mongols qu'ils détestaient, et tribus, en foule compacte, toujours à la recherche d'un lieu où s'établir avec leurs troupeaux. Ainsi Osman disposa-t-il d'effectifs humains tout à fait hors de proportion avec l'exiguïté de son émirat. Si Osman n'avait pas été un extraordinaire meneur d'hommes, il eût été submergé par les immigrants. Nous ne savons guère comment il agit à leur endroit. Mais il y a quelque chose de significatif dans la plus vieille inscription connue où un gouvernant ottoman s'attribue le titre de sultan. La formule de cette inscription, placée dans une mosquée de Brousse par Orhan, fils d'Osman, est la suivante : « sultan, fils du sultan des *ghazis*, *ghazi*, fils de *ghazis*, Margrave des horizons, héros du monde[13] ». C'est donc en qualité de commandant en chef *ghazi* qu'Osman s'imposa. Alors que d'autres émirs *ghazis*, incapables d'étendre leur pouvoir selon le seul mode qu'ils connussent, commençaient à se quereller entre eux, Osman promettait une vie de *ghazi* à tout homme qui acceptait de se mettre sous ses ordres.

L'Empire byzantin ne pouvait ignorer ce défi. Peut-être le plus sage eût-il été d'évacuer rapidement l'Anatolie, d'abandonner le pays à Osman et de s'appliquer à constituer une force navale capable d'interdire à quiconque de franchir les Détroits et de pénétrer en Europe. Si Osman avait été définitivement arrêté par la mer, son émirat aurait pu décliner comme les autres, et ses partisans, en quête d'autres champs d'action, se seraient peut-être dispersés. Mais on ne pouvait espérer tant de prévoyance et de retenue. Constantinople tarda à comprendre l'importance d'Osman. C'est contre les Turcs d'Aydin et de Magnésie que furent dirigées sans succès des armées impériales au cours des dernières décennies du XIIIe siècle. On ne commença à prêter attention à Osman qu'après qu'il eut défait un corps expéditionnaire byzantin à Bapheum, entre Nicée et Nicomédie, en 1301, et lorsqu'il commença à établir son monde au nord de l'Olympe. Les Byzantins ne pouvaient docilement accepter l'occupation musulmane de leurs dernières possessions en Asie, c'est-à-dire de terres qui étaient en vue de la capitale elle-même. Mais leur résistance fut aussi mal organisée qu'inefficace. En 1305, la Compagnie catalane, formée de mercenaires embauchés par l'empereur Andronic II, battit Osman près de Leuke. Mais les Catalans se révoltèrent bientôt contre l'empereur, entraînant ainsi Byzance dans une guerre civile de dix ans. Durant ces années, des troupes turques nombreuses, payées soit par l'empereur soit par les Catalans, passèrent et repassèrent les Dardanelles dans les deux sens ; bien plus, Osman put consolider ses positions dans la région jusqu'à la mer de Marmara. Il prit aussi la tête d'expéditions qui ne le concernaient pas directement. En 1308, ce furent ses troupes qui contribuèrent le plus à la prise d'Éphèse – dernière ville que tenaient encore les Byzantins sur les côtes de la mer Égée –, Éphèse étant néanmoins donnée à l'émir d'Aydin. Durant les quelques années suivantes Osman s'empara des villes byzantines situées le long de la mer Noire, depuis Inebolu jusqu'au Sangarius.

Le départ des Catalans fut suivi à Byzance par de violents conflits dynastiques. Osman ne trouvait de nouveau presque rien en face de lui. Ses troupes se composaient surtout de cavaliers ; et il n'avait pas de matériel de siège. Lorsqu'il avait à prendre une ville fortifiée, il en balayait les alentours, en chassait ou y asservissait les paysans et y établissait ses propres partisans. Privée de ravitaillement et affamée, la ville était obligée de se rendre à moins qu'une colonne de secours ne réussît à forcer le blocus. Osman concentra maintenant ses efforts sur la ville de Brousse, située sur les pentes nord de la chaîne de l'Olympe, pourvue de fortes défenses naturelles et bien placée comme centre d'opérations sur la côte de Marmara. Les fortifications de Brousse et la fertilité de la campagne qui les entourait permirent à la place de résister pendant dix ans. Mais l'empereur était incapable d'envoyer aucun secours. À l'automne 1326, Brousse dut, faute de vivres, capituler. Lorsque la nouvelle de cette reddition parvint à Osman, il était mourant ; il expira quelques jours plus tard, en ce même mois de novembre. En profitant habilement de toutes les occasions, il avait fait d'un petit émirat frontalier la première puissance turque et le fer de lance des *ghazi* au sein de la Chrétienté[14].

Osman eut des enfants qui le servirent. Son fils aîné, Orhan, lui succéda sur le trône. On dit qu'Orhan offrit à son frère, Ala ed-Din, de partager le pouvoir avec lui, comme le voulait la tradition turque ; mais Ala ed-Din soutint généreusement que la monarchie ne devait pas être divisée, et il resta un sujet loyal. Orhan hérita en outre d'un bon ministre, dont le nom était également Ala ed-Din. On ne sait pas bien si l'État ottoman dut son remarquable développement au sultan ou à son ministre. Comme son père, Orhan était un *ghazi*, un meneur d'hommes, voué à combattre et à vaincre l'infidèle. En 1329, la cité historique de Nicée qui était, comme l'avait été Brousse, encerclée depuis plusieurs années, se rendit. L'empereur Andronic III et son ministre Jean Cantacuzène avaient tenté de la secourir. Mais, après une bataille indécise, le mécontentement des troupes, joint à de mauvaises nouvelles d'Europe, les avaient contraints à la retraite. L'objectif suivant d'Orhan fut le grand port maritime de Nicomédie. La place, qui recevait ravitaillement et renforts par mer, tint pendant neuf ans. Mais lorsque Orhan eut réussi à bloquer le golfe étroit sur lequel elle était située, la capitulation suivit, en 1337. Avec Nicomédie en son pouvoir le sultan, ainsi qu'il s'appelait lui-même désormais, put occuper toute la région, presque jusqu'au Bosphore[15].

À présent Byzance était harcelée par le grand empire serbe d'Étienne Doushan ; et en 1341 une guerre civile éclata entre Jean Cantacuzène et les régents qui gouvernaient au nom de l'empereur-enfant Jean V. Depuis quelque temps les généraux byzantins avaient loué les services de contingents turcs issus de diverses tribus, en dépit de l'incorrigible habitude qu'avaient les Turcs de piller les pays où ils passaient. Les hommes d'Orhan, mieux disciplinés, étaient de meilleurs soldats. Ainsi, pendant que les partisans de Jean V engageaient des mercenaires de Magnésie et d'Aydin, Jean Cantacuzène obtint l'appui d'Orhan, en 1344, en lui donnant sa fille Théodora comme épouse. En retour le sultan envoya six mille hommes guerroyer en Thrace. Après que Cantacuzène fut monté sur le trône, il continua de recourir à des troupes ottomanes pour l'aider à combattre les Serbes. Lorsque les campagnes eurent pris fin, beaucoup de ces Turcs semblent s'être établis en Thrace[16].

La chute de Jean Cantacuzène, en 1355, fournit à Orhan le prétexte qu'il cherchait pour envahir l'Europe à son profit. En 1356, une armée que commandait son fils Suleïman débarqua de l'autre côté des Dardanelles. En moins d'un an cette armée avait pris Chorlu et Didymoticum et poussé plus avant pour occuper Andrinople. Le sultan, comme il l'avait fait en Asie, incitait les hommes des tribus turques à suivre leurs chefs *ghazis* et à s'installer immédiatement sur les terres conquises. Quand Orhan mourut, probablement en 1362, les Turcs étaient maîtres de la Thrace occidentale. Le sultan avait de plus gagné des territoires en Asie, moins en faisant la guerre qu'en raison de l'attrait qu'exerçait sur les autres Turcs cet État *ghazi* auquel tout réussissait. Sans doute avait-il absorbé les émirats de Sarakhan et de Karasi dans le Nord-Ouest. La puissance de Germiyan déclinait ; le sultan en profita pour mettre la main sur Eskishehir et sur Ankara. Son adversaire principal en Asie était l'émirat d'Aydin, qui lui barrait la route au sud-ouest[17].

Orhan ne fut pas seulement un grand conquérant. Secondé par son vizir, il donna une organisation solide à l'État sans détruire l'esprit *ghazi* qui lui imprimait son élan. Il encouragea les travaux urbains, en utilisant les services des akhis, guildes d'artisans et de marchands qui observaient la futuwwa. Il modéra l'influence parfois quelque peu destructrice des derviches en sollicitant la collaboration des oulémas, gardiens officiels de la foi et des traditions islamiques. Leur enseignement définit le traitement auquel pouvait s'attendre la foule croissante de ses sujets chrétiens. Si une ville ou un quartier résistaient et étaient pris par la force, les chrétiens n'avaient aucun droit. Le cinquième de la population pouvait être réduit en esclavage, les hommes forcés au travail sur les terres du conquérant, les garçons entraînés pour l'armée ; si la ville capitulait, les habitants étaient autorisés à garder leurs églises et leurs coutumes. Beaucoup de chrétiens préféraient le sultan à l'empereur parce que les impôts qu'il levait étaient moins exorbitants. Un certain nombre d'entre eux adoptèrent l'islam parce qu'ils désiraient assez naturellement entrer dans la classe dominante, mais il n'y eut pas de conversions forcées. De plus les oulémas construisirent des medersas, c'est-à-dire des écoles religieuses musulmanes, dans toutes les villes où ils s'établissaient et fournirent ainsi au sultan l'élite instruite où il put recruter son administration[18].

En même temps, l'armée fut réorganisée. Jusqu'alors elle se composait presque uniquement d'une cavalerie légère, levée dans des tribus qui étaient encore vraiment nomades. On la divisa en deux branches principales. Il y eut d'une part une milice régulière composée d'hommes auxquels le sultan allouait de la terre et qui, en échange, payaient un petit loyer en espèces et s'obligeaient à faire, quand on le requérait, leur service militaire. Leurs fiefs, qui étaient héréditaires, étaient connus sous le nom de timar. D'autres fiefs, de plus grande étendue ou valeur, appelés ziamet, étaient d'un loyer plus élevé ; et leurs détenteurs, tenus de fournir leur équipement, occupaient une position plus importante dans l'armée. Les plus riches de ces zaims devenaient pachas ou sanjakbeys ou même beylerbeys, ce qui impliquait des devoirs administratifs ainsi que des pouvoirs et des obligations militaires plus importants. Parallèlement à cette milice recrutée localement, il existait d'autre part une armée recevant une solde pour ses services. Les janissaires, qui servaient toute leur vie durant et qui formèrent plus tard la garde personnelle du sultan, n'étaient encore qu'un régiment d'infanterie composé d'esclaves chrétiens ou ex-chrétiens. Du temps d'Orhan, le corps de troupe principal était formé de ce qu'on appelait, sans trop de précision, les *spahis*. Ils fournissaient les canonniers, les armuriers, les maréchaux-ferrants et les marins. Beaucoup d'entre eux avaient reçu de la terre et devaient le service militaire en tout temps, mais ils recevaient une solde et n'étaient habituellement appelés que pour une seule campagne. À côté des *spahis*, il y avait, à cette époque, des *piyades*, qui constituaient l'infanterie. Le nom des *piyades* fut réservé plus tard à ceux qui détenaient de la terre ; les autres, appelés *azabs*, en vinrent à se confondre avec les bachi-bouzouks, irréguliers qui prenaient part aux pillages et se payaient en butin comme le faisaient les *akibi*, une avant-garde de cavalerie légère. Orhan tint à ce que chaque arme ait son uniforme distinct. Il organisa aussi la mobilisation de façon à pouvoir réunir, en tout temps et très rapidement une masse d'hommes bien entraînés[19].

Son successeur, Mourad Ier, profita pleinement de cette excellente armée. La mère de Mourad était une Grecque, que les Turcs appelaient Nilüfer, le Nénuphar ou le Lys d'eau, la fille d'un chef acrite. Le frère aîné de Mourad, Suleïman, était mort quelques mois avant Orhan. Restaient un demi-frère plus âgé, Ibrahim, que Mourad fit promptement exécuter, et un demi-frère plus jeune, Halil, fils de Théodora Cantacuzène, qui mourut, peut-être de mort naturelle, peu de temps après. Durant les premières années de son règne, Mourad eut fort à faire sur sa frontière d'Asie où des émirs rivaux provoquaient des troubles et devaient être mis à la raison. Quelques-unes des villes conquises en Thrace furent réoccupées par les Byzantins, qui ne purent néanmoins chasser les Turcs de la région. Quand Mourad revint en Europe en 1365 il n'eut aucune peine à reprendre ces villes et à établir sa capitale européenne à Andrinople. Constantinople et ses alentours étaient maintenant isolés, sauf du côté de la mer. Les faubourgs d'Asie étaient déjà aux mains des Turcs[20].

Ce fut alors que l'Europe commença à mesurer quelle menace représentaient les Turcs. Venise et Gênes, inquiètes pour leurs colonies et pour leur commerce, se mirent à examiner s'il serait possible de conclure une alliance générale contre l'infidèle ; mais rien n'aboutit. L'empereur Jean V se rendit en Italie pour alerter ses amis et essayer d'engager des mercenaires, mais il n'avait pas de quoi les payer. À son retour, en 1373, il fut obligé de reconnaître le sultan comme suzerain et de lui promettre un tribut annuel, en plus d'une aide militaire sur demande ; et son fils Manuel s'en alla comme otage à la cour de Mourad. Jean fut un fidèle vassal. Il en fut récompensé lorsqu'en 1374 son fils aîné Andronic conspira avec le fils de Mourad, Sauji, contre leurs pères. Ce furent les troupes de Mourad qui réprimèrent la rébellion. Quand Andronic se révolta de nouveau et occupa Constantinople de 1376 à 1379, Manuel put obtenir du sultan l'aide nécessaire pour rétablir son père sur le trône. Mais cette aide avait un prix : il dut se joindre à l'armée turque pour conquérir la fidèle et courageuse cité grecque de Philadelphie, place isolée, qui était, en dehors de l'empire de Trébizonde, la dernière possession byzantine en Asie[21].

Bien que l'Occident fût à présent sérieusement inquiet et conçût des plans de croisade qui tous échouaient, le seul gouvernement qui agît constamment contre les Turcs était l'ordre des Hospitaliers de Rhodes. Mais son adversaire principal était l'émir d'Aydin ; et tout affaiblissement de cet émir était à l'avantage de son rival, le sultan ottoman. Mourad fut donc libre d'avancer dans les Balkans. Des hordes de Turcs sortis de toute l'Anatolie se répandaient maintenant en Thrace, avec leurs familles et souvent avec leurs troupeaux. Le besoin d'expansion persistait. La Serbie était toujours la puissance principale de la péninsule, bien qu'elle eût été divisée en deux après la mort de Doushan, en 1355. La Bulgarie ne s'était jamais remise de la défaite que lui avaient infligée les Serbes à Velbuzhd en 1330 ; mais la politique des Serbes – humilier la Bulgarie – ne faisait qu'éliminer ce qui aurait pu être un État tampon fort utile. Tout ce que les Bulgares opposèrent aux Turcs fut un petit contingent fourni à la grande armée que Voukashin, roi de la Serbie méridionale, envoya en direction de la Thrace en 1371. Voukashin espérait contenir les Turcs ; mais c'était un piètre général. Il se laissa surprendre et mettre en déroute à Chirmen sur la Maritza par une armée turque bien inférieure en nombre. La victoire de la Maritza livra à Mourad la plus grande partie de la Bulgarie et la Macédoine serbe. Le roi de Bulgarie, Jean Sisman, dut accepter la suzeraineté de Mourad et envoyer sa fille Thamar au harem du sultan. Lazar Hrebeljanovitch, le prince de Serbie septentrionale, à qui revenait maintenant tout le royaume de Serbie, dut accepter lui aussi le statut de vassal[22].

Mourad passa les dernières années de son règne à consolider ses conquêtes. Il organisa l'immigration turque en Europe. L'occupation de ses nouvelles provinces d'Europe ne pouvait être aussi complète qu'elle l'était en Anatolie ou même en Thrace ; mais il y eut bientôt des fiefs militaires turcs disséminés autour des villages grecs, slaves ou valaques, et les beys et les pachas turcs dominèrent la région. En 1386, l'empire de Mourad s'étendait à l'ouest jusqu'à Monastir, près de la frontière albanaise et au nord jusqu'à Nish. L'année d'après, Thessalonique, bloquée depuis quatre ans, se rendit à Mourad. Cette ville, dont la prospérité dépendait du commerce avec l'arrière-pays, ne pouvait survivre isolée. Mourad la traita généreusement, y installa un gouverneur turc, mais n'intervint pas dans ses affaires intérieures[23].

En 1381, le sultan, qui avait soumis le grand émirat de Germiyan, devenu son vassal, jugea nécessaire d'envoyer une expédition contre l'émir de Karamanie ; il ordonna à ses vassaux des Balkans de lui fournir des contingents. Cette exigence atteignit si profondément les Serbes dans leur orgueil que le roi Lazar s'estima délié de ses engagements. Une prompte attaque des Turcs lui enleva la ville de Nish et le contraignit à se soumettre à nouveau. Mais entre-temps il avait jeté les bases d'une alliance panbalkanique contre l'envahisseur ; et en 1387 les Serbes remportèrent leur première et unique victoire sur l'armée du sultan, sur les rives de la Toplitsa. Mourad ne tarda pas à se venger. Après avoir mené une attaque éclair sur la Bulgarie, où il enleva à Jean Sisman de Tirnovo et Jean Sracimir de Vidin, la majeure partie de leur royaume, il pénétra en Serbie du Sud, où un de ces clients, le prince Constantin de Kœstandil, le reçut et lui fournit un régiment. Il se tourna ensuite vers le nord, pour rencontrer le roi Lazar sur la plaine de Kossovo, au champ des Merles.

Le matin du 15 juin 1389, de bonne heure, le sultan s'habillait quand un déserteur serbe, qui promettait de lui donner des renseignements sur les positions des chrétiens, fut introduit dans sa tente. Il s'approcha du sultan, se pencha vers lui, et, soudain, le poignarda en plein cœur. L'assassin fut immédiatement mis à mort, mais son sacrifice fut inutile. Les deux fils du sultan étaient avec leurs troupes. L'aîné, Bayezid, prit aussitôt le commandement, sans rien révéler de la mort de son père avant la fin de la bataille. Les Turcs firent preuve au combat d'une discipline parfaite ; les chrétiens quant à eux, ne pouvant soutenir jusqu'au bout leur puissante attaque, commencèrent à faiblir, pendant que des rumeurs de trahison se répandaient dans leurs rangs. À la tombée de la nuit, la victoire des Turcs était complète. Le roi Lazar fut fait prisonnier et massacré dans la tente où Mourad avait trouvé la mort. Bayezid se proclama sultan et fit étrangler son frère sur-le-champ. Il n'était pas question de partager le pouvoir[24].

En trente ans le règne de Mourad Ier, qui sut parfaitement utiliser l'armée et l'organisation que lui avait léguées son père avait transformé un émirat *ghazi* en la première puissance militaire de l'Europe du Sud-Est. Son propre caractère montrait à quel point l'État qu'il gouvernait avait changé. À l'inverse de son père et de son grand-père, il aimait le faste et le cérémonial ; il se considérait comme un empereur. Il était sévère, parfois même cruel, avec une pointe de cynisme hérité peut-être de ses ancêtres grecs. Mais il pouvait se montrer généreux, il était toujours juste, et à cheval sur la discipline.

Bayezid, son héritier, était lui aussi, semble-t-il, fils d'une femme grecque ; mais, à la différence de Nilüfer, sa mère était sans doute une esclave, appelée Gülchichek, ou la Rose. Comme son père, il aimait le faste ; mais il était plus hédoniste, plus porté à la colère, moins généreux envers autrui, moins soumis à la discipline. Ses réactions très vives lui avaient valu le surnom de Ylderim, la Foudre ; mais ce n'était pas un chef de grande envergure. Son règne commençait brillamment. La victoire de Kossovo le rendait maître de tous les Balkans. On s'attendait à ce qu'il annexât en quelques années toute la péninsule, y compris les parties de la Grèce et de l'Albanie où les Turcs n'avaient pas encore pénétré. Étienne, le fils de Lazar, lui succéda sur le trône de Serbie mais avec le titre modeste de despote et comme vassal du sultan, à qui il donna sa sœur Maria en mariage. Le royaume bulgare de Tirnovo disparut en 1393. Une armée turque envahit le Péloponnèse en 1394, et soumit tous les princes locaux. En 1396, Bayezid projeta de prendre Constantinople elle-même ; mais pendant qu'il faisait mouvement vers les murs de la ville, on lui apprit que le roi Sigismond de Hongrie et des chevaliers venus de tout l'Occident, organisaient une croisade contre lui. Il changea de route, se dirigea vers le nord, et justifiant son surnom – la Foudre – tomba sur l'armée occidentale à Nicopolis. La folie des Occidentaux l'aida à remporter une victoire écrasante, qui lui permit d'annexer ce qui restait du royaume bulgare de Vidin et de réduire le prince de Valachie, de l'autre côté du Danube, à l'état de vassal. Ayant établi son pouvoir le long de la frontière du Danube, il se retourna contre Constantinople mais ne se risqua pas à l'attaquer de nouveau, apparemment parce qu'il avait entendu dire que les puissances maritimes italiennes étaient en train de réunir une armada[25]. Laissant Constantinople, il tenta vainement de brouiller le co-empereur Jean VII et son oncle Manuel II, qui, contrairement à la pratique byzantine, partageaient le trône en toute amitié. Le seul secours de l'Occident qui parvint effectivement à Byzance fut le petit corps de troupe qu'y amenait le maréchal Boucicault. Cette troupe passa un an à Constantinople mais sans pouvoir faire grand-chose[26]. Lorsqu'elle s'en alla, Bayezid, voyant le peu d'efforts accomplis par l'Occident, se disposa à faire une autre tentative contre la ville impériale. Il venait d'achever la construction du château connu aujourd'hui sous le nom d'Anatolu Hisar, sur la rive asiatique du Bosphore. Au printemps 1402 il adressa un message hautain à l'empereur, le sommant de capituler. Manuel II était encore en visite en Occident ; mais Jean VII, animé d'un pieux courage, répondit aux envoyés du sultan : « Dites à votre maître que nous sommes faibles mais que nous avons confiance en Dieu, qui peut nous fortifier et abattre de leurs trônes même les plus puissants souverains. Que votre maître fasse ce qui lui plaît.[27] »

La confiance que Jean mettait en Dieu était affermie par les nouvelles qui lui parvenaient de l'Est. Timour le Tartare, plus connu de l'Occident sous le nom de Tamerlan, était en fait un Turc, mais il descendait par les femmes du clan du

Grand Mongol Gengis Khan. Il était né à Kech, près de Samarande dans le Turkestan, en 1336. À la fin du XIVe siècle il avait bâti un empire qui s'étendait des frontières de la Chine et du golfe du Bengale à la Méditerranée. Par l'éclat de ses exploits militaires il ressemblait à Gengis Khan lui-même ; et il lui ressemblait aussi par son implacable sauvagerie. Mais il ne possédait pas les qualités d'organisateur dont les Khans mongols avaient fait preuve. Sa mort causa la dislocation de son empire ; mais, toute sa vie durant, il fut un ennemi féroce et redoutable. Musulman très pieux, il n'avait néanmoins rien d'un *ghazi*. Il combattait dans son propre intérêt et non pour la foi ; les principales victimes de ses massacres étaient des musulmans. Le sultanat ottoman lui faisait depuis longtemps ombrage, jaloux qu'il était de tout autre potentat turc ; il craignait en effet que le sultanat affaiblît le contrôle qu'il exerçait sur ses provinces de l'Ouest. Déjà, en 1386, il s'était avancé en Anatolie orientale et y avait défait à Erzinjan une armée envoyée par les émirs anatoliens. Il s'était ensuite retiré mais il menaçait de revenir. Huit ans plus tard Bayezid, qui avait épousé une princesse de Germiyan et pris presque tous les territoires de sa famille qu'elle lui apportait en dot, était allé lui-même à Erzinjan pour y pourvoir à la défense de la péninsule. Mais en 1395 Timour parut de nouveau, et poussa jusqu'à Sivas, au sud-ouest de Trébizonde, massacrant la population, y compris un fils de Bayezid qui gouvernait la province. Au grand soulagement de Bayezid, l'armée tartare se tourna ensuite vers le sud et vers l'est pour aller saccager Alep, Damas et Bagdad. Mais le sultan n'en fut pas pour autant soulagé de ses soucis. Timour était en relations plus étroites avec ses ennemis que ne le pensait Bayezid. Au moment où les forces ottomanes étaient concentrées devant Constantinople, des envoyés de Timour se présentèrent au camp, intimant l'ordre à Bayezid de restituer impérativement à l'empereur chrétien tous les territoires qu'il lui avait dérobés. Bayezid répondit par de grossières insultes. Il leva le siège de Constantinople et transféra son armée en Anatolie. Celle de Timour avait déjà regagné Sivas. La bataille décisive eut lieu à Ankara le 25 juillet 1402. L'arrogance de Bayezid lui fit prendre une position désavantageuse ; ses soldats étaient indisciplinés, ils lui en voulaient de sa parcimonie. Lorsque la puissante armée de Timour, secondée par des soldats montant des éléphants indiens, se lança furieusement à l'attaque, les Ottomans plièrent et prirent la fuite, laissant Bayezid et son second fils Musa aux mains de Timour. Le seul régiment à ne pas lâcher prise fut le contingent serbe que commandait le despote Étienne. Étienne put recueillir le fils aîné du sultan, Suleïman, et un des frères de Suleïman. Un quatrième frère, Mustapha, disparut dans la bataille. Les survivants se réfugièrent à Anatolu Hisar, pendant que Timour parcourait triomphalement l'Anatolie occidentale, saccageant les villes y compris la vieille capitale ottomane de Brousse où les dames du harem tombèrent entre ses mains. Il transportait le sultan captif à sa suite dans une litière dont la légende fit plus tard une cage dorée. En fait Bayezid fut traité avec courtoisie ; et quand il mourut, probablement de sa propre main, en mars 1403, son fils Musa fut libéré et autorisé à convoyer sa dépouille jusqu'au mausolée de la famille à Brousse. Timour lui-même quitta l'Anatolie plus tard, la même année, et retourna à sa principale capitale, Samarkand, où il mourut en 1405, à l'âge de soixante-douze ans, alors qu'il faisait des plans pour conquérir la Chine[28].

À ce moment-là, si les puissances européennes avaient pu et voulu former rapidement une grande coalition, la menace que les Ottomans faisaient peser sur la chrétienté aurait peut-être été écartée à jamais. Mais, que la dynastie ait péri ou non, un problème turc aurait subsisté. Les historiens qui blâment les chrétiens d'avoir manqué l'occasion que le Ciel leur offrait oublient que des centaines de milliers de Turcs étaient déjà installés en Europe. C'eût été une tâche redoutable que de les expulser. En effet l'intervention de Timour les avait renforcés : des familles, des tribus entières, fuyant devant ses armées, s'étaient réfugiées dans les provinces d'Europe, les Génois se faisant payer largement leur transport. Aux environs de 1410, estimait l'historien Doukas, il y avait plus de Turcs en Europe qu'en Anatolie. En outre Bayezid y avait laissé des effectifs importants pour garder les frontières et faire la police de l'intérieur. La dynastie ottomane avait été humiliée à Ankara, son organisation militaire atteinte. Mais elle n'avait pas été détruite[29].

Manuel II fit le meilleur usage possible de l'arme qu'avait toujours honorée Byzance, à savoir la diplomatie. Les fils de Bayezid commencèrent à se disputer le trône. Suleïman, l'aîné, se proclama sultan, mais sa position était instable. Pour obtenir l'appui de Manuel il lui rétrocéda Thessalonique et plusieurs villes de la côte de Thrace et promit de lui remettre diverses villes en Asie qu'en fait il ne tenait pas. Il envoya Kassim, son frère cadet, comme otage à Constantinople et reçut en retour comme épouse la nièce de l'empereur, la fille illégitime de Théodore Ier, despote de Morée. Il battit et tua son frère Isa en 1405 ; mais c'était un neurasthénique, en proie à de longues crises d'ivrognerie et de léthargie. Il perdit l'estime de ses soldats, qui firent allégeance à son frère Musa, lequel se donnait comme le champion de l'islam contre la politique pro-byzantine de Suleïman. En 1409, Suleïman fut abandonné par ses troupes et assassiné alors qu'il tentait de s'enfuir à Constantinople. Musa lui succéda comme sultan. Il ravagea la Serbie pour la punir d'avoir soutenu son frère. Il reprit et pilla Thessalonique, où les chrétiens avaient été défendus par le fils de Suleïman, Orhan, que l'on fit prisonnier et à qui l'on creva les yeux. Quoique battu sur mer, Musa conduisit les forces terrestres jusque devant les murailles de Constantinople. Mais un frère cadet, Mehmet, qui avait rétabli le pouvoir ottoman en Anatolie, prit alors parti contre lui ; avec l'aide des Byzantins, des Serbes et des régiments turcs qu'avait dégoûtés la brutalité de Musa, il défit et tua son frère en 1413, et devint lui-même sultan[30].

Mehmet, que ses contemporains surnommaient Chelebi, mot qu'au mieux on pourrait traduire par un « grand seigneur », se montra bon soldat ; mais par tempérament c'était un pacifique. Il restitua Thessalonique et les autres villes annexées par Musa à Manuel, et resta toute sa vie en termes d'amitié cordiale avec celui-ci. Il fut entraîné dans une guerre sans résultat décisif avec Venise en 1416, et dans une autre guerre avec la Hongrie en 1419 ; il dut réprimer la rébellion d'un individu nommé Mustapha, qui prétendait être son frère, rescapé de la bataille d'Ankara. Il passa le plus clair de son temps à bâtir des forteresses sur la frontière, à consolider son administration et à embellir les villes de son empire. L'exquise mosquée verte de Brousse nous rappelle de façon durable la mémoire de ce potentat aimable et cultivé. Mehmet mourut d'apoplexie à Andrinople en décembre 1421[31].

Le fils aîné de Mehmet, Mourad, exerçait alors pour le compte de son père les fonctions de vice-roi d'Anatolie. On garda secrète la nouvelle de la mort du sultan jusqu'à ce que Mourad ait le temps d'arriver à Andrinople et de prendre en main le gouvernement. Comme Mehmet, Mourad était par tempérament un homme voué à la paix. Il avait appartenu, dit-on, à un ordre de derviches et il aspirait à la retraite et à une vie de méditation[32]. Mais c'était un souverain consciencieux, et les circonstances l'appelaient à être un soldat et un administrateur. Le prétendant Mustapha était encore en liberté, et Mourad le soupçonnait d'obtenir l'aide de Constantinople. Il protesta auprès de Manuel et demanda le maintien de l'amitié qui avait lié son père et l'empereur. Manuel aurait volontiers donné son accord ; mais il était vieux et fatigué et il se laissa dominer par son fils, Jean VIII, qui, soutenu par le sénat byzantin, estimait qu'on pouvait avantageusement semer la zizanie dans la dynastie ottomane. Jean exigea donc que deux frères du sultan soient envoyés à Constantinople comme otages.

Comme on pouvait s'y attendre, Mourad rejeta cette demande et, après s'être débarrassé de Mustapha, mit le siège devant Constantinople en juin 1422. Mais les remparts ne pouvaient être détruits par une armée dépourvue de matériel de siège ; et les calculs de Jean n'étaient pas inexacts. Une révolte éclata en Anatolie, dont le chef officiel était Mustapha, le frère de Mourad, un garçon de treize ans, mais qu'avait provoquée en réalité la jalousie des émirs de Germiyan et de Karamanie. Mourad abandonna le siège pour s'occuper des rebelles, et puis se contenta d'envoyer une armée ravager le Péloponnèse[33].

Il jouit fort peu de la paix qu'il désirait tant. En 1428 il dut repousser une invasion venue de l'autre rive du Danube et qui avait à sa tête les rois de Hongrie et de Pologne. En 1430, ses troupes entrèrent à Janina en Épire. La même année, il reprit Thessalonique aux Vénitiens qui l'occupaient depuis sept ans. La Serbie, où Georges Brankovitch avait succédé à son oncle Étienne Lazarevitch comme despote en 1427, fut réduite à une sujétion plus étroite, et le despote obligé de rompre son alliance avec les Hongrois, auxquels il avait cédé Belgrade. Le despote dut aussi donner sa fille Mara en mariage au sultan ; comme il tardait à s'acquitter de cette obligation, une expédition turque fut lancée contre lui. Mourad se méfiait du despote. En 1440 Mourad fit de nouveau campagne contre lui et détruisit la forteresse de Semendria sur le Danube qu'il avait lui-même permis aux Serbes d'édifier. Après quoi il assiégea Belgrade ; mais les défenses de la place étaient trop fortes. Il fut contraint de battre en retraite[34].

Cet échec devant Belgrade rendit courage aux ennemis de Mourad. Le pape, enchanté de la réussite du concile de Florence, organisa une croisade que le roi Ladislas de Hongrie salua avec enthousiasme. Le despote de Serbie accepta d'aider les Hongrois. Le principal chef albanais, Georges Castriota, surnommé Scanderberg, déclara la guerre au sultan ; et l'on décida l'émir de Karamanie à l'attaquer en Asie[35]. Pendant que Mourad était occupé à châtier les Karamaniens, l'armée hongroise placée, avec ses alliés, sous le commandement du bâtard de sang royal Jean Corvin Hunyadi, voïvode de Transylvanie, passa le Danube et chassa les Turcs du despotat de Serbie. Mourad fit demi-tour, revint avec toutes ses forces en Europe et marcha vers le Danube. Mais il ne tenait pas à risquer une bataille ; et le roi Ladislas était dans des dispositions analogues. Les Hongrois avaient été rejoints par des troupes que le pape avait recrutées en Occident et que commandait son légat, le cardinal Jules Césarini ; mais Ladislas avait espéré qu'il en viendrait davantage. Lui et Mourad convinrent de se rencontrer à Szegedin en juin 1444. Là ils jurèrent tous deux, Mourad sur le Coran et Ladislas sur les Évangiles, d'observer une trêve de dix ans durant laquelle ni l'un ni l'autre ne tenterait de franchir le Danube. Hunyadi, qui désapprouvait cette trêve, refusa d'en être partie prenante.

Mourad avait le sentiment qu'il pouvait maintenant abandonner le pouvoir et mener cette vie contemplative qu'il avait si longtemps désirée. Mais à peine avait-il retiré son armée de la frontière et annoncé son intention d'abdiquer, qu'il apprit que le roi de Hongrie avait passé le Danube et qu'il était en train de traverser la Bulgarie. Le cardinal Césarini avait assuré qu'un serment prêté à un infidèle était sans valeur ; l'occasion semblait trop bonne pour qu'il fût permis de la manquer. Ce parjure scandalisa les chrétiens orthodoxes autant que les Turcs. L'empereur Jean VIII refusa son appui. Georges Brankovitch de Serbie retira ses troupes et empêcha Scanderberg de se joindre aux alliés. Hunyadi suivit l'expédition à regret ; et le cardinal ignora ses conseils sur la stratégie. Mourad, qui était en train de régler ses affaires en Anatolie et de préparer sa retraite, revint en hâte vers le nord. Le 11 novembre 1444, il tomba sur les chrétiens à Varna, avec une armée trois fois plus forte que la leur. Ils furent mis en déroute. Le roi Ladislas et le cardinal périrent. Hunyadi et ses régiments furent les seuls à échapper au massacre. Cette victoire rendit au sultan la maîtrise de tout le pays jusqu'au Danube[36].

Peu de temps après Mourad abdiqua officiellement en faveur de son fils Mehmet, alors âgé de douze ans, et il se retira à Magnésie. Mais il ne trouva pas la paix. Ses ministres et l'armée ne voulaient pas de leur jeune sultan, un garçon précoce, opiniâtre et hautain ; les désordres continuaient sur la frontière d'Europe. L'opinion publique et les besoins du gouvernement ramenèrent Mourad sur le trône. Scanderberg, invaincu, tenait l'Albanie ; les expéditions turques lancées contre lui échouaient. En 1446, Mourad envoya en Grèce une armée qui ravagea le Péloponnèse. En 1448, Hunyadi, maintenant régent de Hongrie, reprit l'offensive avec une armée de Hongrois, de Valaques, de

Bohémiens et de mercenaires allemands. Il convint d'une jonction avec Scanderberg dans la plaine de Kossovo. Mais avant que les Albanais aient pu le rejoindre, une énorme armée turque surgit et anéantit ses forces. Il n'en réchappa lui-même qu'avec l'aide de ses troupes allemandes et bohémiennes. Ce désastre, succédant de si près à celui de Varna, paralysa la puissance militaire de la Hongrie pour une génération. Le drapeau hongrois continuait de flotter sur Belgrade ; mais on ne pouvait plus se risquer au sud du Danube. Quand vint la crise, Hunyadi fut incapable de faire quoi que ce fût pour Constantinople. Dans toute la péninsule balkanique, les montagnes d'Albanie étaient le seul îlot de résistance aux Turcs[37].

Mourad avait également réussi en Anatolie. Dans les dernières années de son règne il absorba complètement les émirats d'Aydin et de Germiyan, tout en tenant les Karamaniens en respect. D'autres princes autonomes, tels les émirs de Sinope et d'Attalia, reconnurent la suprématie ottomane. L'empereur de Trébizonde était aussi faible, aussi soumis que son beau-frère de Constantinople[38]. L'ordre et la prospérité régnaient à l'intérieur de l'Empire ottoman. La principale réforme militaire accomplie par Mourad consista à réorganiser les régiments de janissaires, composés jusqu'alors d'esclaves capturés quand ils étaient enfants. Mourad institua une règle qui obligeait toute famille chrétienne, qu'elle fût grecque, slave, valaque ou arménienne, à remettre sur requête un enfant mâle aux représentants du sultan. Ces enfants recevaient dans leurs propres écoles une éducation strictement musulmane. Ceux qui avaient des talents particuliers étaient utilisés comme techniciens ou comme fonctionnaires ; mais la plupart devenaient des soldats admirablement entraînés et formaient un régiment d'élite, la garde du sultan. Ces gardes avaient leurs propres casernes ; il leur était interdit de se marier, toute leur vie devant être dédiée au service du souverain[39]. En dépit de cette charge que détestaient les familles et de la conversion en masse exigée par la même occasion, Mourad n'était pas impopulaire chez les chrétiens, ceux-ci le trouvant juste et consciencieux. Il avait beaucoup d'amis chrétiens et on disait que sa belle épouse serbe, qu'il adorait, avait une grande influence sur lui. À vrai dire, beaucoup de Grecs jugeaient la vie plus facile sous son autorité régulière et en général plutôt tolérante que dans l'atmosphère anxieuse et tourmentée qui pesait sur les vestiges du vieil Empire chrétien[40].

Mourad mourut à Andrinople le 13 février 1452 laissant à son successeur un splendide héritage.

Chapitre III

L'EMPEREUR ET LE SULTAN

Feu l'empereur Jean VIII était l'aîné de six frères, fils de Manuel II et de l'impératrice Hélène, elle-même née d'une dame grecque et d'un prince serbe possédant des terres en Macédoine. Après Jean venait Théodore ; suivaient par ordre chronologique Andronic, Constantin, Dimitri et Thomas. Théodore et Andronic étaient morts avant Jean. Andronic était maladif et sans caractère ; son seul acte important avait été la vente de Thessalonique aux Vénitiens en 1423. Il s'était ensuite retiré au monastère du Pantocrator à Constantinople, sous le nom religieux d'Acace, et y avait fini ses jours en mars 1428[1]. La personnalité de Théodore était plus remarquable. Il avait hérité des goûts intellectuels de son père et c'était un brillant mathématicien. Mais il était lunatique et irritable, tantôt plein d'énergie et d'ambition, tantôt prêt à quitter le monde pour la sainte paix d'un monastère. En 1407, alors qu'il n'était encore qu'un enfant, il avait succédé à son oncle Théodore Ier comme despote de Morée ; et, pendant plusieurs années, son père avait passé tout son temps à essayer de remettre de l'ordre dans le despotat et à construire l'Hexamilion, cette grande fortification qui barrait l'isthme de Corinthe et qu'un raid turc détruisit en 1423[2]. Théodore gouvernait aussi bien que ses humeurs et ses jalousies le lui permettaient. En 1421, il avait épousé une princesse italienne, Cléope Malatesta, cousine du pape Martin V. Elle n'avait pas la vie facile, auprès d'un conjoint d'un tel caractère. Elle se fit orthodoxe, à la grande fureur du pape, qui tenait son mari pour responsable de cette conversion ; mais il semble qu'en fait sa conversion ait été volontaire. La cour austère mais hautement cultivée qu'elle aidait son époux à tenir à Mistra, perdit un peu d'éclat quand elle mourut en 1433. La principale étoile de cette cour était Pléthon, homme également dévoué aux deux époux. Étant, par sa date de naissance, le plus proche de Jean, Théodore se considérait comme l'héritier désigné de l'Empire ; et en 1443, lorsqu'il devint évident que Jean n'aurait pas d'enfants, il échangea son despotat de Morée pour la seigneurie de la ville de Sélybrie en Thrace : Sélybrie n'étant qu'à une soixantaine de kilomètres de la capitale, Théodore serait tout proche quand Jean mourrait. Mais le sort était contre lui. Il tomba malade de la peste au début de l'été 1448 et mourut en juillet, trois mois avant l'empereur[3]. Son seul enfant était une fille, Hélène, qui avait été mariée dix ans auparavant au roi Jean II de Chypre[4].

Les deux plus jeunes frères de l'empereur Jean VIII, Dimitri et Thomas, étaient des personnages dont il n'y a pas grand bien à dire. Dimitri était agité, ambitieux, sans scrupule. Il se considérait comme le champion de l'orthodoxie grecque contre les tendances latinisantes de son frère Jean, qu'il avait accompagné au concile de Florence. Il avait épousé, contre les vœux de sa famille et de celle de sa femme, une dame appartenant à l'illustre famille gréco-bulgare des Asen. Il avait des amis à la cour turque, et en 1442 il avait entrepris d'attaquer Constantinople avec l'aide de soldats turcs ; l'empereur n'avait été alors sauvé que par le prompt renfort de son frère Constantin. Dimitri obtint son pardon et fut autorisé à rester à Constantinople. Quand son frère Théodore mourut, il hérita de Sélybrie[5].

Thomas était plus posé mais plus faible. Jeune homme, en 1430, on l'avait envoyé aider ses frères en Morée. Là il avait épousé Catherine Zaccaria, héritière du dernier prince franc d'Achaïe, et reçu un apanage prélevé sur les terres appartenant à la famille de sa femme. Il avait presque toujours suivi loyalement les directives de son frère Constantin[6].

Constantin était le plus capable de tous. Né en 1404 il avait reçu en apanage, quand il était jeune homme, Sélybrie et les villes de Thrace voisines. En 1427 il était allé au Péloponnèse pour aider Jean VIII à conquérir les derniers territoires francs de sa région. Sa présence avait été d'autant plus nécessaire que son frère Théodore annonçait son intention de se retirer dans un monastère. Théodore se ravisa bientôt ; mais entre-temps, en mars 1428, Constantin fit un mariage politique avec la nièce de Carlo Tocco, seigneur de l'Épire et d'une bonne partie de la Grèce occidentale. La dot de sa femme lui apporta les domaines de Tocco dans le Péloponnèse ; et bien que la jeune princesse Madeleine, rebaptisée Théodora lors de ses noces, mourût sans descendance deux ans plus tard, Constantin garda ses terres et en fit sa base arrière pour conquérir le reste de la péninsule. Ses relations avec Théodore étaient souvent tendues. Théodore fut particulièrement blessé lorsque Jean VIII appela Constantin à gouverner Constantinople pendant qu'il était lui-même en Italie pour assister au concile, car ce choix semblait indiquer l'intention de Jean de faire de Constantin son héritier. La concorde ne fut rétablie qu'après que Constantin eut abandonné ses possessions de Thrace et ses prétentions à la succession, en échange de Mistra et du despotat. À partir de ce moment Constantin s'établit à Mistra comme despote, avec Thomas comme despote à Clarenza sur la côte ouest pour le soutenir. La conquête du Péloponnèse, moins les quatre villes vénitiennes d'Argos, de Nauplie, de Croton et de Modon, était achevée en 1433. Maintenant Constantin projetait d'annexer l'Attique et la Béotie. En 1444, encouragé par la nouvelle des succès d'Hunyadi en Serbie, il partit de Corinthe en direction du nord pendant que son meilleur général, Jean Cantacuzène, faisait la traversée de Patras en Phocide. Bientôt toute la Grèce jusqu'à la chaîne du Pinde fut en son pouvoir à l'exception de l'Acropole d'Athènes où le duc Nerio II s'était réfugié en appelant les Turcs à son secours. Malheureusement les Turcs furent rapidement en mesure de lui fournir de l'aide : pendant que Constantin parcourait la Béotie, le sultan Mourad remportait en effet sa grande victoire de Varna. En 1446, le sultan lui-même entra en Grèce à la tête d'une armée. Constantin se retira dans l'Hexamilion qu'il avait refortifié. Mais Mourad amenait de l'artillerie lourde dans son train. Au bout d'une quinzaine de jours de bombardement incessant, ses soldats franchirent le rempart. Constantin et Thomas eurent tout juste le temps de s'enfuir. Leurs troupes, et plus particulièrement leurs mercenaires albanais, firent preuve d'un manque caractérisé de loyauté et de courage. Le sultan détruisit une fois de plus les murailles de l'Hexamilion et marcha sur Patras et sur Clarenza, massacrant au passage la population. Il se retira ensuite après avoir arraché aux despotes de nouvelles promesses de soumission et de tribut annuel[7].

Les ravages faits dans le despotat et les pertes en vies humaines avaient été considérables. Constantin ne pouvait plus se risquer à d'aventureuses conquêtes. Il essaya plutôt de se protéger derrière un réseau d'alliances étrangères. Il s'était marié pour la seconde fois en 1441. Sa femme,

Catherine, était la fille de Dorino Gattilusi, prince de Lesbos, une dynastie génoise dont le fondateur, Francesco, avait épousé la sœur de l'empereur Jean V et qui était entièrement hellénisée. Mais l'épouse mourut sans descendance l'année suivante. Constantin chercha une autre femme, ayant une dot et des relations qui pourraient servir. Il demanda la main d'Isabelle Orsini, sœur du seigneur de Tarente. Ses ambassadeurs à Naples se renseignèrent sur une infante du Portugal. Un ambassadeur vénitien suggéra qu'une fille du doge Francesco Foscari pourrait être libre. Mais aucune princesse ne voulait d'un trône aussi précaire ; et il était impossible de conclure une alliance ferme avec aucune puissance occidentale. Pendant ce temps le fidèle secrétaire et ami de Constantin, Georges Phrantzès, qui se méfiait des Occidentaux, courait à Trébizonde afin d'y obtenir pour son maître la main d'une fille du Grand Comnène. Le père n'avait, il est vrai, aucune puissance politique, mais il était encore riche, grâce à ses mines d'argent et au commerce qui passait par sa capitale. Sa fille aurait probablement une bonne dot ; et les princesses de Trébizonde étaient réputées pour leur beauté. Sa tante, l'impératrice épouse de Jean VIII, passait pour la plus jolie femme de son temps, quoique La Broquière, qui l'avait vue, déplorât l'usage excessif et, à son avis, inutile, qu'elle faisait du fard. Mais Phrantzès échoua dans sa mission[8]. Constantin donna sa nièce Hélène, la fille aînée de Thomas, en mariage au fils de Georges Brankovitch, despote de Serbie. Mais Georges lui-même était trop prudent pour provoquer les Turcs en concluant un pacte avec les despotes de Morée[9].

Quand Jean VIII mourut, Constantin était à Mistra, mais Thomas faisait route vers Constantinople. Il y arriva le 13 novembre 1448, exactement deux semaines après la mort de l'empereur, et fort à propos : car leur frère Dimitri, qui accourait de son apanage de Sélybrie, avait déjà réclamé le trône. Dimitri comptait sur l'appui des adversaires de l'union des Églises. Mais en l'absence d'un empereur, la pratique constitutionnelle donnait la souveraineté à l'impératrice couronnée. La vieille impératrice mère Hélène usa de son autorité pour demander la proclamation de Constantin, l'aîné de ses fils survivants ; et l'opinion publique la soutenait. Les espérances de Dimitri s'évanouirent ; et lorsque Thomas parut, il admit lui-même sa défaite et reconnut Constantin. Phrantzès, qui se trouvait à Constantinople où l'un de ses jeunes fils venait de mourir, fut chargé par l'impératrice d'aller annoncer l'accession de son fils au sultan Mourad : celui-ci donna volontiers son aval. Deux hauts fonctionnaires, Alexis Lascaris Philanthropénos et Manuel Paléologue Iagros, apportèrent à Mistra la couronne impériale. Là, le 6 janvier 1449, Constantin fut couronné dans la cathédrale par le métropolite local[10]. C'était la première fois depuis un millier d'années, si l'on excepte la période de Nicée, qu'un couronnement impérial n'avait pas lieu à Constantinople et que la cérémonie n'était pas célébrée par le patriarche. Bien que personne ne dût contester l'autorité de Constantin, on pouvait douter de la légalité de la cérémonie. On jugea nécessaire de remettre le pouvoir à Constantin aussi rapidement que possible ; or il aurait été difficile d'organiser un couronnement à Constantinople, car le patriarche de l'époque, Grégoire Mammas, était boycotté par la plus grande partie de son clergé[11].

Constantin[a] fit son entrée dans la capitale impériale le 12 mars, après avoir voyagé avec sa suite depuis la Morée sur

a. Sur le destin du dernier empereur de l'Empire chrétien, qui comme le premier porte le nom de Constantin, voir Donald M. Nicol, *The Immortal Emperor, The Life and Legend of Constantine Palaiologos, Last Emperor of the Romans*, Cambridge, CUP, 2002.

des galères catalanes. Quelques jours plus tard, il investit ses frères Dimitri et Thomas comme despotes conjoints de Morée. Dimitri devait avoir Mistra et la moitié sud-est de la péninsule. Thomas la moitié nord-ouest avec Clarenza et Patras. Au cours d'une cérémonie solennelle à laquelle assistaient l'impératrice mère et les hauts fonctionnaires de l'empire, les deux frères jurèrent obéissance à l'empereur et, entre eux, amitié éternelle. Bien qu'ils dussent rompre fréquemment ce vœu d'amitié, leur départ laissa Constantin maître de Constantinople[12].

L'empereur avait maintenant près de quarante-cinq ans. Nous ne possédons aucun document qui le décrive complètement. Il semble avoir été plutôt grand et sec, avec les traits réguliers et forts et le teint mat des gens de sa famille. Il ne s'intéressait pas particulièrement aux questions intellectuelles, à la philosophie ou à la théologie, bien qu'il ait été en termes amicaux avec Pléthon à Mistra, et que son dernier acte avant de partir pour Constantinople ait été de confirmer aux fils de Pléthon la possession des dons faits à leur père. Il s'était montré un bon soldat et un administrateur compétent. Par-dessus tout, il était intègre. Sa conduite était toujours honorable. Il avait fait preuve de générosité et de patience dans ses relations difficiles avec ses frères. Ses amis et ses fonctionnaires lui étaient dévoués, bien que parfois en désaccord avec lui ; et il avait le don d'inspirer de l'admiration et de l'affection à tous ses sujets. On avait salué avec une joie sincère son arrivée à Constantinople[13].

Cette affection lui était nécessaire dans une ville où l'on sentait tant d'amertume et de mélancolie. La haine contre l'union officielle de l'Église avec Rome n'avait rien perdu de sa force. Constantin se considérait comme lié par les engagements pris par son frère à Florence. Mais d'abord il ne prit aucune mesure énergique. Cette retenue était probablement due à l'influence de sa mère, car il avait grande confiance en elle ; sa mort, le 23 mars 1450, lui fut une perte cruelle. Il essaya de s'entourer de ministres appartenant à tous les partis. Leur doyen, le *megadux*, grand amiral de la flotte, était Luc Notaras, adversaire modéré de l'union. Jean Cantacuzène, ami intime des jours du Péloponnèse et ardent avocat de l'union, fut fait stratopédarque. Le grand Logothète, Métochitès, et le protostrator, Dimitri Cantacuzène, semblent avoir douté de la sagesse de l'union mais étaient disposés à accepter la politique décidée par l'empereur. Son secrétaire, Phrantzès, qui était probablement son plus proche confident, partageait leurs vues[14]. Le patriarche Grégoire fut désappointé de n'être pas soutenu par le nouvel empereur. En août 1451 il se retira à Rome où l'on appréciait davantage et où il se répandit en plaintes, déplorant la tiédeur du régime impérial[15].

Constantin était toujours à la recherche d'une épouse. C'est probablement sur la suggestion de sa mère et pour apaiser les sentiments anti-latins de son peuple qu'il se décida à en trouver une dans le monde orthodoxe. En 1450, le fidèle Phrantzès fut de nouveau envoyé vers l'Orient, à la cour de Géorgie et à celle de Trébizonde. Il jugea que la princesse géorgienne ferait l'affaire. Mais il fut tout décontenancé quand son père, le roi Georges, lui expliqua que dans son pays les maris donnaient habituellement une dot à leur femme et non les femmes à leur mari. Néanmoins, ajouta Sa Majesté, il était inutile de vouloir expliquer les mœurs des peuples : après tout en Bretagne, il arrivait souvent qu'une femme ait plusieurs maris et un homme plusieurs épouses. Il promit d'être généreux cette fois et offrit même d'adopter la propre fille de Phrantzès.

Pendant qu'il était en Géorgie, Phrantzès apprit la mort du sultan Mourad ; et quand il arriva à Trébizonde et commenta les nouvelles avec l'empereur Jean, on lui dit que la veuve chrétienne du sultan, Mara de Serbie, qui était la nièce de l'empereur de Trébizonde, avait été renvoyée à son père, chargée de cadeaux et d'honneurs. Phrantzès eut une idée brillante. Il écrivit sur-le-champ à Constantin qu'il avait trouvé l'épouse qu'il cherchait : la sultane, qui était encore jeune, riche, et avait été très populaire à la cour turque ; l'on disait même qu'elle avait de l'influence sur son beau-fils, le nouveau sultan. Phrantzès fit observer qu'il ne serait pas indigne de l'empereur d'épouser la veuve d'un souverain infidèle ; car la seconde épouse du grand-père de Constantin, l'empereur Jean[a], avait été la femme d'un seigneur turcoman et lui avait même donné des enfants avant d'épouser son empereur. Phrantzès se hâta de rentrer pour soumettre sa proposition à l'empereur. Celui-ci se montra intéressé, mais il se plaignit de ce que tous ses ministres fussent d'un avis différent. Sa mère, qui aurait pu décider pour lui, était morte ; et son ami intime Jean Cantacuzène venait, lui aussi, de mourir. De toute façon, la sultane elle-même fit échouer le projet. Elle avait fait vœu, si elle échappait jamais au harem musulman, de rester veuve

a. Il ne s'agit en fait pas de l'empereur Jean (V), grand-père paternel de Constantin, qui, s'il avait eu des aventures extra-conjugales, ne s'était marié qu'une fois. La généalogie de l'empereur Constantin indique qu'il s'agit de la seconde femme du grand-père maternel de Constantin, dynaste serbe qui avait nom Constantin Dragas. Il avait épousé en secondes noces Eudoxie Comnène dont le premier mari était un seigneur turc nommé Tadjedin. Voir Jacques Malherbe, *Constantin XI, Dernier Empereur des Romains*, Louvain, Academia AB Bruylant, 2001, 175 et D. M. Nicol, *The Immortal Emperor : the Life and Legend of Constantine Palaiologos, Last Emperor of the Romans*, Cambridge : CUP, 1992, 44.

et de consacrer le restant de sa vie aux bonnes œuvres. Constantin se rabattit sur la princesse géorgienne. Une ambassade envoyée en Géorgie fut chargée de rédiger le contrat et de ramener la promise à Constantinople. Mais il y eut du retard. Avant que la Géorgienne ait pu quitter la maison paternelle, elle apprit qu'il était trop tard[16].

L'empereur de Trébizonde s'était attendu à voir Phrantzès se réjouir avec lui de la mort du sultan Mourad. La réaction de Phrantzès fut à l'opposé. Mourad, fit-il observer, avait été fondamentalement un pacifiste, las de supporter la tension et l'effort de la guerre. Au lieu que le nouveau sultan avait été depuis l'enfance, on le savait, un ennemi des chrétiens ; il tenterait certainement d'attaquer et de détruire les empires chrétiens, Trébizonde aussi bien que Constantinople. Les craintes de Phrantzès étaient partagées par l'empereur, son maître. Les rapports des agents entretenus par les Byzantins à la cour turque avertissaient clairement du danger[17].

Ces avertissements étaient justifiés. Le nouveau sultan, Mehmet II, avait maintenant dix-neuf ans. Il était né à Andrinople, le 30 mars 1432. Son enfance avait été malheureuse. Sa mère, Huma Hatun, avait été, enfant, une esclave, certainement turque, bien que plus tard la légende, admise par Mehmet lui-même, dût la transformer en une dame franque de haute naissance. Le père de Mehmet ne lui avait pas accordé grande attention, préférant les fils que lui avaient donnés des femmes mieux nées. Le futur sultan passa ses premières années tranquillement à Andrinople avec sa mère et sa nourrice, une pieuse et imposante dame turque nommée Daye Hatun. Mais son frère aîné mourut brusquement à Amasia en 1437 ; et le second, Ala ed-Din, fut mystérieusement assassiné dans cette même ville six ans plus tard. À l'âge de onze ans, Mehmet devenait l'héritier du trône et le seul prince survivant de la dynastie ottomane en dehors du sultan et d'un cousin éloigné, petit-fils du sultan Suleïman, un certain Orhan, qui vivait en exil à Constantinople. Mourad fit venir le jeune garçon à la cour et fut fâché de constater combien son éducation avait été négligée. Une armée de précepteurs, à la tête desquels se trouvait Ahmed Kurani, illustre professeur kurde, furent engagés pour l'instruire. Ces précepteurs s'acquittèrent parfaitement de leur tâche. Mehmet reçut un bon enseignement scientifique et philosophique, il devint familier de la littérature islamique et de la littérature grecque. En plus de sa langue maternelle, le turc, il apprit à parler couramment le grec, l'arabe, le latin, le persan et l'hébreu. Son père entreprit bientôt de l'initier à l'art du gouvernement[18].

Mehmet avait douze ans quand Mourad, après avoir signé sa trêve avec le roi Ladislas, décida de se retirer de la vie active et de laisser à son fils la charge de l'Empire. Il lui fallut d'abord réprimer les désordres en Anatolie ; Mourad y était encore occupé quand on apprit la marche des chrétiens sur Varna. Le vizir, Halil Pacha, rappela le sultan au plus vite en Europe, avec d'autant plus de hâte que la conduite du jeune Mehmet l'inquiétait. Mourad avait eu l'intention de placer son fils sous la tutelle de Halil, qui était un vieil ami très sûr. Mais le jeune garçon avait aussitôt marqué sa détermination à n'agir qu'à sa guise. À peine était-il parti pour l'Anatolie, qu'un différend s'éleva au sujet d'un derviche persan hérétique que Mehmet avait pris sous sa protection mais que Halil, fils et petit-fils d'un vizir et musulman de la vieille école, condamnait sévèrement. Mehmet fut obligé de livrer l'hérétique au grand mufti Fahreddin, qui incita la populace à brûler le malheureux. Le mufti tenait tant à ce que le brasier fût entretenu qu'il s'en approcha un peu trop et se fit roussir la barbe[19].

Il n'empêche que Mourad, revenu vainqueur de Varna, ne voulut pas renoncer à la retraite ; et Mehmet devint le maître de l'Empire, sous la tutelle d'Halil. Cette fois encore l'expérience fut désastreuse. On se battait sur les frontières d'Albanie et de Grèce. Mehmet en voulait énormément à ses tuteurs d'avoir rejeté son projet d'attaque de Constantinople, projet au demeurant irréalisable. Ses manières hautaines et distantes offusquaient et la cour et le peuple. Mais c'est dans l'armée que régnait le mécontentement le plus vif. Afin de prévenir un soulèvement militaire déclaré, Halil persuada Mourad de revenir à Andrinople et de reprendre les rênes du gouvernement. Son arrivée, à l'automne 1446, fut saluée par la liesse populaire. Mehmet fut envoyé à Magnésie, là même où la retraite paternelle avait dû s'interrompre[20].

Il se peut que Mourad ait pensé à déshériter Mehmet ; car il avait épousé une femme de haute naissance, la fille d'Ibrahim, émir de Chandaroghlou, venant d'une famille déjà apparentée à la maison ottomane, et qui allait bientôt lui donner un fils[21]. Mais il se ravisa. Au bout de deux ans d'exil, Mehmet fut rappelé pour prendre part à la campagne contre Hunyadi dont l'issue allait être la victoire de Kossovo. Un peu auparavant, cette même année, une jeune esclave nommée Gülbehar, fille d'Abdoullah, vraisemblablement albanaise et convertie à l'islam, avait eu un fils de Mehmet, Bayezid[22]. Mourad désapprouvait cette liaison. En 1450, il ordonna à Mehmet d'épouser la fille d'un prince turcoman très riche, Suleïman Zulkadroghlu, seigneur de Malatia. Ce mariage fut célébré avec pompe. Mais Mehmet ne s'attacha jamais à Sitt Hatun, cette épouse qu'on lui avait imposée. Elle passa le reste de ses jours, délaissée et sans enfants, dans le harem du palais d'Andrinople[23].

Pendant le reste du règne de son père, Mehmet fut traité avec plus de ménagement. Il paraissait de temps à autre à la cour et il accompagna son père dans une ou deux campagnes. Mais il retournait souvent dans son palais de Magnésie. Il s'y trouvait quand sa mère mourut en août 1450, et il veilla à ce qu'elle reçût à Brousse des funérailles dignes de son rang ; sa tombe porte une inscription qui mentionne à peine le nom de Mourad. Il s'y trouvait encore quand Mourad succomba à une attaque d'apoplexie, à Andrinople, le 2 février 1451[24].

Personne ne doutait que Mehmet fût l'héritier du trône. Une lettre scellée que lui adressa Halil Pacha le ramena en hâte de Magnésie. Du moment où il eut passé les Dardanelles il sut que la succession ne lui serait pas disputée ; il fit donc une halte de deux jours à Gallipoli pendant qu'on lui préparait une grande réception à Andrinople, où il arriva le 18 février. Le grand vizir et tous les hauts dignitaires de l'État vinrent à cheval à sa rencontre ; à une lieue des portes, ils mirent pied à terre pour rentrer en procession dans la ville devant sa monture. Mehmet donna une réception au palais, aussitôt après. Les ministres de feu son père, inquiets, se tenaient dans les coulisses, jusqu'au moment où il dit à Shehab ed-Din, le chef des eunuques, de les prier de reprendre leurs places habituelles. Il confirma alors le grand vizir dans ses fonctions. Le second vizir, Ishak Pacha, qui avait été l'ami le plus proche de Mourad, fut nommé gouverneur de l'Anatolie, poste élevé et prestigieux mais qui l'éloignerait de son allié Halil. Saruja Pacha et Zaganos Pacha, tous deux dévoués à Mourad mais moins liés avec Halil, furent nommés vizirs adjoints, comme Shehab ed-Din. Peu de temps après, la fille d'Ibrahim Bey, veuve du sultan disparu, vint présenter ses condoléances pour la mort de Mourad et ses félicitations à Mehmet pour la succession. Pendant que

Mehmet la recevait aimablement, ses serviteurs couraient au harem pour y noyer dans son bain le jeune fils de la veuve. La mère éplorée reçut finalement l'ordre d'épouser Ishak Pacha et de se retirer avec lui en Anatolie. Ainsi que Phrantzès allait en être informé à Trébizonde, la veuve chrétienne de Mourad, Mara de Serbie, fut renvoyée à son père avec tous les honneurs dus à sa personne[25].

Ayant ainsi pourvu les hauts postes de son administration et mis de l'ordre dans le palais, le jeune sultan réfléchit aux grandes lignes de sa politique. Le monde extérieur ne le connaissait que comme un jeune homme inexpérimenté, dont les débuts avaient été lamentables. Mais à présent il faisait forte impression. Il était plutôt bel homme, de taille moyenne, mais bien charpenté. Sa figure était dominée par une paire de sourcils arqués et par des yeux perçants ; son nez fin et crochu s'abaissait sur une bouche aux lèvres pleines et rouges. Dans son âge mûr, son apparence rappelait, disait-on, celle d'un perroquet sur le point de croquer une cerise. Ses manières étaient dignes et plutôt distantes, sauf quand il avait trop bu : car il partageait le goût impie de sa famille pour l'alcool. Mais il était toujours aimable et même cordial à l'égard de ceux qu'il admirait pour leur instruction, et il goûtait la compagnie des artistes. Tout le monde connaissait son caractère dissimulé. Les événements malheureux de son enfance lui avaient appris à ne faire confiance à personne. Il était impossible de deviner ce qu'il pensait. Jamais il ne se ferait aimer ; il n'avait aucun désir de se rendre populaire. Mais son intelligence, son énergie, sa résolution inspiraient le respect. Ceux qui le connaissaient savaient que ce jeune et redoutable souverain ne se laisserait jamais détourner des tâches qu'il s'était lui-même assignées : et la première de ces tâches, la plus importante, était la conquête de Constantinople[26].

Chapitre IV

LE PRIX DE L'AIDE OCCIDENTALE

L'empereur de Trébizonde n'était pas le seul à pousser un soupir de soulagement en apprenant la mort du sultan Mourad. En Occident aussi, on était optimiste. Des ambassadeurs qui s'étaient rendus récemment à la cour de Mourad rappelaient le fiasco qu'avait été la première période du règne de Mehmet. La chrétienté, pensaient-ils, n'avait vraisemblablement pas grand-chose à craindre de ce jeune incapable. Cette illusion se renforça quand on le vit tout disposé à confirmer les traités qu'avait conclus son père. À la fin de l'été 1451, lorsque la nouvelle de son avènement se fut répandue dans toute l'Europe, un flot d'ambassades arriva à Andrinople. Le 10 septembre, Mehmet reçut une mission vénitienne et renouvela officiellement le traité de paix que son père avait signé avec la république cinq ans auparavant. Dix jours plus tard, il consentit aux représentants de Jean Hunyadi une trêve qui devait durer trois ans. L'ambassade de Raguse fut particulièrement bien accueillie, car elle apportait avec elle l'offre d'augmenter de cinq cents pièces d'or le tribut annuel payé par la ville au sultan. Les envoyés du grand maître des chevaliers de Rhodes, ceux du prince de Valachie, du seigneur de Lesbos et du gouvernement de Chio, tous chargés de précieux cadeaux, reçurent les meilleures assurances. On ne rendit pas seulement sa fille au despote de Serbie, on lui permit de réoccuper quelques villes dans la haute vallée de la Strouma. Les ambassadeurs de l'empereur Constantin eux-mêmes, qui avaient été les premiers à arriver et qui ne s'étaient pas déplacés sans appréhension, étant mieux informés du caractère du sultan, se réjouirent de l'accueil. Le sultan ne se contenta pas de jurer devant eux sur le Coran qu'il respecterait l'intégrité des territoires byzantins, il promit de verser à l'empereur chaque année une somme de trois cent mille aspres prélevée sur les revenus de certaines villes de la basse Strouma. Ces villes appartenaient légalement au prince Orhan ; et cet argent devait pourvoir à son entretien aussi longtemps qu'il serait retenu en honorable détention à Constantinople. Même la communauté monastique du Mont Athos, qui avait prudemment reconnu la souveraineté ottomane après la prise de Thessalonique par Mourad, fut assurée que son autonomie ne serait pas remise en cause[1].

Il semblait que le nouveau sultan fût sous l'influence du vieux ministre de Mourad, Halil, qui, on le savait, partageait le goût de son maître pour la paix. Les diplomates byzantins avaient soigneusement cultivé l'amitié de Halil. Ils étaient contents de voir leurs efforts récompensés. Des observateurs plus perspicaces auraient pu cependant comprendre que les gestes pacifiques de Mehmet n'étaient pas sincères. Il lui convenait de maintenir la paix aux frontières de son empire pendant qu'il préparait sa grande campagne. Halil n'avait pas autant d'influence que le pensaient les chrétiens. En réalité, Mehmet n'avait jamais pardonné au grand vizir le rôle que celui-ci avait joué en 1446. L'allié d'Halil, Ishak Pacha, était loin, en Anatolie. Zaganos Pacha, maintenant second vizir, en froid avec lui depuis plusieurs années, était un proche de l'eunuque Shehab ed-Din, ami intime de Mehmet et l'un des partisans de la guerre[2].

Les intrigues du sérail étaient néanmoins inconnues du monde européen. Les chrétiens d'Occident furent ravis d'entendre parler à Venise et à Budapest des bonnes dispositions du sultan. Après les défaites humiliantes de Nicopolis et de Varna, aucun souverain d'Occident n'était désireux de repartir en guerre contre les Turcs. Il était beaucoup plus agréable de croire que le besoin ne s'en faisait pas sentir. En fait, aucun n'était en mesure d'agir ; chacun avait d'autres soucis. En Europe centrale Frédéric III de Habsbourg était beaucoup trop occupé à préparer son couronnement impérial à Rome, qui devait se tenir en 1452 et pour lequel il avait vendu, quatorze ans plus tôt, les libertés de l'Église d'Allemagne. Prétendant en outre aux trônes de Bohême et de Hongrie, il ne songerait même pas à coopérer avec Jean Hunyadi, régent pour le compte de son rival, l'enfant Ladislas V. En France Charles VII avait fort à faire pour relever son pays après les terribles épreuves de la guerre de Cent Ans ; et il avait au surplus beaucoup à craindre de son puissant vassal et cousin, Philippe le Bon, duc de Bourgogne, qui possédait des terres et une fortune supérieures aux siennes. Philippe se voyait bien partir à la croisade, mais, s'il était prêt à s'éloigner de son duché, la pitoyable aventure de son père, Jean sans Peur, capturé par les Turcs à Nicopolis, était trop présente à sa mémoire. L'Angleterre, affaiblie par ses défaites en France et gouvernée par un roi pieux mais à moitié fou, n'enverrait sans doute aucun soldat à l'étranger. On ne pouvait attendre ni aide ni la moindre attention de la part de monarques aussi éloignés que les rois de Scandinavie ou le roi d'Écosse ; et les rois de Castille et du Portugal avaient à leurs portes des infidèles à combattre.

Le seul monarque qui s'intéressât au Levant était Alphonse V d'Aragon, qui avait reconquis le trône de Naples en 1443. Il se disait tout prêt à mener une expédition en Orient. Mais comme son ambition avouée était de se faire empereur de Constantinople, ses offres étaient suspectes et guère réalisables[3].

Même à la cour pontificale on voulait croire que le sultan comptait pour peu. Mais, en Italie, les réfugiés grecs réclamaient une action urgente, avant qu'il eût le temps d'acquérir l'expérience du gouvernement. Leur porte-parole était un Italien, Francesco Filelfo, de Tolentino, qui avait épousé la fille du professeur grec Jean Chrysoloras et dont la belle-mère vivait à Constantinople. Ce Filelfo adressa un appel passionné à Charles VII, car la France avait jadis joué un rôle capital dans les croisades. Il conjurait le roi de lever une armée rapidement et de l'expédier en Orient. Les Turcs, assurait-il, seraient incapables d'opposer la moindre résistance. Mais Charles ne daigna pas répondre[4]. Le pape Nicolas V, qui avait succédé à Eugène IV en 1447, était un érudit et un homme de paix, dont la plus belle réussite fut la fondation de la Bibliothèque vaticane. Son amitié pour Bessarion, dont il admirait grandement le savoir, le rendait favorable à la cause grecque. Mais il ne savait à quel pouvoir séculier s'adresser pour obtenir de l'aide ; et il n'était pas pressé de secourir une ville qui refusait toujours d'appliquer l'union que l'empereur avait signée, pour elle, à Florence[5].

Constantin était bien conscient de cet obstacle. Au cours de l'été 1451 il envoya comme ambassadeur en Occident Andronic Bryennios Léontaris, qui se rendit d'abord à Venise afin d'obtenir pour l'empereur la permission de recruter des archers en Crète. Il s'en alla ensuite porter à Rome un message amical de Constantin au pape et une lettre rédigée par un comité d'anti-unionistes. Ces anti-unionistes se reconnaissaient comme une « synaxe », le mot de synode ne pouvant être employé par un corps agissant indépendamment du patriarche. L'empereur avait pression sur eux pour qu'ils envoient cet appel, probablement sur le conseil de Luc Notaras. La synaxe proposait la tenue d'un nouveau concile, cette fois à Constantinople, un concile réellement œcuménique où les patriarcats d'Orient seraient pleinement représentés et la délégation romaine réduite en nombre. L'appel était signé par un grand nombre d'anti-unionistes, mais Gennade Scholarios refusa d'y souscrire, pensant qu'il n'y avait aucun parti à en tirer. Et il avait raison. Le pape n'était pas disposé à oublier le concile de Florence ni à tolérer les plaintes des opposants. Il était particulièrement fâcheux, alors que Bryennios était encore à Rome, que le patriarche Grégoire Mammas arrivât de Constantinople en exil volontaire. Ses plaintes ne rendirent pas Nicolas plus conciliant. Aucune réponse ne fut envoyée à la synaxe ; mais on fit savoir à l'empereur que si les difficultés de sa situation étaient comprises à Rome, il exagérait assurément l'importance des obstacles à l'union. Des mesures fermes étaient indispensables. Il fallait rappeler le patriarche et le remettre sur son trône. Les Grecs qui refuseraient le décret d'union devraient être envoyés à Rome où on les rééduquerait. Dans la lettre du pape, une phrase était essentielle : « Si vous, avec vos nobles, et le peuple de Constantinople, acceptez le décret d'union, vous Nous trouverez, ainsi que Nos vénérables frères, toujours prêts à défendre votre honneur et votre Empire. Mais si vous et votre peuple refusez d'accepter le décret, vous Nous contraindrez à prendre les mesures nécessaires à votre salut et conformes à Notre honneur[6]. »

Ce genre d'ultimatum n'était pas fait pour faciliter la tâche de l'empereur. Tout au contraire il renforça l'emprise de Gennade sur l'opposition. Quelques mois plus tard on vit arriver à Constantinople un envoyé de l'Église hussite de Prague, un certain Constantin Platris, surnommé l'Anglais peut-être parce qu'il était le fils d'un lollard[a] réfugié d'Angleterre. Il fit sa profession de foi publique au milieu d'un grand enthousiasme ; et il fut renvoyé à Prague avec une lettre attaquant violemment les prétentions papales, lettre signée par les membres principaux de la synaxe y compris Gennade. Dans la ville le mécontentement allait croissant, au moment même où se dissipaient ses douces illusions sur l'impéritie du sultan Mehmet[7].

Si les relations entre Byzance et les Turcs avaient empiré, c'était la faute de l'empereur lui-même. Au cours de l'automne 1451, l'émir de Karamanie, Ibrahim Bey, croyant comme les princes d'Occident à l'incompétence du nouveau sultan, organisa un soulèvement simultané des émirats récemment conquis d'Aydin et de Germiyan et de l'émirat de Menteshe. Chaque dynastie envoya de jeunes princes pour revendiquer le trône familial, pendant qu'Ibrahim lui-même envahissait le territoire ottoman. Le commandant militaire local, Isa Bey, était paresseux et inefficace ; Ishak, gouverneur de l'Anatolie, supplia le sultan de venir en personne écraser la rébellion. La prompte arrivée de Mehmet en Asie fut efficace. La résistance s'effondra. Ibrahim Bey envoya bientôt solliciter son pardon, pendant qu'Ishak, à la tête d'un régiment, occupait le territoire de

a. Les Lollards : disciples de John Wycliffe (1330-1384), théologien anglais, précurseur de la Réforme. Sa doctrine fut condamnée comme hérétique en 1415, lors du concile de Constance, qui ordonna que son corps fût exhumé et brûlé.

Menteshe. Mais, pendant que le sultan retournait en Europe, il eut à faire face à l'agitation de ses janissaires qui exigeaient une augmentation de solde. Mehmet accepta certaines de leurs demandes, mais il dégrada leur commandant et attacha aux régiments un grand nombre de valets de chenil et de fauconniers détachés de sa grande vénerie et en qui il avait toute confiance[8].

Apparemment encouragé par les difficultés que rencontrait le sultan, Constantin lui envoya des gens pour se plaindre de ce que l'argent promis pour l'entretien du prince Orhan n'eût pas été versé et pour rappeler discrètement qu'un prétendant ottoman résidait à la cour de Byzance. Quand l'ambassade arriva pour se présenter devant le sultan, à Brousse probablement, Halil Pacha en fut fort contrarié et entra dans une grande colère. Halil connaissait assez bien son maître pour prévoir comment il réagirait à cette impertinence. La politique de paix qu'il avait défendue serait compromise et sa propre situation rendue intenable. Il fit publiquement une scène aux ambassadeurs. Mehmet, quant à lui, se contenta de répondre froidement qu'il examinerait la question à son retour à Andrinople[9]. La requête insolente et inutile qu'on venait de lui présenter n'était pas pour lui déplaire : elle lui fournirait une excuse commode quand, en violation de son serment, il envahirait le territoire byzantin. Son intention était de regagner l'Europe par la route que suivaient habituellement les Turcs, en passant les Dardanelles ; mais il apprit qu'une escadre italienne croisait dans le détroit. Il remonta donc vers le Bosphore et s'embarqua avec ses troupes au château d'Anatolu Hisar, qu'avait édifié Bayezid. Sur la rive d'Europe, on était encore en terre byzantine ; mais Mehmet ne daigna pas demander à l'empereur l'autorisation d'y débarquer. Bien au contraire, il se dit qu'il serait fort utile de construire une forteresse à cet endroit, en face d'Anatolu Hisar, de l'autre côté du détroit.

De retour à Andrinople, Mehmet fit expulser les Grecs des villes de la basse Strouma et confisquer tous leurs biens. Puis, pendant l'hiver 1451, il donna ordre de recruter dans toutes ses possessions un millier de bons maçons et des manœuvres en nombre suffisant, qui, au début du printemps, devraient se rassembler à l'endroit qu'il avait choisi, sur la partie la plus étroite du Bosphore, juste au-delà d'un village appelé alors Asomaton, et Bebek de nos jours, là où un promontoire s'avance sur la mer. L'hiver finissait à peine lorsque ses topographes vinrent examiner le terrain et que ses ouvriers commencèrent à démolir les églises et les monastères des alentours pour en tirer les matériaux de construction susceptibles d'être réutilisés[10].

Les ordres du sultan semèrent la consternation dans Constantinople. Ils ne pouvaient être qu'un prélude au siège. L'empereur dépêcha une ambassade auprès du sultan pour lui faire observer qu'il violait un traité solennel et lui rappeler que le sultan Bayezid, avant d'édifier la forteresse d'Anatolu Hisar, en avait demandé l'autorisation à l'empereur Manuel. Les ambassadeurs furent éconduits. Le samedi 15 avril 1452, on commença à édifier la nouvelle forteresse. Constantin réagit en faisant emprisonner tous les Turcs qui se trouvaient alors à Constantinople puis, comprenant que ce geste était inutile, il les relâcha. Et, changeant de tactique, il expédia une nouvelle ambassade, chargée de cadeaux, auprès de Mehmet, lui demandant d'épargner à tout le moins les villages grecs de la rive du Bosphore. Le sultan ne voulut rien entendre. Au mois de juin, Constantin fit une dernière tentative pour obtenir de Mehmet l'assurance que la construction de sa forteresse ne serait pas suivie d'une attaque contre Constantinople. Ses ambassadeurs furent jetés en prison et décapités. Cela ressemblait à une déclaration de guerre[11].

La forteresse, que les Turcs nommèrent alors Boghazkesen, le « coupe-détroit » ou bien « le coupe-gorge » et que l'on appelle aujourd'hui Rumeli Hisar, fut achevée le 31 août 1452. Mehmet, qui avait passé les jours précédents dans le voisinage, s'avança alors avec toute son armée au pied des murailles de Constantinople. Il resta là pendant trois jours, à examiner attentivement les fortifications. On ne pouvait plus avoir le moindre doute sur ses intentions. En attendant, il fit proclamer que tous les bateaux remontant ou descendant le Bosphore devraient s'arrêter au château pour y subir une inspection. Faute de quoi ils seraient coulés. Pour garantir l'exécution de cet ordre, Mehmet fit placer trois énormes canons, les plus grands que l'on eût jamais vus, sur la tour la plus proche de l'océan. Qu'on se le tînt pour dit. Au début de novembre deux bateaux vénitiens, qui venaient de la mer Noire, refusèrent de faire halte. On les prit pour cible, mais ils parvinrent à s'échapper. Une quinzaine de jours plus tard, un troisième bateau voulut suivre leur exemple : un boulet l'expédia par le fond et son capitaine, Antonio Rizzo, fut capturé avec tout son équipage et conduit à Didymoticum où résidait le sultan. Mehmet ordonna de décapiter l'équipage sur-le-champ ; mais Rizzo fut condamné au supplice du pal, et son corps exposé au bord de la route[12].

Le traitement infligé aux marins vénitiens mit fin aux dernières illusions de l'Occident concernant le caractère et les ambitions du sultan. Venise était dans une position difficile. Elle avait son quartier à Constantinople, et ses privilèges commerciaux avaient été confirmés par Constantin en 1450. Mais elle commerçait aussi, fort avantageusement, dans les ports ottomans ; et il se trouvait des Vénitiens pour penser que la conquête de Constantinople par les Turcs pourrait assurer plus de stabilité et de prospérité au négoce du Levant. Mais le sultan, dès qu'il se serait emparé de Constantinople, ne manquerait pas de convoiter les colonies vénitiennes de Grèce et de la mer Égée. À l'issue d'un débat au Sénat qui se tint à la fin du mois d'août, il n'y avait eu que sept voix en faveur d'une motion recommandant d'abandonner Constantinople à son sort ; soixante-quatorze sénateurs étaient d'un avis contraire. Mais que pouvait donc faire Venise ? En Lombardie, elle avait sur les bras une guerre, petite certes mais coûteuse. Elle avait de piètres relations avec la papauté, le pape n'ayant jamais payé les quelques galères que lui avait affrétées la République en 1444. La collaboration avec Gênes était impossible. On donna instruction à l'ambassadeur de Venise à Naples de solliciter l'aide du roi Alphonse ; mais la réponse du roi fut évasive. La protection des colonies suffisait à occuper entièrement la flotte vénitienne. Convertir des bateaux marchands en bons navires de guerre coûterait cher. La dignité de la République exigeait assurément qu'elle rompît les relations avec le sultan. Mais les chefs vénitiens du Levant ne reçurent que des ordres ambigus. Ils devaient aider et protéger les chrétiens, mais sans provoquer ni attaquer les Turcs. En attendant, Venise autorisa l'empereur à recruter des soldats et des marins en Crète[13].

Gênes éprouvait le même embarras et ses inquiétudes étaient encore plus vives. Elle aussi avait des ennuis en Europe ; elle avait besoin de navires pour défendre ses eaux territoriales ainsi que ses colonies du Levant. Une ou deux fois, le gouvernement exhorta les peuples de la chrétienté à fournir des secours contre les Turcs mais lui-même en était incapable. Libre aux citoyens génois, à titre privé, de faire ce qu'ils voudraient. On s'inquiétait plus particulièrement du sort de Péra et des colonies de la mer Noire. Le podestat de

Péra reçut l'ordre de s'accommoder le mieux qu'il pourrait avec les Turcs, dans l'espoir que, si Constantinople était prise, la colonie elle-même soit épargnée. La Mahona, le conseil qui gouvernait l'île de Chio, reçut des instructions dans le même sens. En aucun cas il ne fallait provoquer inutilement les Turcs[14].

Les habitants de Raguse, comme les Vénitiens, avaient récemment reçu de l'empereur confirmation de leurs privilèges à Constantinople. Mais eux aussi commerçaient dans les ports ottomans. Ils n'allaient rien risquer de leur modeste flotte, à moins peut-être de participer à une grande coalition contre le sultan[15].

Si mécontent qu'il fût des Byzantins, le pape Nicolas fut sincèrement ému par la révélation des intentions réelles du sultan. Il avait poussé Frédéric III, quand celui-ci était venu se faire couronner à Rome en mars 1452, à adresser un ultimatum sévère à Mehmet. Mais c'était des paroles en l'air, tout le monde savait que Frédéric ne pouvait ni ne désirait passer à l'action. Alphonse était plus engagé. En tant que roi de Naples il avait des intérêts et des prétentions en Grèce ; et les négociants catalans de Constantinople étaient ses sujets. Il leur fit mille promesses, allant jusqu'à envoyer en mer Égée une flottille de dix navires, dont le gros des dépenses fut réglé par le pape ; mais il retira cette flottille quelques mois plus tard lorsqu'il s'allia avec les Vénitiens contre le duc de Milan François Sforza et se mit à craindre une réaction des Génois. Nicolas, que Bessarion secondait, chercha en vain de l'aide ailleurs. Ses ambassadeurs comme ceux de Constantin ne reçurent aucune réponse à leurs appels. Le pape était maintenant disposé à faire tout son possible pour l'empereur, car il avait reçu de lui une lettre, écrite peu de temps après que le sultan eut achevé la construction de

Rulemi Hisar, lettre où Constantin s'engageait à appliquer l'union[16].

Isidore, métropolite – déchu – de Kiev et de toute la Russie, et récemment fait cardinal de l'Église romaine, avait été nommé légat du pape auprès de l'empereur en mai 1452. Il partit pour Constantinople. Chemin faisant, il s'arrêta à Naples où il recruta, aux frais du pape, un contingent de deux cents archers, et à Mytilène, où le rejoignit l'archevêque de Chio, Léonard, Génois de naissance. Il arriva à Constantinople le 26 octobre. Son escorte militaire, si modeste fût-elle, montrait que le pape était prêt à envoyer des secours efficaces à un peuple qui reconnaissait son autorité. Ce geste ne fut pas inutile. Isidore fut non seulement reçu avec déférence par l'empereur et sa cour, le peuple lui-même montra de l'enthousiasme. L'empereur saisit immédiatement l'occasion. L'on créa des comités représentant la population de la ville et les nobles, pour donner leur accord à l'union. Le comité populaire accepta, les opposants refusèrent d'y siéger. Le comité des nobles, où les discussions furent plus âpres, eût préféré un compromis par lequel on aurait commémoré le pape pendant la liturgie et remis à plus tard la promulgation officielle de l'union ; mais l'empereur, poussé par Isidore, imposa sa volonté aux nobles. C'est très probablement Luc Notaras qui mena les négociations, et ce avec beaucoup de doigté ; mais personne ne lui en sut gré. Pour Gennade et pour les adversaires intransigeants de l'union, il avait fait défection ; quant à Isidore et aux Latins, ils doutaient de sa sincérité. Ils avaient sans doute raison car il avait, semble-t-il, recommandé qu'on appliquât l'« économie », cette doctrine chère aux théologiens orthodoxes qui permet de passer sur les divergences d'opinion dans l'intérêt supérieur de la communauté chrétienne[a] ; et Notaras paraît aussi avoir suggéré de rouvrir les débats une fois la crise passée. Gennade le regretta amèrement. Avant l'arrivée d'Isidore, il avait adressé à la foule une harangue passionnée, la conjurant de ne pas trahir la foi de leurs ancêtres dans l'espoir de recevoir une aide matérielle de peu de prix. Mais l'arrivée des soldats du cardinal les avait fait hésiter. Gennade se retira donc dans sa cellule du Pantocrator après avoir affiché à la porte de son monastère un violent manifeste où il dénonçait une fois de plus la criminelle folie que ce serait d'abandonner la Vraie Foi. Luc Notaras lui écrivit que son opposition était inutile, pourtant son influence était encore sensible. Il y eut des émeutes anti-latines dans les rues ; les semaines passaient, et comme il n'arrivait plus de renforts de l'Occident, les ennemis de l'union reprirent des forces.

Le cardinal Isidore, lui-même grec, se conduisit avec tact et indulgence, si bien que le confident de l'empereur, Phrantzès, suggéra de le nommer patriarche à la place de Grégoire Mammas qui s'était éclipsé. Mais Constantin savait qu'Isidore n'accepterait jamais. L'archevêque Léonard, qui avait pour les Grecs un mépris de Latin, était mécontent. Il exigea de l'empereur qu'il fasse arrêter les chefs de l'opposition et nomme des juges pour les condamner. C'eût été une sottise et la plus sûre façon de créer des martyrs. Constantin convoqua simplement les membres de la synaxe au palais, le 15 novembre, pour leur demander d'exposer leurs objections. À sa demande ils rédigèrent et signèrent un document expliquant pourquoi ils refusaient l'union de Florence. Ils renouvelèrent leur condamnation de la formule théologique qui concernait le Saint-Esprit ;

a. La doctrine orthodoxe de l'économie ne concerne pas le dogme, mais l'application des canons de l'Église.

mais, ajoutèrent-ils, pourquoi ne pas réunir un nouveau concile, qui se tiendrait à Constantinople, et auquel prendraient part les représentants mandatés par toutes les Églises d'Orient ? Le seul obstacle, de ce côté, était la mauvaise volonté des Latins. Ils souscriraient au retour du patriarche Grégoire, ajoutèrent-ils, s'il les assurait de partager leur foi. On ne sait pas si Gennade assista à cette réunion avec l'empereur. Il ne figurait pas au nombre des signataires du procès-verbal, quinze signataires qui comprenaient cinq évêques, trois hauts dignitaires du patriarcat, et sept abbés ou moines. Leur attitude n'était pas déraisonnable car l'union avec Rome pouvait être l'occasion d'un schisme entre l'Église de Constantinople et toutes les autres Églises orthodoxes. Mais pour les politiciens, l'union avec l'Occident, qui pourrait fournir une aide matérielle, passait avant l'unité des Églises d'Orient qui ne seraient d'aucun secours.

C'est quelques jours après cette réunion que le navire marchand vénitien fut coulé par le canon de Rulemi Hisar. Une nouvelle vague de panique balaya la ville ; le besoin d'une aide occidentale ne s'était jamais autant fait sentir. Le parti unioniste renforça ses rangs. Gennade, craignant, comme il le dit lui-même, de voir les appels au secours se propager comme un incendie de forêt, publia un autre avis où il rappelait que l'Occident, pour prix de son aide, exigeait l'union. Il répéta une fois de plus que lui, au moins, ne souillerait jamais sa foi en échange d'un secours douteux. On lut son discours et l'on en prit note.

Le 12 décembre 1452, une cérémonie solennelle eut lieu dans la grande cathédrale de la Divine Sagesse, en présence de l'empereur et de sa cour. On commémora le pape et le patriarche absent dans les prières, on lut les décrets de l'union de Florence. Le cardinal Isidore, qui voulait montrer qu'il avait rallié ses compatriotes grecs, rapporta qu'il y avait foule dans la cathédrale, manquaient seulement Gennade et huit autres moines. Mais certains membres de sa suite peignaient un tout autre tableau. Il n'y avait aucun enthousiasme chez les Grecs ; un petit nombre d'entre eux seulement fréquentait la cathédrale, où seuls les prêtres unionistes étaient autorisés à servir. Aux yeux de l'archevêque Léonard, l'empereur lui-même semblait faire peu d'efforts pour imposer l'union, cependant que Luc Notaras en était, selon Léonard, l'ennemi déclaré. Si Notaras avait réellement déclaré comme on le prétendait souvent – « plutôt le turban que le chapeau de cardinal » – c'était que l'intransigeance de Latins tels que Léonard, qui ne comprenaient rien à ses tentatives de conciliation, l'irritait profondément.

Après la proclamation de l'union, l'opposition cessa de se manifester. Gennade, dans sa cellule, se taisait. La masse du peuple acceptait passivement, d'un air maussade, le fait accompli ; mais on n'allait plus que dans les églises dont les prêtres n'étaient pas compromis. Beaucoup de partisans du décret souhaitaient eux-mêmes que, si la ville était épargnée, on revienne sur les termes du compromis. Si, après la signature de l'union, l'Occident avait rapidement envoyé une flotte et une armée, ces avantages pratiques lui eussent peut-être valu l'approbation générale. Les Grecs, forts de leur doctrine de l'« économie » auraient pu se dire que leur infidélité religieuse serait compensée par le sauvetage de l'Empire chrétien. Mais, de fait, ils avaient payé le prix exigé par l'Occident, et on les avait bernés[17].

CHAPITRE V

LES PRÉPARATIFS DU SIÈGE

Durant les derniers mois de 1452 le sultan rumina ses projets. Nul, parmi ses ministres eux-mêmes, ne connaissait exactement ses intentions. Était-il satisfait, maintenant que sa forteresse de Rulemi Hisar lui assurait le contrôle du Bosphore et permettrait un blocus presque total de Constantinople si bien qu'à la longue la ville serait obligée de se rendre ?

Il avait fait établir les plans du nouveau et magnifique palais destiné à être édifié à Andrinople, sur une île de la Maritza. Cela signifiait-il qu'il ne pensait pas, pour le moment, transférer son gouvernement dans l'ancienne capitale impériale ? C'est ce qu'espérait le grand vizir Halil. Qu'il reçût ou non régulièrement des cadeaux des Grecs, comme on l'en soupçonnait, Halil n'aimait pas l'idée de faire campagne contre Constantinople. Un siège coûterait cher ; un échec porterait gravement atteinte au prestige ottoman. Au surplus, Constantinople dans l'état actuel des choses était politiquement inexistante mais elle conservait de grands atouts en tant que place commerciale. Halil avait des partisans parmi les anciens ministres de Mourad. Mais il avait contre lui un parti puissant, dirigé par des soldats tels que Zaganos et Turahan Pacha, et soutenu par l'eunuque Shehab ed-Din ; et c'était ce parti qui avait l'oreille du sultan[1].

Mehmet lui-même passa de nombreuses nuits sans dormir, cet hiver-là, en pensant à sa campagne. On racontait qu'il se promenait en pleine nuit dans les rues d'Andrinople, habillé en simple soldat ; et que toute personne qui le reconnaissait et le saluait était immédiatement mise à mort. Une nuit, vers le second quart, il fit soudain quérir Halil. Le vieux vizir arriva en tremblant, craignant d'apprendre sa révocation. Pour apaiser son maître, il lui présenta un plat qu'il avait, à la hâte, rempli de pièces d'or. « Mais qu'est-ce donc, mon cher précepteur ? » interrogea le sultan. Halil balbutia qu'un ministre convoqué par surprise ne se présentait pas devant son sultan les mains vides. Mehmet repoussa le plat, il n'avait que faire de pareils présents. « Il n'y a qu'une chose que je désire, cria-t-il. Qu'on m'offre Constantinople ! » Il lui révéla que sa décision était prise. Il attaquerait la ville dès que possible. Halil, inquiet et abattu, promit son appui[2].

Quelques jours plus tard, vers la fin de janvier 1453, le sultan réunit tous ses ministres et leur fit un grand discours, leur rappelant les hauts faits de leurs ancêtres. Il leur déclara que l'Empire turc ne serait en sécurité que le jour où il tiendrait Constantinople. Les Byzantins, malgré leur faiblesse, s'étaient montrés fort capables de s'entendre avec les ennemis des Turcs, et parce que faibles, ils pourraient livrer leur ville à des alliés bien plus redoutables. Constantinople n'était pas imprenable. L'échec des sièges précédents était dû à des causes extérieures. Mais le moment était venu. La ville était déchirée par des querelles religieuses. Les Italiens étaient des alliés plus que douteux, et des traîtres, pour beaucoup d'entre eux. De plus, les Turcs avaient enfin la maîtrise des mers. Pour ce qui est de gouverner, leur dit-il, plutôt rien que l'Empire sans Constantinople !

Cette allocution mit les ministres en émoi. Même ceux qui désapprouvaient les projets de Mehmet n'osèrent pas exprimer leurs inquiétudes. À l'unanimité, les membres du Conseil approuvèrent le sultan et votèrent la guerre[3].

Cette approbation obtenue, le sultan ordonna aussitôt au gouverneur militaire des provinces d'Europe, Dayi Karadja Bey, de constituer une armée pour prendre les villes et localités byzantines de la côte de Thrace. Les cités en bordure de la mer Noire, Mésembria, Anchialus et Byzus se rendirent immédiatement pour éviter le pillage. Mais Sélybrie, et Périnthus situées au bord de la mer de Marmara, tentèrent de résister. Elles furent prises d'assaut, mises à sac, et leurs fortifications démantelées[4]. Déjà au mois d'octobre précédent, Turahan Bey et ses fils avaient pris position sur l'isthme de Corinthe, pour razzier le Péloponnèse, cette manœuvre de diversion devant priver l'empereur du secours de ses frères[5].

Dans son allocution au Conseil, le sultan se vantait maintenant d'avoir la maîtrise des mers. Toutes les attaques précédentes contre la grande cité avaient été terrestres. Aucune n'avait pu priver Byzance du ravitaillement par mer ; et, tout récemment encore, les Turcs avaient été obligés d'affréter des navires chrétiens pour faire passer leurs troupes d'Europe en Asie, et vice versa. Mehmet était résolu à changer de tactique. Pendant tout le mois de mars 1453, toutes sortes d'embarcations affluèrent vers Gallipoli. Il y avait là de vieux navires réparés et re-calfatés, mais la plupart étaient des bateaux neufs, rapidement construits au cours des derniers mois, dans les chantiers navals de la côte égéenne. Il y avait des trirèmes, dans lesquelles, contrairement à l'usage antique, tous les bancs étaient au même niveau. Chaque rangée, disposée obliquement par rapport au bord, était occupée par trois rameurs, chacun maniant une courte rame tournant sur son propre tolet, mais les trois rames utilisant le même sabord de nage. Les navires étaient pontés bas, ils avaient deux mâts, leurs voiles étant employées par vent favorable. Il y avait des birèmes, embarcations un peu plus petites, à un mât, où les rameurs étaient assis par paires, de chaque côté. Il y avait des « fustes », ou bateaux longs plus légers et plus rapides que les birèmes, avec un rameur sur chaque bord en avant du mât, et deux rameurs à l'arrière. Il y avait des galères, terme souvent appliqué de façon assez vague à tous les navires de grande dimension, trirèmes, birèmes ou voiliers sans rameurs, mais qui, techniquement, désignait un grand bateau, haut ponté, avec un seul banc de longues rames. Il y avait aussi des parandaires, lourdes barques à voiles destinées aux transports[6].

La taille de l'armada turque varie selon les sources. Les chiffres des historiens byzantins sont grossièrement exagérés ; mais, d'après le témoignage des marins italiens qui étaient à Constantinople, elle comprenait, semble-t-il, six trirèmes, dix birèmes, environ quinze galères à rames, à peu près soixante-quinze fustes et une vingtaine de parandaires, plus un certain nombre de sloops et de canots utilisés surtout pour porter des messages. Le commandement fut confié au gouverneur de Gallipoli, Suleïman Baltoglu, renégat natif de Bulgarie. Un certain nombre de rameurs et de marins étaient des prisonniers ou des esclaves, mais beaucoup étaient des volontaires qu'attirait une solde avantageuse. Le sultan était personnellement intéressé au choix des officiers, considérant que sa flotte avait plus d'importance même que son armée[7].

Vers la fin du mois de mars cette armada remonta les Dardanelles et pénétra en mer de Marmara, à la consternation des chrétiens, Italiens aussi bien que Grecs. Ils ne s'étaient pas rendu compte jusqu'alors de ce qu'était la puissance navale du sultan[8].

Pendant que la flotte croisait dans la mer de Marmara, l'armée turque s'assemblait en Thrace. Le sultan avait veillé personnellement à son équipement, comme à celui de la marine. Durant tout l'hiver des armuriers recrutés dans toutes ses possessions avaient travaillé à fabriquer des boucliers, des casques, des cuirasses, des javelots, des épées, des flèches, cependant que des ingénieurs construisaient des balistes et des béliers. La mobilisation fut rapide mais complète. On avait levé des régiments dans toutes les provinces et rappelé tous les soldats en permission dans leurs fiefs militaires. Des irréguliers avaient été enrôlés par milliers. Ne restaient en arrière que les garnisons destinées à la défense des frontières et à la police de l'intérieur, ainsi que les troupes maintenues par Turahan en Grèce. La taille de l'armée était impressionnante. Les Grecs affirmaient que trois ou quatre cent mille hommes se trouvaient assemblés dans le camp du sultan ; et les Vénitiens eux-mêmes, plus sobres, parlaient de cent cinquante mille. À en juger par les sources turques, les troupes régulières comptaient vraisemblablement quatre-vingt mille hommes, effectif auquel il faudrait ajouter une vingtaine de milliers d'irréguliers, les bachi-bouzouks, et la horde des non-combattants, qui étaient probablement quelques milliers. La place d'honneur était occupée par les régiments de janissaires. Depuis leur réorganisation, vingt ans plus tôt, par le sultan Mourad, ils étaient douze mille, dont une petite proportion de techniciens et de fonctionnaires, plus les valets de chenil et les fauconniers que Mehmet lui-même y avait incorporés. Tous les janissaires, à cette époque, étaient d'origine chrétienne ; mais chacun avait été formé depuis l'enfance pour devenir un bon musulman, considérer le régiment comme sa famille, et le sultan comme son chef et son père. Certains janissaires se souvenaient parfois de leurs parents et faisaient quelque chose pour eux ; mais rien n'aurait pu ébranler leur foi ardente, et leur extraordinaire discipline. Ils n'avaient pas beaucoup apprécié Mehmet dans le passé ; mais ils saluaient avec enthousiasme sa campagne contre l'infidèle[9].

Cette armée en elle-même était impressionnante. Plus inquiétant encore paraissait le matériel ultra-moderne dont on l'avait équipée. La décision de Mehmet d'attaquer Constantinople au printemps 1453 était largement due aux récents succès de ses fondeurs de canons. On employait le canon en Europe occidentale depuis une centaine d'années, depuis qu'un moine allemand nommé Schwartz en avait fabriqué un dont les boulets étaient propulsés par de la poudre à canon. On avait vite compris l'utilité du canon pour la guerre de siège ; mais les expériences faites par les Allemands au siège de Cividale en Italie du Nord en 1321 et par les Anglais à Calais en 1347 n'avaient pas été très concluantes. Les canons n'étaient pas assez puissants pour démolir une solide muraille. Pendant les cent années suivantes, on avait surtout employé la nouvelle arme pour disperser l'ennemi sur le champ de bataille ou pour abattre des barricades légères. Les Vénitiens avaient essayé d'utiliser le canon en combat naval, contre les Génois en 1377[10]. Mais les bateaux de cette époque ne pouvaient porter des engins très lourds ; et les boulets tirés alors par les canons de marine n'étaient pas assez puissants pour couler un navire, bien que capables de l'avarier sérieusement. Le sultan Mehmet, dont l'intérêt pour les sciences avait été stimulé par son médecin, un juif italien nommé Jacob de Gaète, comprenait très bien l'importance de l'artillerie. Dès le début de son règne, il avait donné ordre à ses fonderies d'essayer de fabriquer des canons plus puissants[11].

Au cours de l'été 1452, un ingénieur hongrois nommé Urbain était venu à Constantinople et avait offert ses services à l'empereur comme fabricant d'artillerie. Constantin malheureusement n'avait pu lui payer le salaire auquel il estimait avoir droit ni lui fournir les matières premières dont il avait besoin. Urbain avait donc quitté la ville pour s'adresser au sultan. Aussitôt admis en présence du souverain, il avait subi un interrogatoire serré. S'étant déclaré capable de fabriquer un canon qui démolirait les murs de Babylone elle-même, on lui attribua un salaire quatre fois plus élevé que celui qu'il désirait et on lui fournit toute l'assistance technique souhaitable. En trois mois, il avait fabriqué le canon qui, placé par le sultan sur la tour de Rulemi Hisar, avait coulé le navire vénitien qui tentait de forcer le blocus. Mehmet lui avait alors ordonné de fabriquer un canon deux fois plus grand que le premier. Le second fut fondu à Andrinople et achevé en janvier 1453. La longueur du tube, selon les évaluations du temps, était de quarante empans, c'est-à-dire huit mètres ; l'épaisseur du bronze autour du tube, d'un empan, c'est-à-dire environ vingt centimètres ; la circonférence du tube de quatre empans à l'arrière, là où l'on introduisait la poudre, et de douze empans, soit deux mètres quarante, plus en avant, où l'on plaçait le boulet. Les boulets, disait-on, pesaient six cents kilos. Sitôt que cette grande bombarde eut été prête, une troupe de sept cents hommes, à qui elle était confiée, la hissèrent sur un chariot tiré par quinze paires de bœufs. On la transporta, non sans difficulté, dans le voisinage du palais de Mehmet, où l'on devait l'essayer. Les habitants d'Andrinople furent avertis qu'il se produirait un vacarme épouvantable dont il ne faudrait pas s'effrayer. En fait lorsque la charge fut mise à feu et le premier obus tiré, la détonation fut entendue à cent stades et le boulet, après avoir parcouru un kilomètre et demi, s'enfonça de deux mètres dans le sol. Mehmet était ravi. Il chargea deux cents hommes d'aplanir la route jusqu'à Constantinople et de consolider les ponts ; et au mois de mars 1453 le canon commença son voyage, tiré par soixante bœufs et escorté par deux cents hommes qui devaient empêcher le chariot de verser ; pendant ce temps, sous la direction d'Urbain, les fonderies sortirent un troisième canon, mais aucun autre n'atteignit la proportion ni la renommée de ce monstre[12].

Durant tout le mois de mars la grande armée du sultan s'avança à travers la Thrace, détachement après détachement, en direction du Bosphore. Il n'était pas facile de pourvoir aux besoins d'un hôte aussi encombrant ; mais tout avait été soigneusement prévu. La discipline était bonne, le moral des troupes au beau fixe. Chaque musulman croyait que le Prophète lui-même accorderait une place privilégiée au paradis au premier soldat qui ferait irruption dans l'ancienne capitale chrétienne. « Ils conquerront Qostantiniya », annonçait la tradition, « gloire au prince et à l'armée qui réussiront ! » Une autre tradition adaptée par les prédicateurs en cette occasion prétendait que le Prophète avait demandé à ses disciples : « Avez-vous entendu parler d'une cité dont un côté est bordé de terre et deux autres côtés sont bordés par la mer ? L'heure du Jugement ne sonnera pas avant que soixante-dix mille fils d'Isaac ne l'aient capturée. » Sur l'enthousiasme du sultan lui-même il ne pouvait y avoir de doute. Il avait maintes fois déclaré que c'était lui, le prince qui accomplirait pour l'islam[13] ce suprême exploit. Lui-même quitta Andrinople le

23 mars. Le 5 avril, il arriva avec les derniers détachements de l'armée devant les murs de la ville[14].

À l'intérieur de la cité l'atmosphère était toute différente. En voyant l'immense flotte turque croisant dans la mer de Marmara et les énormes canons – dont le monstre d'Urbain – braqués vers les remparts les habitants savaient ce qui les attendait. Il y eut un ou deux petits tremblements de terre et des pluies torrentielles – autant de mauvais présages – ; hommes et femmes se rappelaient toutes les prophéties relatives à la fin de l'Empire et à la venue de l'Antéchrist[15]. Au milieu de tout ce désespoir, on ne manquait pas de courage. Les intellectuels même, qui se demandaient si, à longue échéance, l'absorption dans l'Empire turc ne serait pas moins préjudiciable aux Grecs que la division, la pauvreté, l'impuissance actuelles, collaboraient de tout leur cœur aux préparatifs de la défense. Pendant tout l'hiver, on put voir les hommes, et aussi les femmes, encouragés par l'empereur, réparer les murs et nettoyer les douves. Toutes les armes qui se trouvaient à l'intérieur de la ville furent réunies pour être redistribuées aux endroits où l'on en aurait le plus grand besoin. On constitua un fonds, grâce aux contributions de l'État, des églises, des monastères et de tous les particuliers, pour pourvoir aux dépenses extraordinaires. Il y avait encore beaucoup de richesses dans la cité ; et il sembla à certains Italiens que quelques Grecs auraient pu donner davantage. En fait, ce n'était pas tant d'argent que l'on avait besoin mais d'effectifs, d'armements et de provisions : ce que l'argent ne pouvait plus désormais procurer[16].

L'empereur faisait tout ce qu'il pouvait. Des ambassadeurs avaient été envoyés en Italie, à l'automne 1452, pour demander des secours d'urgence. La réponse avait été décevante[17]. Une nouvelle ambassade fut envoyée à Venise ;

le Sénat répondit le 16 novembre qu'il était profondément affecté par les nouvelles de l'Orient, et qu'il serait heureux de coopérer si le pape et les autres puissances agissaient. À cette date, les Vénitiens n'avaient pas encore appris ce qui était advenu de la galère de Rizzo la semaine précédente ; mais même cette nouvelle et les messages pressants de la colonie vénitienne de Constantinople ne purent les décider à prendre des mesures[18]. À un messager envoyé le même mois à Gênes on promit d'armer un navire ; et le gouvernement offrit de faire appel au roi de France et à la république de Florence pour obtenir des secours. Les promesses du roi Alphonse d'Aragon furent encore plus vagues ; mais il permit aux ambassadeurs byzantins de se procurer du blé et d'autres vivres en Sicile pour les envoyer à Constantinople. Les ambassadeurs y travaillaient quand le siège commença, et aucun ne revit sa patrie. Le pape Nicolas désirait vivement apporter son aide ; mais il ne voulait rien risquer avant d'être certain que l'union des Églises ne soit un fait accompli ; et il ne pouvait pas faire grand-chose sans les Vénitiens. Il était d'ailleurs préoccupé par une sédition qui avait éclaté à Rome en janvier 1453. Il ne pouvait s'engager à l'extérieur tant que le calme n'était pas revenu dans sa cité[19].

La correspondance échangée entre Rome et Venise est d'une lecture attristante. Les Vénitiens ne voulaient pas oublier que la papauté leur devait encore de l'argent pour les galères affrétées en 1444 ; et le pape ne croyait pas à leur bonne volonté. Ce ne fut que le 19 février 1453 que le Sénat vénitien, au reçu des dernières nouvelles de l'Orient, vota l'envoi immédiat à Constantinople de deux transports ayant chacun quatre cents hommes à bord, et décida que quinze galères en cours de rééquipement suivraient quand elles seraient prêtes. Cinq jours plus tard, le Sénat décréta la levée d'un impôt spécial sur les négociants engagés dans le commerce avec le Levant pour payer les dépenses de cette flottille. Le même jour on écrivit au pape, à l'empereur d'Occident, et aux rois de Hongrie et d'Aragon que, sauf aide immédiate, Constantinople était condamnée. Il n'empêche que le 2 mars le Sénat discutait encore de l'organisation de la flottille. Il fut décidé de la placer sous le commandement d'Alviso Longo, mais sous l'autorité supérieure de l'amiral Giacomo Loredan, commandant en chef de la marine. Une semaine après, une autre résolution du Sénat recommanda d'agir au plus vite. Mais les jours passaient et rien n'était fait. Au début d'avril, on reçut enfin des lettres de Rome disant que l'intention du pape était d'envoyer cinq galères en Orient. Une réponse de Venise, datée du 10 avril, félicita les cardinaux de cette décision mais leur rappela que le pape n'avait toujours pas réglé ses dettes. Les Vénitiens ajoutaient qu'aux dernières nouvelles, Constantinople avait un besoin plus pressant de vivres que d'hommes ; et la Sérénissime rappelait à Rome, mais un peu tard, que les bateaux devraient atteindre les Dardanelles avant le 31 mars, car les vents dominants du nord rendaient le passage des Détroits plus difficile après cette date. Le départ de la flottille vénitienne fut finalement fixé au 17 avril ; mais il y eut de nouveaux retards et ajournements. Quand enfin les bateaux quittèrent Venise, Constantinople était déjà assiégée depuis quinze jours[20].

Le pape Nicolas était sincèrement contrarié par ces retards. Il avait déjà acheté à ses propres frais une cargaison d'armes et de vivres. Il l'avait expédiée à Constantinople sur trois navires génois partis vers la fin du mois de mars[21].

Aucun autre gouvernement ne prêta la moindre attention aux appels de l'empereur Constantin. Dans l'espoir d'inciter des marchands génois à ravitailler la ville, il avait annoncé que les importations ne paieraient aucun droit.

Mais il n'y eut aucune réaction. Les autorités de Gênes s'en tenaient à une politique équivoque de neutralité. L'on avait espéré que le grand homme de guerre chrétien, Jean Hunyadi, régent de Hongrie, profiterait de ce que les Turcs avaient presque entièrement dégarni leurs frontières du Danube. Mais les Hongrois avaient été paralysés par les défaites subies à la fin du règne de Mourad ; et Hunyadi lui-même était en difficulté car son pupille, le jeune roi Ladislas V, avait atteint sa majorité le 14 février et en avait assez de cette tutelle. Aucun des princes orthodoxes ne pouvait leur venir en aide[22]. Le grand prince de Russie était bien trop loin et était occupé par ses propres affaires ; on avait appel à lui mais en vain[23]. D'ailleurs la Russie avait été profondément choquée par la proclamation de l'union des Églises. Les princes de Moldavie, Pierre III et Alexandre II, se querellaient. Le prince de Valachie, Vladislav II, était vassal du sultan et ne ferait certainement rien contre lui sans l'aide de la Hongrie[24]. Georges, le despote de Serbie, était un vassal encore plus fidèle ; il envoya même un contingent de soldats se joindre à l'armée de Mehmet. Ces soldats allaient se battre bravement pour leur suzerain en dépit des sympathies naturelles que leur inspiraient leurs coreligionnaires de Constantinople[25]. En Albanie, Scanderberg était certes une épine dans le flanc du sultan. Mais il était en mauvais termes avec les Vénitiens ; et les Turcs avaient excité des chefs de clan contre lui. Les seigneurs de la mer Égée et les chevaliers de Saint-Jean à Rhodes n'étaient aucunement en mesure d'intervenir sinon comme membres d'une grande coalition. Les despotes de Morée étaient tenus en échec par les troupes de Turahan Bey. Le roi de Géorgie et l'empereur de Trébizonde avaient l'un et l'autre grand mal à défendre leurs propres frontières. Les émirs d'Anatolie, quelle que fût leur aversion pour le sultan, avaient éprouvé trop récemment son pouvoir pour reprendre si vite leurs attaques[26].

Et cependant, en dépit de la dérobade des gouvernements, il y avait des hommes qui étaient prêts à combattre pour la chrétienté à Constantinople. La colonie vénitienne de la ville offrait à l'empereur un appui sans réserve. Lors d'une réunion à laquelle assistaient Constantin, son conseil et le cardinal Isidore, le baile vénitien, Girolamo Minotto, promit de participer de toutes ses forces à la défense et de veiller à ce qu'aucun bateau vénitien ne quittât le port sans autorisation. Il garantit également l'envoi d'une flottille par Venise et refit une demande d'aide immédiate. Deux capitaines de bateaux marchands vénitiens, Gabriel le Trévisan et Alviso Diedo, dont les navires avaient jeté l'ancre dans la Corne d'Or au retour d'un voyage en mer Noire, promirent de rester pour se joindre aux combattants. Au total, six vaisseaux de Venise et trois vaisseaux appartenant à la colonie vénitienne de Crète furent retenus dans le port avec l'accord de leurs commandants, et transformés en navires de guerre, « pour l'honneur de Dieu et pour l'honneur de toute la chrétienté », comme le dit fièrement le Trévisan à l'empereur. Parmi les Vénitiens qui s'engageaient à défendre la grande cité que leurs ancêtres avaient mise à sac deux siècles et demi auparavant, il en était beaucoup qui portaient les noms les plus célèbres de la République, Cornaro, Mocenigo, Contarini et Venier. Ces noms allaient tous être gravés au tableau d'honneur établi par leur compatriote Nicolo Barbaro, médecin de bord, dont le simple journal nous donne probablement le compte rendu le plus honnête du siège[27].

Ces Vénitiens offrirent leurs services parce qu'ils se trouvaient à Constantinople au début de la guerre et qu'ils avaient trop d'honneur, trop de fierté pour fuir. Mais il y eut des Génois, qui, honteux de la pusillanimité de leur gouvernement, vinrent d'Italie, de leur propre gré, afin de combattre pour la chrétienté. C'étaient, entre autres, Maurice Cattaneo, les deux frères Jérôme et Léonard de Langasco, et les trois frères Bocchiardo, Paul, Antoine et Troïlo qui équipèrent et amenèrent à leurs propres frais une petite compagnie de soldats. Le 29 janvier 1453, la ville fut ragaillardie par la nouvelle de l'arrivée d'un soldat génois fameux, Giovanni Giustiniani Longo, un jeune homme appartenant à l'une des plus grandes familles de la République et un parent de la puissante maison des Doria. Il amenait avec lui sept cents soldats bien armés, dont quatre cents recrutés à Gênes et trois cents à Chio et à Rhodes. L'empereur lui fit bon accueil et lui offrit la seigneurie de Lemnos pour le cas où les Turcs en seraient chassés. Longo passait pour être particulièrement habile à la défense des villes fortifiées ; aussi reçut-il aussitôt le commandement de toute la zone des remparts terrestres. Il se mit immédiatement à l'œuvre, inspectant ces remparts avec attention et les faisant renforcer partout où cela semblait nécessaire. Bien qu'il fût difficile de persuader les Vénitiens de travailler avec un Génois, sa personnalité était si forte qu'il obtint leur collaboration. À sa demande, le Trévisan rouvrit et nettoya les douves qui partaient de la Corne d'Or, devant les murs des Blachernes, et s'étendaient jusqu'au point où le terrain commence à monter. Beaucoup de citoyens de Péra se joignirent à la défense, croyant, comme l'écrivit plus tard leur podestat, que la chute de Constantinople serait la fin de leur colonie[28].

Un petit nombre de soldats étaient originaires de pays plus lointains. La colonie catalane de la ville se regroupa sous l'autorité de son consul, Péré Julia, et quelques marins catalans s'y joignirent[29]. De Castille arriva un vaillant aristocrate, Don Francisco de Tolède, qui prétendait descendre de la maison impériale des Comnène et appelait donc l'empereur son cousin[30]. Dans la compagnie de Giustiniani se trouvait un ingénieur nommé Johannès Grant que l'on disait allemand mais qui pourrait bien avoir été un aventurier écossais, lequel avait passé par l'Allemagne pour venir au Levant[31]. Le prétendant ottoman Orhan, qui vivait depuis son enfance à Constantinople, offrit ses services et ceux de sa maison à l'empereur[32].

Tous les Italiens de la ville ne montrèrent pas le courage de Minotto et de Giustiniani. Pendant la nuit du 26 février, sept bateaux, six crétois et un vénitien, sous le commandement de Pierre Davanzo, sortirent subrepticement de la Corne d'Or avec sept cents hommes à leur bord. Leur fuite portait un sérieux coup à la défense. Nul autre, grec ou italien, ne suivit leur exemple[33].

Quand le siège commença, il restait vingt-six navires armés pour la guerre dans la Corne d'Or, en dehors des petites embarcations et des bateaux marchands des Génois, ancrés au pied des murailles de Péra. Cinq étaient vénitiens, cinq génois, trois crétois, l'un deux venait d'Ancône, un de Catalogne, un de Provence, dix appartenaient à l'empereur. Presque tous étaient des vaisseaux hauts pontés, sans rames, dépendant de leurs voiles. C'était une flotte d'assez peu d'importance en comparaison de l'armada turque[34]. La disparité des effectifs sur terre était encore plus grande.

À la fin du mois de mars 1453, pendant que l'armée turque traversait la Thrace, Constantin envoya quérir Phrantzès et lui ordonna de recenser tous les hommes présents dans la ville, y compris les moines, qui étaient en état de porter les armes. Quand Phrantzès eut réuni les listes, il constata que le total n'était que de 4 983 Grecs disponibles et d'un peu moins de 2000 étrangers. Constantin fut atterré par ces chiffres et ordonna à Phrantzès de ne pas les rendre publics. Mais les témoins italiens étaient arrivés à une conclusion analogue[35]. Contre l'armée du sultan, qui comprenait environ 80 000 hommes et des hordes d'irréguliers, la grande ville, avec ses vingt-deux kilomètres d'enceinte, aurait pour se défendre moins de 7 000 hommes.

CHAPITRE VI

LE SIÈGE COMMENCE

Pâques est la grande fête de l'Église orthodoxe, le jour où tous les chrétiens célèbrent avec allégresse la résurrection du Sauveur. Mais il y avait peu de joie dans le cœur des habitants de Constantinople le dimanche de Pâques 1453. Ce dimanche tombait un 1er avril. Sur le Bosphore, le printemps succédait à un hiver agité. Dans tous les vergers de la ville, les arbres fruitiers étaient en fleurs ; les rossignols revenaient chanter dans les taillis, les cigognes construire leurs nids sur le faîte des toits. Le ciel était rayé de longues files d'oiseaux migrateurs qui s'en allaient à tire-d'aile passer l'été dans le Nord. Mais la Thrace retentissait du bruit d'une grande armée en mouvement, du pas des hommes et des chevaux, et des bœufs attelés à leurs chariots grinçants.

Tous les jours précédents, les citoyens avaient prié Dieu qu'on les laissât du moins célébrer en paix les rites de la Semaine Sainte. Ce vœu fut exaucé. C'est le lundi 2 avril qu'apparut le premier détachement ennemi. Un petit groupe de défenseurs fit une sortie contre lui, tua quelques hommes, en blessa beaucoup d'autres. Mais comme les Turcs arrivaient en plus grand nombre, le groupe se retira à l'intérieur des murs ; l'empereur ordonna de détruire les ponts qui franchissaient les douves et de fermer les portes de la ville[1]. Le même jour il ordonna aussi d'établir un grand barrage en travers de l'entrée de la Corne d'Or. Ce barrage consistait en une chaîne, fixée d'un côté à la tour d'Eugène, sous l'Acropole, et de l'autre à une des tours des remparts maritimes de Péra ; cette chaîne était soutenue par des flotteurs de bois. Un ingénieur génois, Bartolomeo Soligo, fut chargé de la mettre en place[2].

Le jeudi 5 avril, toute l'armée turque était en vue de la ville, avec le sultan en personne à sa tête. Il établit son camp provisoirement à deux ou trois kilomètres du rempart. Le lendemain il fit avancer ses troupes sur leurs positions définitives. Les défenseurs gagnèrent les emplacements qui leur avaient été désignés[3].

La ville de Constantinople occupe une péninsule de forme à peu près triangulaire, aux côtés plus ou moins recourbés. Les murs terrestres s'étendaient depuis le quartier des Blachernes sur la Corne d'Or jusqu'au quartier du Studion sur la mer de Marmara ; leur tracé était légèrement convexe. Les murs situés le long de la Corne d'Or étaient longs de cinq à six kilomètres ; ils décrivaient une courbe concave depuis les Blachernes jusqu'à la pointe de l'Acropole, qu'on appelle aujourd'hui la pointe du Sérail, qui fait face vers le nord au Bosphore. De la pointe de l'Acropole au Studion la distance était de près de neuf kilomètres ; les remparts contournaient l'extrémité arrondie de la péninsule, face au débouché de la Corne d'Or dans la Bosphore, et longeaient ensuite, en décrivant une courbe légèrement concave, la côte de Marmara. Le long de la Corne d'Or et de la mer de Marmara, la muraille était simple. Celle de Marmara surgissait presque tout droit de la mer. Onze portes s'ouvraient sur l'eau ; et deux petites anses fortifiées servaient de port aux embarcations légères qui ne pouvaient pas contourner la pointe de l'Acropole et pénétrer dans la Corne d'Or contre le vent dominant du nord. Le long de la Corne d'Or une plage s'était formée au cours des siècles, qui faisait place maintenant à des entrepôts. Seize portes s'ouvraient sur cette plage. À l'extrémité ouest, pour protéger le vulnérable quartier des Blachernes, Jean Cantacuzène avait fait creuser un fossé dans la vase, juste au pied du rempart. Ces murs maritimes avaient été réparés, ils étaient en assez bon état. Il était peu probable qu'ils subissent une attaque. Bien que les Francs et les Vénitiens eussent fait irruption dans la cité de 1204 par la Corne d'Or, seul un ennemi ayant une totale maîtrise du port pourrait répéter un tel assaut. Autour de la pointe de l'Acropole, le courant était trop rapide pour que des péniches de débarquement puissent aisément s'approcher du pied de la muraille ; du côté de la mer de Marmara, des bas-fonds et des écueils fournissaient au rempart un complément de protection.

C'est donc contre les murailles terrestres que se porterait vraisemblablement l'attaque principale. À l'extrémité nord de ces murailles le quartier des Blachernes formait comme une excroissance. Ce quartier avait été à l'origine un faubourg, mais on l'avait entouré au VIIe siècle d'un mur simple. Celui-ci avait été réparé au IXe et au Xe siècle, et consolidé par les fortifications contiguës du palais impérial que Manuel Ier avait édifié. À son point le plus bas, le mur était protégé par le fossé de Jean Cantacuzène, lequel semble avoir contourné le coin où le mur atteignait la Corne d'Or, et s'être étendu jusqu'au pied d'une pente abrupte que le mur escaladait avant de tourner de nouveau à angle droit pour rejoindre la ligne principale des remparts terrestres. Le mur d'enceinte des Blachernes était percé de deux portes, nommées portes de Caligaria et porte des Blachernes, et par une petite poterne condamnée, dite Kerkopôrta, qui se trouvait à l'angle de jonction entre l'enceinte des Blachernes et le vieux rempart de Théodose. Ce rempart de Théodose, érigé par le préfet Anthémios sous le règne de Théodose II, formait une ligne de défense continue depuis cet angle jusqu'à la mer de Marmara. C'était un rempart triple. À l'extérieur il y avait un fossé profond, une fosse, large d'à peu près dix-huit mètres et dont certaines parties pouvaient être inondées. À l'intérieur du fossé, se trouvait un ouvrage de soutènement bas et crénelé, derrière lequel se creusait le « Péribolos », une sorte de couloir, de douze à quinze mètres de large, qui courait tout le long du rempart. Puis s'élevait ce qu'on appelait habituellement le rempart extérieur, haut de sept ou huit mètres et jalonné de tours carrées distantes entre elles de cinquante à cent mètres. À l'intérieur de ce rempart s'étendait un autre couloir, le « Parateichion », large de douze à dix-huit mètres. Venait enfin le rempart intérieur, haut d'une douzaine de mètres, pourvu de tours carrées ou octogonales, hautes de près de vingt mètres et placées de façon à couvrir les intervalles des tours du rempart extérieur. Cette triple ligne de remparts était percée de nombreuses portes, les unes à usage public, les autres réservées à l'armée. Au bord de la mer de Marmara il y avait une petite poterne. En allant vers le nord on trouvait la porte d'Or qui était la première des portes militaires : celle par où passait traditionnellement l'empereur lors des entrées solennelles dans la ville. Puis venait la seconde porte militaire, puis la porte civile de Pegae, que l'on appelle aujourd'hui Porte Silivria. Aussitôt après, la troisième porte militaire. Là, le terrain commençait à s'élever vers la porte de Rhegium et, au-delà, vers la quatrième porte militaire. La porte de Saint-Romain, aujourd'hui Top Kapusi, se situait au sommet de la crête. Le terrain descendait ensuite d'une trentaine de mètres dans la vallée du Lycus, rivière qui passait par canalisation sous les remparts à deux cents mètres au sud de la cinquième porte militaire. Cette dernière, placée au fond de la vallée, avait été appelée porte de Saint-Cyriaque, du nom d'une église voisine. Mais il semble que le peuple l'appelait porte militaire de Saint-Romain ; et les écrivains qui décrivent le siège la confondent continuellement avec la porte civile de Saint-Romain. À partir de là, le terrain remontait vers une nouvelle crête, au sommet de laquelle se trouvait la porte de Charisius, aujourd'hui porte d'Andrinople. La section des remparts qui traversait la vallée du Lycus était appelée le Mésoteichion ; elle avait toujours été considérée comme étant leur partie la plus vulnérable. La porte de Charisius étant parfois appelée le Polyandrion ; et la section du triple rempart qui s'étendait sur la crête jusqu'à la porte dite Xylokerkon, juste avant la jonction avec l'enceinte des Blachernes, se nommait le Myriandrion[4].

Lors de l'attaque lancée par le sultan Mourad contre la ville en 1422, les Byzantins avaient concentré leur défense sur le rempart extérieur où les Turcs avaient été incapables d'ouvrir une brèche. Giustiniani et l'empereur s'accordèrent à juger qu'en raison de la maigreur de leurs effectifs, ce serait de nouveau la meilleure façon d'agir. Le rempart intérieur ne pouvait pas être si bien garni, quoiqu'on pût lancer des projectiles plus lourds du haut de ses tours. Les dégâts faits au rempart extérieur en 1422 avaient été largement réparés au cours des années suivantes ; et Giustiniani s'était attaché à le faire restaurer complètement. L'archevêque Léonard, qui se prenait pour un stratège, déclara plus tard que tous les stratèges militaires avaient eu tort ; ils auraient dû défendre le rempart intérieur. Mais ce rempart intérieur, ajoutait-il avec sa malveillance habituelle contre les Grecs, avait été mal réparé, l'argent prévu à cet effet ayant été détourné par deux Grecs : selon lui, un nommé Jagarus et le moine Néophyte. C'était là une odieuse calomnie. Jagarus, dont le véritable nom était Manuel Paléologue Iagros, était un parent de l'empereur, et un homme d'État respecté, dont le nom figure dans diverses inscriptions, à des endroits où les murailles avaient été soigneusement restaurées. Quant au moine Néophyte, personnage bien connu à cette époque, c'était un ami de l'empereur mais un adversaire de l'union. Retiré tranquillement et pieusement au monastère des Charsianites, il ne se mêlait aucunement des affaires publiques. L'on conçoit mal comment ces deux hommes auraient pu profiter d'un contrat de construction. Mais, de l'avis de l'archevêque, il n'y avait pas d'énormité dont le clergé schismatique ne fût capable[5].

Le 5 avril, les défenseurs occupèrent les emplacements qui leur avaient été assignés par l'empereur. Celui-ci prit position en personne avec ses meilleures troupes sur le Mésoteichion, là où le triple rempart traversait la vallée du Lycus ; il avait Giustiniani à sa droite, à la porte de Charisius et sur le Myriandrion ; mais quand il devint évident que le sultan concentrerait son attaque sur le Mésoteichion, Giustiniani et des Génois descendirent rejoindre l'empereur au creux de la vallée ; le Myriandrion fut repris en charge par les frères Bocchiardi et par leurs hommes. Le baile vénitien Minotto s'établit avec son état-major dans le palais impérial des Blachernes, dont il assuma la défense, sa première tâche étant de nettoyer et de remplir la douve. Un de ses compatriotes, Théodore Caristo, homme d'un certain âge, se chargea du secteur compris entre la porte de Caligarius et le rempart de Théodose. Les frères Langasco, avec l'archevêque Léonard, se postèrent derrière le fossé qui descendait vers la Corne d'Or. À sa gauche, l'empereur avait Cattaneo et ses troupes génoises ; et plus loin, le parent de l'empereur, Théophile Paléologue, avec des troupes grecques, gardait la porte de Pegae. Philippe Contarini, le Vénitien, gardait le secteur compris entre la porte de Pegae et la porte d'Or, cette dernière étant défendue par un Génois nommé Manuel. À la gauche de Manuel, au bord de la mer, se tenait Dimitri Cantacuzène.

Les défenses maritimes étaient moins bien garnies. Jacob Contarini défendait le Studion. À sa gauche, dans un secteur qui ne serait sans doute pas attaqué, les murs étaient gardés par des moines grecs vraisemblablement chargés d'ouvrir l'œil et d'appeler du renfort en cas de danger. Le prince Orhan et ses Turcs tenaient le port d'Éleuthère. À l'extrémité est du rivage de la mer de Marmara, sous l'hippodrome et l'ancien palais, on avait placé les Catalans de Péré Julia. Le cardinal Isidore se tenait, avec deux cents hommes, sur la pointe de l'Acropole. La rive de la Corne d'Or était gardée par des marins vénitiens et génois sous les ordres de Gabriel le Trévisan, dont le compatriote, Alviso Diedo, avait le commandement des bateaux du port. Deux détachements restaient en réserve dans la ville, l'un sous le commandement du *megadux*, Luc Notaras, stationné dans le quartier de Pétra, juste derrière le rempart terrestre, avec un peu d'artillerie légère, l'autre sous le commandement de Nicéphore Paléologue, près de l'église des Saints-Apôtres, sur la crête médiane. L'on détacha dix bateaux de la flotte pour garder le barrage ; de ces bateaux, cinq étaient génois, trois crétois, un anconitain, un grec. Là, le commandement fut remis à un Génois, probablement à Soligo, qui avait réparé le barrage. Il était essentiel d'avoir à cet endroit quelqu'un qui fût en bons termes avec les Génois de Péra, puisqu'un des bouts de la chaîne était fixé à leurs remparts. D'une façon générale, l'empereur semblait avoir essayé de mélanger les troupes grecques, vénitiennes et génoises, de façon à leur faire sentir leur interdépendance et à éviter les heurts nationalistes[6].

Les défenseurs étaient convenablement équipés en javelots et en flèches ; ils disposaient de quelques couleuvrines et de mangonneaux[a] pour lancer des pierres. Il y avait aussi plusieurs canons dans la ville ; mais ils se révélèrent peu utiles. On manquait de salpêtre ; et l'on s'aperçut que lorsqu'on tirait du haut des murailles ou des tours, ce qui était nécessaire pour atteindre les lignes ennemies, les fortifications en étaient ébranlées. Chacun des soldats était, semble-t-il, pourvu d'une bonne armure, meilleure que celles de la plupart des troupes turques[7].

Le matin du 6 avril, tout le monde était à son poste ; des remparts, on pouvait voir l'armée turque prendre position. Le sultan avait déjà détaché une partie de son armée, sous les ordres de Zaganos Pacha, sur la rive nord de la Corne d'Or, où elle se déploya sur les collines, jusqu'au Bosphore, isolant ainsi le quartier de Péra et surveillant ainsi le moindre mouvement des Génois. On construisit une route sur le terrain marécageux au fond de la Corne d'Or, afin que Zaganos pût communiquer rapidement avec le gros de l'armée. Devant les murs de Constantinople, de la Corne d'Or à la porte de Charisius, on plaça les troupes européennes régulières, sous Karadja Pacha, qui disposait de l'artillerie lourde destinée à abattre le mur simple des Blachernes, et plus spécialement l'angle, très vulnérable, où ce mur rejoignait le rempart de Théodose. Depuis les pentes sud de la vallée du Lycus jusqu'à la mer de Marmara, les positions turques étaient occupées par les troupes régulières

a. Mangonneau : machine de guerre, utilisée au Moyen Âge.

d'Anatolie, commandées par Ishak Pacha, assisté (le sultan n'avait pas entière confiance en lui) de Mahmoud Pacha, un renégat mâtiné de Grec et de Slave, descendant de la vieille famille impériale des Anges, et qui était en passe de devenir l'ami et le conseiller le plus intime du sultan. Le sultan en personne prit le commandement du secteur de la vallée du Lycus, en face du Mésoteichion. Il planta sa tente rouge et or à quelques centaines de mètres du rempart. Devant se trouvaient ses janissaires et autres régiments d'élite, ainsi que le meilleur de son artillerie, y compris le chef-d'œuvre d'Urbain. Les bachi-bouzouks, divisés en divers groupes, avaient leur campement juste derrière la ligne principale, prêts à manœuvrer au premier signal. Tout le long de l'enceinte, Les Turcs creusèrent devant leurs positions une tranchée, protégée par un rempart de terre sur lequel ils plantèrent une palissade de bois basse, percée de poternes en de nombreux endroits[8].

La flotte, sous les ordres de Baltoglu, devait veiller à ce qu'aucun ravitaillement n'atteignît la ville par mer. Des patrouilles régulières, au large de la côte de la mer de Marmara, interdisaient l'approche des petits ports de cette côte. Mais la mission principale assignée à Baltoglu était de forcer le barrage de la Corne d'Or. Baltoglu établit son poste de commandement sur le Bosphore, devant le quai dit des Deux-Colonnes, où se trouve aujourd'hui le palais de Dolma-Bagtché. C'est là que le rejoignirent, dix jours après le début du siège, un certain nombre de gros navires arrivant des ports de l'Anatolie du Nord, et tous armés de gros canons[9].

Aussitôt après que les troupes turques eurent pris position devant les murailles, l'empereur suggéra au Trévisan de faire défiler ses marins – ils étaient un millier – bien reconnaissables à leur costume, sur toute la longueur du rempart afin de montrer au sultan qu'il y avait aussi des Vénitiens au nombre de ses adversaires. Les Vénitiens acceptèrent avec joie[10]. Le sultan de son côté, conformément à l'usage islamique, envoya à la cité un dernier message, proposant une trêve. Si, dit-il, les habitants se rendaient de leur plein gré, il les épargnerait, comme le lui commandait la Loi ; aucun mal ne serait fait ni à leurs familles ni à leurs biens. Sinon, nul ne serait épargné. Mais les assiégés n'avaient guère confiance en ses promesses, et ils ne voulaient pas abandonner l'empereur[11].

Cette formalité une fois accomplie et les canons mis en place, les Turcs commencèrent le bombardement de la muraille par l'artillerie lourde. À la fin de ce premier jour de siège, le 6 avril, une partie du rempart, près de la porte de Charisius, était gravement endommagée ; le bombardement continu du lendemain le fit crouler. Mais, après la tombée de la nuit, les défenseurs réussirent à le réparer. Mehmet décida alors d'attendre le moment où il pourrait amener plus de canons pour s'attaquer aux points les plus faibles de l'enceinte. En attendant il ordonna à ses soldats de commencer à combler le grand fossé de façon à être en mesure d'avancer et d'occuper toute brèche que pourrait ouvrir l'artillerie. Il ordonna aussi de creuser des galeries de mines vers les tours partout où le terrain semblait s'y prêter. En même temps il fut commandé à Baltoglu d'éprouver la résistance du barrage. C'est probablement le 9 avril que ses bateaux attaquèrent pour la première fois l'entrée de la Corne d'Or. Son échec décida Baltoglu à attendre l'arrivée de l'escadre de la mer Noire[12].

Pendant ce temps le sultan prit quelques-unes de ses meilleures troupes et un peu d'artillerie pour attaquer, à l'extérieur de l'enceinte, deux petites forteresses fidèles encore à l'empereur. L'un d'eux était Thérapia, sur une colline qui domine le Bosphore, l'autre au village de Studios, près de la mer de Marmara. Le château de Thérapia résista pendant deux jours, jusqu'à ce que les Turcs en aient démoli les murs à coups de canon et tué le gros de sa garnison. Les survivants, une quarantaine, se rendirent alors sans condition ; ils furent tous empalés. Le petit château de Studios fut détruit en quelques heures. Les trente-six survivants de la garnison furent faits prisonniers dans les ruines et empalés, comme l'avaient été ceux de Thérapia. Tout cela eut lieu devant les remparts de Constantinople, pour bien montrer aux habitants ce qu'il en coûtait de résister au sultan. Entre-temps, on envoya Baltoglu occuper les îles des Princes, dans la mer de Marmara. Seule la plus grande d'entre elles, Prinkipo, essaya de résister. Il y avait là, sur une hauteur proche du principal monastère de l'île, une solide tour que les moines avaient bâtie pour se protéger des pirates, probablement à l'époque où la compagnie catalane opérait ses razzias dans l'Empire. La petite garnison de trente hommes refusait de se rendre. Baltoglu avait avec lui quelques canons ; mais ses boulets ricochaient sur l'épaisse muraille. Aussi, dès que le vent fut favorable, il fit mettre des broussailles contre le mur, auxquelles on mit le feu après les avoir aspergées de soufre et de goudron. Les flammes enveloppèrent bientôt la bâtisse. Quelques-uns des défenseurs périrent dans l'enceinte ; ceux qui purent traverser les flammes furent capturés et mis à mort. Baltoglu rafla alors tous les insulaires et les vendit comme esclaves pour les châtier d'avoir encouragé la résistance locale[13].

Le 11 avril, le sultan retourna dans sa tente près des remparts. Ses canons les plus lourds avaient été mis en position là où il le voulait. Le lendemain, le pilonnage reprit, incessant, avec une effroyable monotonie, pendant plus de six semaines. Les canons étaient peu maniables. Il était difficile de les maintenir en place sur leurs plates-formes de planches et de gravats. Ils glissaient continuellement dans la boue répandue par les pluies de printemps. Les plus grands, y compris le monstre d'Urbain, exigeaient tant d'attention qu'on ne pouvait les faire tirer que sept coups par jour. Mais chacun de ces coups causait d'énormes dommages. Les boulets, jaillis de l'autre côté du fossé, dans un bruit assourdissant et dans un nuage de fumée noire, se brisaient en mille morceaux en heurtant la muraille : le rempart ne pouvait résister. Les défenseurs essayèrent d'amortir les impacts en suspendant des peaux et des balles de coton devant le rempart, mais sans grand effet. En moins d'une semaine le rempart extérieur de la vallée du Lycus avait été complètement détruit en divers endroits et le fossé, par-devant, était à peu près comblé de sorte qu'il était quasiment impossible de réparer. Giustiniani et ses aides réussirent néanmoins à dresser une sorte de palissade. À la tombée du jour, toutes les nuits, hommes et femmes venus de la ville transportaient planches, tonneaux, et sacs de terre. La palissade était faite principalement de bois, et crénelée de tonneaux remplis de terre ; c'était un obstacle branlant et fragile ; du moins fournissait-elle quelque protection aux défenseurs[14].

Au barrage de la Corne d'Or, les choses allaient un peu mieux. Le 12 avril, sitôt après l'arrivée des renforts de la mer Noire, Baltoglu lança ses plus gros vaisseaux contre la chaîne. En approchant, ses archers décochèrent une grêle de flèches sur les bateaux de garde ancrés de l'autre côté, cependant que son artillerie faisait feu. Venus au contact du barrage, ses marins lancèrent des brandons sur les bateaux des chrétiens, tentèrent de couper les cordes de leur ancrage et de grimper à bord à l'aide de grappins de fer et d'échelles. Ils n'y réussirent guère ; les boulets des Turcs, dont la trajectoire n'était pas assez élevée, ne causaient pas grand dommage aux hautes galères des chrétiens. La défense, renforcée par les réserves qu'avait amenées le *megadux* Luc Notaras, était bien organisée ; des seaux d'eau, passés de main en main, éteignaient les débuts d'incendie. Les flèches et les javelots des chrétiens, tirés du haut des ponts et des hunes, étaient beaucoup plus efficaces que ceux des Turcs ; leurs lance-pierres faisaient de gros dégâts. Encouragée par ce succès et servie par des pilotes plus habiles que ceux de l'ennemi, la flotte des chrétiens sortit de son abri pour encercler les navires turcs au plus près du barrage. Baltoglu, pour les sauver, dut arrêter l'attaque et regagna son mouillage devant les Deux-Colonnes[15].

Cette défaite humilia le sultan. Il comprit tout de suite, ayant l'esprit alerte, que ses canons ne feraient pas grand mal aux hauts navires des chrétiens, s'ils ne visaient plus haut. Il donna ordre à ses ateliers de modifier leurs plans. Bien qu'il fût difficile de calculer la trajectoire voulue, ils purent au bout de quelques jours satisfaire le sultan. Un canon à tir plongeant, fut établi juste sous la pointe de Galata et commença à prendre pour cible les bateaux ancrés le long du barrage. Le premier boulet se perdit dans l'eau, mais le second tomba au milieu d'une galère et la coula : les pertes humaines furent considérables. Du coup les chrétiens furent contraints de se retirer en deçà du barrage, à l'abri des remparts de Péra.

C'étaient d'ailleurs les opérations sur terre qui donnaient le plus d'espoir à Mehmet. Il comptait que les dégâts faits au rempart terrestre lui permettraient de s'emparer de la ville sans qu'il soit nécessaire de forcer le barrage de la Corne d'Or. Le 18 avril, deux heures après le coucher du soleil, il fit donner l'assaut au Mésoteichion. À la lueur des lanternes, au roulement des tambours et au bruit des cymbales, les groupes d'infanterie lourde et de lanceurs de javelots, d'archers et de janissaires de la garde franchirent le fossé remblayé en poussant leurs cris de guerre et se ruèrent vers la palissade. Ils étaient munis de torches destinées à mettre le feu à la palissade, et au bout de leurs lances ils avaient fixé des crochets pour tirer à terre les tonneaux qui la crénelaient. Quelques-uns d'entre eux avaient des échelles qu'ils comptaient appuyer aux parties du rempart qui restaient debout. La lutte fut confuse. Sur l'étroite bande de terre où l'assaut avait été lancé, la supériorité numérique des Turcs était sans effet ; et la meilleure qualité des armures des chrétiens leur permettait de faire preuve de plus d'audace que les Turcs. Giustiniani, qui dirigeait la défense, se montra un chef hors pair. Inspirés par son courage et par son énergie, les Grecs aussi bien que les Italiens le servirent loyalement. L'empereur n'était pas sur le lieu même de l'assaut. Il avait craint une attaque sur toute la longueur du rempart et il faisait une rapide inspection générale pour s'assurer que chacun était à son poste.

Le combat dura quatre heures. Après quoi les Turcs furent rappelés dans leurs lignes. Le chroniqueur vénitien Barbaro estima leurs pertes à environ deux cents hommes. Pas un seul des chrétiens n'avait été tué[16].

Cet échec du premier assaut donné au rempart, succédant si vite à l'échec de l'attaque du barrage, accrut la confiance des défenseurs. Bien que le bombardement se poursuivît sans arrêt, redoublant d'enthousiasme, ils se mirent une nouvelle fois à réparer les murailles.

Deux jours plus tard, ils devaient avoir une autre raison d'espérer.

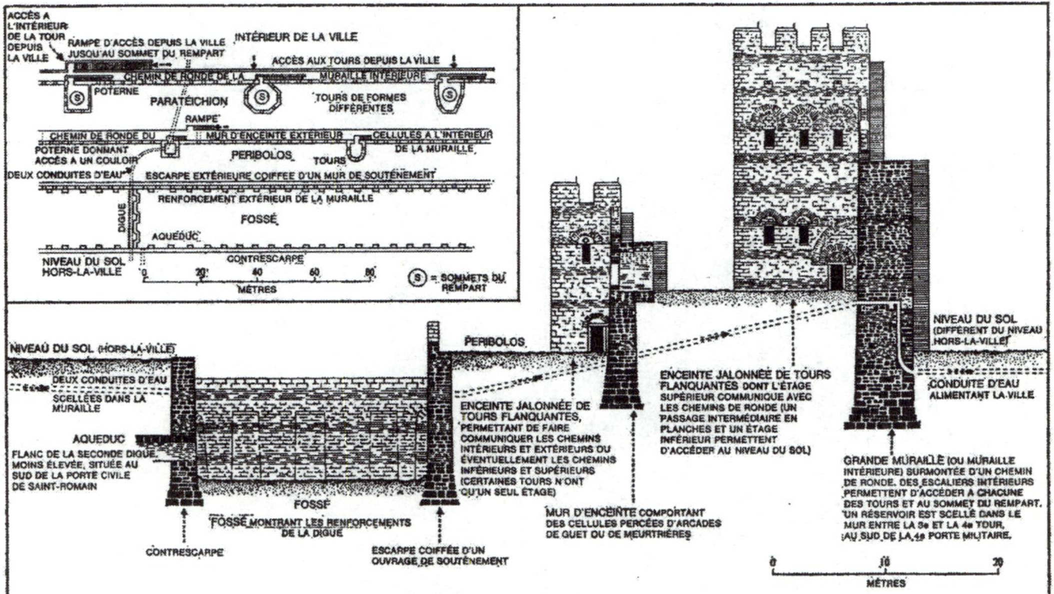

Reconstitution schématique des remparts de Théodose II.

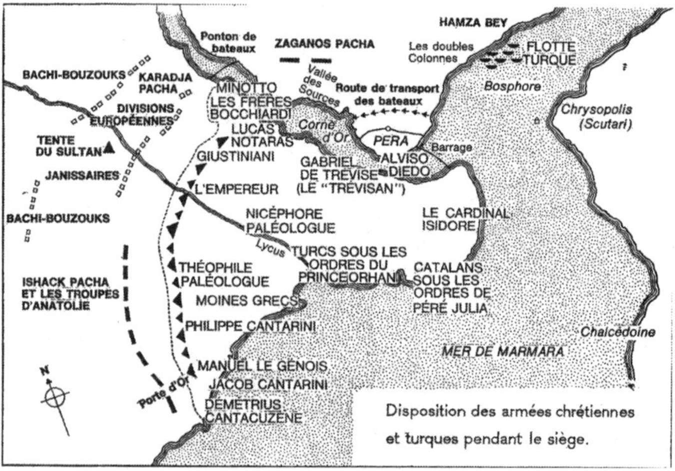

Disposition des armées chrétiennes et turques pendant le siège.

Plan 2 :
Dispositions des armées chrétiennes et turques pendant le siège

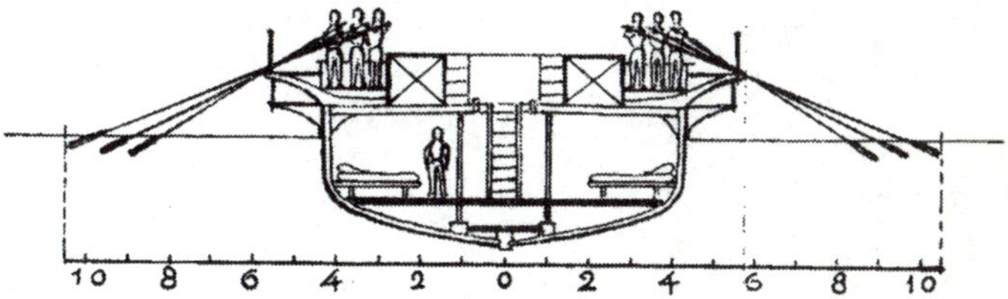

Trirème, vue en coupe,
J. Sottas, *Les Messageries maritimes de Venise,* Paris, 1938, 76.

Chapitre VII

LA PERTE DE LA CORNE D'OR

Pendant les deux premières semaines du mois d'avril le vent avait soufflé fortement du nord ; les trois galères génoises que le pape avait affrétées et chargées d'armes et de vivres étaient bloquées par le mauvais temps à Chio. Le 15 avril, le vent vira subitement au sud ; et les vaisseaux mirent aussitôt à la voile pour les Dardanelles. À l'approche des Détroits, ils furent rejoints par un gros transport impérial, chargé du blé qu'avaient acheté en Sicile les ambassadeurs de l'empereur, et commandé par un marin expérimenté nommé Phlatanelas. Les Dardanelles n'étaient pas gardées, toute la flotte turque se trouvant maintenant aux alentours de Constantinople. Les galères et le transport se glissèrent rapidement dans la mer de Marmara. Le vendredi 20 avril au matin, les sentinelles des murailles maritimes les aperçurent qui voguaient vers la ville. Des guetteurs turcs les virent aussi, ils se hâtèrent d'en informer le sultan. Celui-ci sauta à cheval, courut donner ses ordres à Baltoglu de l'autre côté des collines. Les instructions de l'amiral étaient d'intercepter les bateaux si possible, sinon de les couler ; en aucun cas ils ne devaient atteindre la ville. S'il échouait dans sa mission, l'amiral ne devrait pas revenir vivant.

Baltoglu fit aussitôt ses préparatifs. Il décida de ne pas employer de navires à voiles seulement, ceux-ci étant incapables de courir contre le vent du sud ; il utiliserait tout le reste de la flotte. Le sultan avait avec lui quelques-uns de ses meilleurs soldats. On les embarqua sur les transports les plus grands. Quelques navires étaient armés de canons ; d'autres, munis de boucliers et de tampons. Au bout de deux ou trois heures la grande armada sortit, propulsée par des milliers de rames, pour capturer ses faibles victimes. Les vaisseaux avançaient, sûrs de la victoire, au roulement des tambours et au son des trompettes. Dans la ville tous les habitants non requis par la défense de l'enceinte s'étaient massés sur les pentes de l'Acropole ou au sommet de l'immense hippodrome en ruine, leurs regards anxieusement fixés sur les bateaux chrétiens, tandis que le sultan et son état-major observaient la scène depuis la rive du Bosphore, juste au-delà des murs de Péra.

Au début de l'après-midi, quand les Turcs se furent approchés, les bateaux chrétiens étaient déjà au large de l'angle sud-est de la ville. Baltoglu, de la trirème amirale, leur cria d'amener leurs voiles. Ils refusèrent et maintinrent leur cap. Sur quoi les vaisseaux turcs de tête les encerclèrent. La mer était grosse, le vent soufflait dans le sens opposé au courant du Bosphore. Il était difficile de manœuvrer les trirèmes et les birèmes par ce temps. De plus les bateaux chrétiens avaient l'avantage de la hauteur, et ils étaient bien armés. De leurs ponts, de leurs proues, de leurs poupes et de leurs hunes, les marins faisaient pleuvoir flèches, javelots et pierres sur les vaisseaux turcs en dessous d'eux ; et les Turcs ne pouvaient guère qu'essayer d'aborder ou de mettre le feu aux coques. Pendant près d'une heure les bateaux chrétiens continuèrent d'avancer, en bousculant les Turcs qui leur barraient la route. Soudain, alors qu'ils étaient sur le point de contourner la pointe de l'Acropole, le vent tomba et leurs voiles se détendirent. À cet endroit un bras du courant qui descend le Bosphore vers le sud s'incurve au nord en direction de la rive de Péra ; et il est particulièrement fort quand le vent du sud a soufflé. Les bateaux chrétiens s'y firent prendre. Après avoir été à deux doigts des murs de la ville, ils se mirent à dériver lentement vers l'endroit même d'où le sultan observait la bataille.

Pour Baltoglu s'emparer de sa proie semblait maintenant chose aisée. Il avait bien vu les avaries que le tir des chrétiens pouvait faire subir à ses navires quand ceux-ci s'approchaient de trop. Il fit donc entourer l'ennemi à quelque distance par ses gros vaisseaux qui crachèrent boulets et projectiles enflammés, avec l'intention de resserrer le cercle quand les chrétiens seraient affaiblis. Ses efforts furent sans effet. Son artillerie légère n'avait pas la portée voulue ; et les équipages chrétiens, bien exercés, éteignaient tous les débuts d'incendie. Baltoglu cria donc à ses hommes d'avancer et de monter à l'abordage. Lui-même prit pour cible le transport impérial : c'était le plus grand et le moins bien armé des bateaux chrétiens. Baltoglu donna de la proue de sa trirème dans la poupe du transport, cependant que d'autres bateaux turcs essayaient d'accrocher les flancs du transport avec des grappins ou avec des crochets lancés sur ses chaînes d'ancre. On vit un des bateaux génois entouré par cinq trirèmes, un autre par trente fustes, et le troisième par quarante parandaires pleins de soldats ; mais à distance on ne pouvait pas se rendre compte de ce qui se passait. La discipline, sur les bateaux chrétiens, était extraordinaire. Les Génois portaient d'excellentes armures et ils s'étaient pourvus de gros récipients pour éteindre le feu ainsi que de haches qui faisaient voler les têtes et coupaient les mains des assaillants. Le cargo impérial, quoique moins bien équipé pour la guerre, transportait des tonneaux pleins d'un liquide inflammable qu'on appelait le feu grégeois et qui, pendant huit siècles, avait sauvé Constantinople lors de nombreuses batailles. Le feu grégeois fit de terribles ravages. Les Turcs, de leur côté, étaient gênés par leurs rames ; les rames d'un vaisseau accrochaient celles du vaisseau voisin ; beaucoup se brisaient sous l'effet des projectiles qui s'abattaient sur elles. Mais chaque fois qu'un navire turc était mis hors de combat il s'en présentait un autre pour le remplacer.

C'est autour du transport impérial que la lutte était la plus acharnée. Baltoglu ne voulait pas le lâcher. Ses hommes tentaient, en vagues successives, de monter à son bord. Phlatanelas et son équipage les repoussaient. Mais sur le transport, les armes commençaient à manquer. Les capitaines génois, bien qu'assaillis eux-mêmes, virent qu'il était en difficulté. Ils manœuvrèrent pour placer leurs bateaux bord à bord ; et bientôt les quatre bateaux furent quasiment amarrés côte à côte. Pour les sentinelles postées sur le rivage, ils avaient l'aspect d'une grande forteresse à quatre tours surgissant du désordre de la flotte turque.

Pendant tout l'après-midi les habitants, postés sur leurs remparts ou sur leurs tours, suivirent des yeux, avec une anxiété croissante, le déroulement de la bataille. Le sultan, depuis le rivage, lui aussi regardait, criant des mots d'encouragement, des injures, des ordres que Baltoglu feignait de ne pas entendre : car l'intérêt de Sa Majesté pour la navigation ne faisait pas de lui un stratège. Dans son excitation, Mehmet se jetait à cheval dans l'eau avançant au point que son cafetan flottait dans l'océan : on eût dit qu'il voulait participer au combat.

À la tombée de la nuit il semblait que les bateaux des chrétiens étaient à bout de résistance. Ils avaient infligé de lourdes pertes à l'adversaire ; mais de nouveaux vaisseaux turcs arrivaient sans cesse pour les attaquer. Soudain, comme le soleil se couchait, le vent du nord se leva de nouveau par risées. Les grandes voiles des vaisseaux chrétiens se gonflèrent de nouveau : les bateaux purent se frayer un chemin au milieu de la flotte turque et atteindre le barrage, où ils étaient en lieu sûr. La nuit qui tombait empêcha Baltoglu de reformer sa flotte. Pendant que le sultan continuait à hurler des ordres et à lancer des imprécations, il battit en retraite vers son mouillage du Bosphore devant les Deux-Colonnes. À la nuit tombée, le barrage fut ouvert et trois galères vénitiennes en sortirent, sous le commandement du Trévisan, au son éclatant des trompettes, feignant une attaque générale de la flotte chrétienne pour obliger les Turcs à rester sur la défensive. Les bateaux victorieux pénétrèrent alors sous escorte dans le hâvre sûr de la Corne d'Or.

C'était une grande victoire, riche de beaucoup d'espoirs. Dans leur joie les chrétiens déclarèrent que dix ou douze mille Turcs avaient péri et que, chez eux, seuls deux ou trois marins avaient succombé à leurs blessures, quelques jours après la bataille. En réalité, les pertes turques pouvaient être raisonnablement estimées à un peu plus de cent morts et de trois cents blessés, les pertes chrétiennes à vingt-trois tués, plus de la moitié des combattants, de ce côté-là, ayant été blessés plus ou moins grièvement. Les quatre bateaux avaient néanmoins apporté à Constantinople un renfort bienvenu et une quantité appréciable d'armes et de vivres. Ils avaient démontré du même coup la supériorité des chrétiens en fait de manœuvres navales[1].

Le sultan était fou de rage. Bien que ses pertes fussent peu importantes, l'humiliation et la démoralisation étaient graves. Une lettre que lui écrivit aussitôt un des chefs religieux du camp, le cheik Ak Shemseddin, lui disait que certains critiquaient ses erreurs de jugement et son manque d'autorité ; elle l'invitait sèchement à punir les coupables, s'il voulait éviter à l'armée de terre semblables désastres[2]. Le lendemain Mehmet fit comparaître Baltoglu, le traita publiquement de traître, de lâche et d'imbécile et donna l'ordre qu'il soit décapité. Le malheureux amiral, qui avait été grièvement blessé à l'œil par une pierre lancée d'un de ses propres vaisseaux, n'échappa à la mort que grâce à ses officiers qui témoignèrent de sa ténacité personnelle et de son courage. Il fut dépouillé non seulement de ses fonctions d'amiral et de gouverneur de Gallipoli, lesquelles furent attribuées à un ami intime du sultan, Hamza Bey, mais aussi de tous ses biens privés, qui furent distribués entre les janissaires. Après avoir subi la bastonnade, Baltoglu fut relâché ; il acheva sa vie dans l'oubli et la pauvreté[3].

Depuis le jour où ses vaisseaux avaient subi un premier échec devant le barrage, Mehmet se demandait comment se rendre maître de la Corne d'Or. Cette défaite cruelle le décida à agir sans délai. Pendant que se déroulait la bataille navale du 20 avril, le bombardement des remparts n'avait pas cessé. Le 21, il reprit avec plus de violence que jamais. Dans le courant de la journée une grande tour, près de la vallée du Lycus, dite tour Bactatinienne s'écroula ; à son pied, une grande partie du rempart extérieur était détruite. Si, à ce moment, les Turcs avaient donné un assaut général, il eût été impossible, de l'avis des défenseurs, de les contenir. Mais le sultan n'était pas devant les remparts, ce jour-là ; l'ordre d'attaque ne fut pas donné. À la tombée de la nuit, on répara la brèche à l'aide de poutres, de terre et de gravats[4].

Mehmet avait passé la journée au lieu-dit des Deux-Colonnes. Son esprit ingénieux avait trouvé une réponse au problème qui le tourmentait. C'est sans doute un des Italiens de sa suite qui lui suggéra que des bateaux pouvaient être déplacés par voie terrestre. Les Vénitiens, au cours d'une de leurs récentes campagnes en Lombardie, avaient triomphalement transporté toute une flottille sur des plates-formes roulantes depuis le Pô jusqu'au lac de Garde ; mais le terrain dans cette région était plat. Il serait autrement plus difficile de transporter des bateaux du Bosphore à la Corne d'Or en franchissant une crête qui ne s'élevait nulle part à moins de soixante mètres au-dessus du niveau de la mer. Mais le sultan ne manquait ni d'hommes ni de matériel ; pendant les premiers jours du siège ses ingénieurs avaient construit une route qui, partant de Tophane, semble avoir traversé la vallée menant à l'actuelle place de Taxim, puis, tournant un peu à gauche, passé l'emplacement actuel de l'ambassade de Grande-Bretagne, redescendait dans la vallée en contrebas, près de la Corne d'Or, lieu que les Byzantins appelaient la vallée des Sources et qui, de nos jours, a nom Kassim Pacha. Si les marins de la Corne d'Or ou les habitants de Péra avaient remarqué la construction de cette route, ils pensaient sans doute que le sultan voulait simplement s'assurer un accès facile à sa base navale des Deux-Colonnes. Cependant l'on avait amassé, sur cet itinéraire, du bois destiné à fabriquer des berceaux pour les bateaux et à établir une sorte de piste ; on avait fondu des roues de métal et rassemblé des attelages de bœufs. Dans le même temps des canons étaient mis en position dans la vallée des Sources.

Le 21 avril, on accéléra les travaux. Pendant que des milliers d'artisans et d'ouvriers achevaient les préparatifs, le sultan ordonna que le gros canon placé par le sultan derrière Péra tirât en continu sur le barrage, de façon à occuper les bateaux de la Corne d'Or et créer un nuage de fumée noire devant les opérations menées plus haut sur le Bosphore. Une erreur volontaire fit tomber quelques boulets sur l'enceinte même de Péra afin d'en éloigner les habitants et d'interdire toute curiosité indiscrète.

C'est aux premières lueurs de l'aube du dimanche 22 avril que l'étrange procession des bateaux se mit en branle. On descendit les berceaux dans l'eau et l'on y fixa les bateaux. Les berceaux furent alors halés à terre à l'aide de poulies ; et l'on attela à chacun une paire de bœufs, cependant que des équipes étaient chargées de les aider à franchir les passages les plus élevés et les plus durs de la route. Dans chaque bateau ainsi transporté, les rameurs étaient assis à leur place et faisaient mouvoir leurs avirons en l'air, pendant que les officiers, debout, donnaient la cadence. Les voiles étaient hissées exactement comme si les navires étaient en mer. Les drapeaux flottaient, l'on battait du tambour, les fifres et les trompettes sonnaient tandis que les bateaux étaient hissés l'un après l'autre vers le sommet de la crête. Une petite fuste ouvrait ce défilé carnavalesque. Dès qu'elle eut gravi sans encombres la première partie abrupte de la pente, quelque soixante-dix trirèmes, birèmes, fustes et parandaires s'avancèrent rapidement à sa suite[5].

Il n'était pas midi lorsque les marins chrétiens de la Corne d'Or et les sentinelles postées au-dessus du port virent avec effarement ces extraordinaires vaisseaux descendre la colline en face d'eux et, par la vallée des Sources, atteindre les eaux de la Corne. Dans la ville c'était la consternation. Avant que le dernier bateau eût glissé dans le port, le baile vénitien s'était concerté avec l'empereur et avec Giustiniani : sur leur conseil il avait réuni les capitaines des navires vénitiens et entamé avec eux une discussion à laquelle Giustiniani, fut la seule personnalité extérieure à être invitée. Diverses idées furent émises. Ne pouvait-on persuader les Génois de Péra de se joindre à une attaque générale contre la flotte turque dans la Corne d'Or ? Avec l'aide de leurs bateaux, qui n'avaient rien fait jusqu'à présent dans cette guerre, on aurait aisément raison des Turcs en bataille ouverte. Mais Péra ne voudrait vraisemblablement pas abandonner sa neutralité ; et de toute façon l'on perdrait du temps en négociations. Autre proposition : débarquer du monde sur la rive d'en face, détruire les canons turcs de la vallée des Sources et s'efforcer d'incendier les bateaux ennemis. Mais il n'y avait pas assez de combattants dans la ville pour tenter une opération aussi risquée. Finalement le capitaine d'une galère venue de Trébizonde, un certain Giacomo Coco, proposa de tenter de mettre le feu aux vaisseaux dès la nuit suivante ; et il offrit de diriger l'expédition lui-même. Son offre fut acceptée par le conseil, qui décida d'agir sans informer les Génois de la ville. Le secret était indispensable et les Vénitiens étaient prêts à fournir les bateaux requis.

Le plan de Coco était le suivant : il enverrait en avant deux grands transports aux flancs protégés contre les boulets par des balles de coton ou de laine. Suivraient deux grandes galères pour repousser toute attaque éventuelle. Cachées par les grands bateaux, deux petites fustes à rames se glisseraient sans être vues au milieu des vaisseaux turcs, trancheraient leurs cordes d'ancre et y jetteraient des matériaux enflammés. On décida, au grand regret de Coco, d'attendre la nuit du 24 pour faire cette tentative, afin de laisser le temps aux bateaux vénitiens de se préparer. Malheureusement le secret ne fut pas gardé ; mis au courant on ne sait comment, les Génois de la ville étaient furieux d'avoir été tenus à l'écart, ils soupçonnaient les Vénitiens de vouloir garder pour eux tous les lauriers. On convint, pour les apaiser, qu'ils pourraient fournir un des bateaux, mais ils n'en avaient aucun de prêt ; aussi demandèrent-ils un nouvel ajournement au 28. La décision fut désastreuse. Les Turcs ne cessaient d'ajouter de nouveaux canons dans la vallée des Sources ; et les préparatifs ne pouvaient plus être tenus secrets. Un Génois qui était à la solde du sultan eut vent du projet.

Le samedi 28 avril, deux heures avant l'aube, deux grands transports, un vénitien et un génois, bien matelassés, quittèrent subrepticement l'abri des murs de Péra, accompagnés par deux galères vénitiennes à quarante rameurs chacune, sous le commandement personnel du Trévisan et de son adjoint, Zaccaria Grioni. Ces vaisseaux étaient suivis de trois fustes légères à soixante-douze rameurs chacune, avec Coco dans le bateau de tête et une escorte nombreuse de petites embarcations légères chargées de matières inflammables. Au moment du départ, les marins observèrent un flamboiement de lumière sur une des tours de Péra. Était-ce un signal pour les Turcs ? Mais aux approches de la flotte turque, tout semblait tranquille. Les transports lourds et les galères avançaient lentement sur une mer calme. Coco sentit l'impatience le gagner. Il savait son bateau plus rapide que ceux qui le précédaient. Avide d'action et de gloire il les doubla et jeta sa fuste droit sur les Turcs. Dans un grondement soudain, les canons de l'ennemi placés à terre ouvrirent le feu. Les Turcs avaient été prévenus. Un des premiers tirs frappa le bateau de Coco. Quelques minutes plus tard, il fut atteint par le travers et coula. Quelques-uns des marins purent nager jusqu'à la rive, mais la plupart, y compris Coco lui-même, périrent ; les autres fustes, avec leur escorte de petites embarcations, cherchèrent refuge derrière les galères. Mais pendant que se faisait cette manœuvre, les canons turcs continuaient leur tir, à la lueur des torches et de leurs propres déflagrations. Les deux transports en tête furent touchés maintes fois ; leur matelassure leur épargna le pire ; mais leurs équipages étaient trop occupés à éteindre les foyers d'incendie allumés par les projectiles pour porter secours aux petites embarcations, dont beaucoup furent coulées. Les Turcs concentraient leurs efforts sur la galère du Trévisan. Deux boulets tirés du haut de la colline la heurtèrent avec tant de force qu'elle se mit à faire eau. Le Trévisan et son équipage durent l'abandonner et se sauver en canot. Après ce succès, comme l'aube pointait, les vaisseaux turcs passèrent à l'attaque. Mais les chrétiens purent se dégager. Au bout d'une heure et demie de combat, les deux escadres revinrent à leur ancrage.

Quarante marins chrétiens avaient gagné la rive turque à la nage. Plus tard dans la journée ils furent massacrés en pleine vue de la cité. En représailles, les deux cent soixante prisonniers qui se trouvaient dans l'enceinte furent amenés sur les remparts et décapités sous les yeux des Turcs.

La bataille elle-même avait montré une fois de plus que les chrétiens avaient de meilleurs bateaux et qu'en mer ils savaient mieux manœuvrer que les Turcs ; ils n'en avaient pas moins subi une défaite cuisante. Ils avaient perdu une galère, une fuste, et environ quatre-vingt-dix de leurs meilleurs marins. Un seul vaisseau turc avait été détruit. Le découragement, dans la ville, fut profond. Il était clair que les Turcs ne pouvaient plus être chassés de la Corne d'Or. Ils n'en avaient pas acquis la maîtrise complète ; la flotte chrétienne était encore à flot. Mais le port avait cessé d'être sûr et la longue ligne de murailles qui le bordait était désormais exposée au danger d'une attaque. Pour ceux des Grecs qui se rappelaient que c'était par là que les croisés avaient fait irruption dans la ville, en 1204, le tableau était ıent inquiétant ; l'empereur et Giustiniani désespérément comment garnir toutes leurs

En introduisant la moitié de sa flotte dans la Corne d'Or et en repoussant la tentative faite par les chrétiens pour déloger l'intrus, Mehmet avait remporté une grande victoire. Il croyait encore, semble-t-il, que la ville devait être prise d'assaut par les remparts terrestres ; mais il était maintenant en mesure de menacer en permanence les murailles donnant sur le port, tout en gardant assez de navires à l'extérieur du barrage pour bloquer la ville. De plus, si maintenant une escadre de secours arrivait à forcer le blocus, elle ne pourrait pas se réfugier dans le port ; la nouvelle situation assurait au sultan un meilleur contrôle de Péra. Le rôle joué par les Génois de ce faubourg avait été scandaleusement équivoque. Le gouvernement de Gênes avait laissé carte blanche aux autorités locales tout en leur conseillant probablement de s'en tenir à une politique de neutralité. C'est ce qu'elles avaient fait, officiellement. Les sympathies de la colonie allaient, d'une façon générale, à ses coreligionnaires chrétiens de l'autre rive du port. Plusieurs Génois de Péra avaient rejoint Giustiniani. Les négociants de la colonie continuaient à commercer avec elle, lui envoyant les marchandises dont ils pouvaient disposer. D'autres, à la vérité, commerçaient aussi avec les Turcs ; mais beaucoup agissaient en espions et faisaient parvenir à Giustiniani les renseignements qu'ils avaient recueilli dans le camp turc. Les autorités avaient compromis leur neutralité en permettant de fixer à leurs murailles une extrémité de la chaîne ; et bien que leurs bateaux n'eussent point participé aux combats, il semble que leurs marins aient eu coutume de rendre de menus services aux gardiens du barrage. Mais il était difficile à un Génois d'aimer un Grec et encore plus difficile d'aimer un Vénitien. Quelques héros tels que Giustiniani ou que les frères Bocchiardi pouvaient se lancer de tout cœur dans la lutte ; mais à Péra, où le commun des mortels ne se sentait pas immédiatement menacé, cet héroïsme semblait quelque peu extravagant.

Les Grecs et les Vénitiens le leur rendaient bien. Ils avaient beau admirer sincèrement Giustiniani, être prêts à lui obéir, et faire généreusement l'éloge des autres vaillants Génois, Péra leur faisait l'effet d'un repaire de traîtres au christianisme. Le sultan y avait évidemment des espions, la dernière bataille le démontrait. À Péra quelqu'un devait bien être au courant des préparatifs faits par le sultan pour transporter sa flotte sur un itinéraire aussi proche des murs de la ville. Sans doute ne pouvait-on empêcher l'opération, mais du moins quelqu'un aurait-il pu alerter l'autre rive. L'archevêque Léonard, lui-même Génois, éprouva quelque embarras en consignant par écrit la conduite de ses compatriotes[6].

Mais si les habitants de Constantinople étaient mécontents des habitants de Péra, le sultan ne l'était pas moins. Il ne pouvait guère tenter d'occuper la colonie pendant qu'il avait le siège de Constantinople sur les bras. La prendre d'assaut exigerait des hommes et du matériel dont il ne disposait pas pour le moment ; et toute mesure hostile amènerait probablement une flotte génoise au Levant, flotte qui ferait perdre à Mehmet la maîtrise des mers. Mais depuis que ses vaisseaux étaient dans la Corne d'Or, il encerclait Péra. Les négociants de la colonie ne pouvaient plus aussi facilement traverser le port pour amener à Constantinople leurs marchandises et fournir par la même occasion les derniers renseignements sur le camp turc. À moins que Péra ne fût résolue à sortir franchement de la neutralité, il était peu de chose que sa colonie pût encore faire en faveur des chrétiens ; et les agents au service du sultan semblaient l'avoir convaincu que les autorités n'étaient pas prêtes à courir un tel risque[7].

Au surplus Mehmet était maintenant en mesure d'améliorer ses communications avec l'armée de Zaganos sur les hauteurs derrière Péra et avec le quartier général de la marine sur le Bosphore. Jusqu'alors il avait fallu faire un long crochet pour contourner les marécages du fond de la Corne d'Or : le raccourci qu'offrait un mauvais gué situé un peu plus en aval n'était guère praticable. Maintenant que ses vaisseaux lui offraient une protection dans la Corne d'or, le sultan pouvait jeter un pont sur le port, juste en amont des murs de la cité. Ce fut en réalité un ponton, constitué par une centaine de barriques de vin solidement attachées deux à deux dans le sens de la longueur et qui marquaient la largeur du passage, avec un étroit intervalle entre chaque paire. Les barriques étaient recouvertes de poutres et les poutres de planches. Cinq hommes pouvaient marcher de front sur ce ponton ; et celui-ci pouvait supporter de lourdes charrettes. Des plates-formes flottantes étaient attachées au ponton, chacune assez forte pour servir d'assise à un canon. Il était ainsi possible de déplacer rapidement des troupes de la plage de Péra aux remparts de la cité sous la protection des canons, et de pointer ces canons sous un nouvel angle contre les murailles du quartier des Blachernes[8].

Les chrétiens maintinrent la plupart de leurs bateaux près du barrage afin d'interdire la jonction des deux escadres turques et de pouvoir accueillir le cas échéant une flottille de secours ; et les Turcs, pendant plusieurs jours, ne se risquèrent pas à les attaquer. Mais cela ne changeait rien au fait essentiel : la défense avait perdu le contrôle de la Corne d'Or.

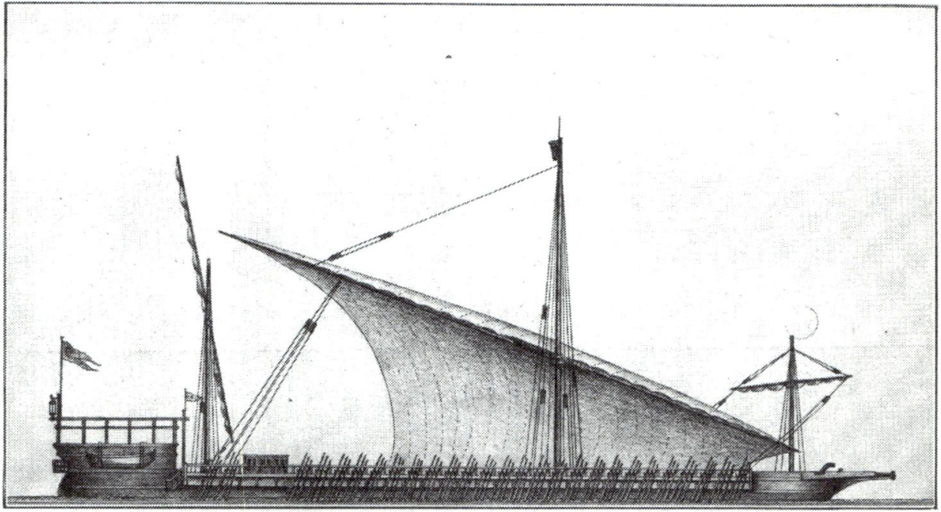

Galère vénitienne, XVe siècle

J. Sottas *Les Messageries maritimes de Venise*, Paris, 1938, 76.

Chapitre VIII

L'ESPOIR FAIBLIT

Le sultan, après sa victoire de la Corne d'Or, ne fit aucune tentative pour prendre d'assaut Constantinople. Pour le moment il préférait harceler et épuiser les défenseurs. Le bombardement des remparts terrestres était continuel. Chaque nuit des équipes de défenseurs devaient s'efforcer de colmater les brèches. Les canons installés sur les plates-formes du nouveau ponton pilonnaient le quartier des Blachernes. De temps en temps des bateaux turcs quittaient leur mouillage sur l'autre rive du port. Les navires grecs et vénitiens restaient en état d'alerte permanent afin de pouvoir les intercepter. Pendant une semaine il n'y eut presque aucun corps à corps, et aucune victime. Mais la ville avait d'autres problèmes à affronter. Les vivres commençaient à manquer. Des hommes qui auraient dû être à leur poste sur les remparts demandaient la permission de rentrer dans la ville afin de s'y procurer de la nourriture pour leurs femmes et leurs enfants. Au début de mai la pénurie était si aiguë que l'empereur fit une nouvelle collecte de fonds auprès des églises et des particuliers, et avec l'argent recueilli, acquit tous les vivres qu'il put trouver et institua une commission chargée de les distribuer équitablement. Cette commission fit convenablement son travail. Bien que les rations fussent petites, chaque famille reçut sa part ; il n'y eut plus de plaintes sérieuses. Mais les jardins de la ville produisaient peu à cette saison, et les bateaux de pêche ne pouvaient plus sortir en sécurité, même dans la Corne d'Or. Il n'y avait jamais eu beaucoup de bœufs, de moutons et de porcs à l'intérieur de l'enceinte, et le bétail était en baisse rapide comme l'étaient les réserves de grain. Le besoin d'approvisionnement extérieur, plus que de nouveaux effectifs, se faisait sentir, faute de quoi la famine contraindrait la garnison et les habitants à se rendre[1].

C'est ce à quoi songeait l'empereur quand il convoqua les chefs vénitiens et ses propres notables et proposa d'envoyer un bateau rapide dans les Dardanelles à la rencontre de la flotte vénitienne dont Minotto avait garanti l'envoi. C'était le 26 janvier que Minotto avait écrit à Venise pour réclamer de l'aide ; et l'on n'avait reçu aucune réponse. À Constantinople on ne savait rien des retards intervenus à Venise où, bien que la lettre de Minotto eût été remise au Sénat le 19 février, deux mois s'étaient écoulés avant le départ de l'escadre de secours. L'empereur avait grande confiance en l'amiral Loredan, qui commandait la flotte et passait pour un chef chrétien des plus courageux. Il ignorait les instructions qu'avait reçues l'amiral Alviso Longo le 13 avril : Longo devait mener ses bateaux au plus vite à Ténédos, en ne faisant escale à Modon qu'un jour pour se ravitailler. Il devait rester à l'ancre à Ténédos et y recueillir des renseignements sur l'importance et sur les mouvements de la flotte turque. À cette date, il serait rejoint par le capitaine général à la tête de ses propres galères et de galères armées en Crète. Toute la flotte ferait alors voile vers les Dardanelles et s'ouvrirait un chemin jusqu'à la ville assiégée. On ne savait pas non plus à Constantinople que

Loredan avait reçu l'ordre de ne quitter Venise que le 7 mai. Ses instructions étaient de se rendre à Corfou où la galère du gouverneur le rencontrerait et l'emmènerait à l'île de Nègrepont[a]. Là, deux galères de Crète le rejoindraient ; tous vogueraient de conserve jusqu'à Ténédos, près de l'entrée des Dardanelles. Si Longo était déjà parti pour Constantinople, il aurait laissé derrière lui une galère pour en informer Loredan et remonter avec lui les Détroits. Mais Longo ne devait provoquer aucune action de la part des Turcs avant d'avoir atteint Constantinople, où il se mettrait à la disposition de l'empereur et vanterait les grands sacrifices que Venise s'imposait pour lui venir en aide. Au cas où Constantin aurait déjà traité avec les Turcs, le capitaine général se rendrait en Morée et obligerait le despote Thomas à restituer quelques villages qu'il avait illégalement annexés. Le 8 mai, le Sénat vénitien avait voté des résolutions complémentaires. Si Loredan apprenait au cours de son voyage que l'empereur n'avait pas traité, il devrait faire mettre Nègrepont en bon état de défense. Un ambassadeur qui l'accompagnerait, Barthélemy Marcello, devrait alors se rendre aussitôt à la cour du sultan et assurer Mehmet des intentions pacifiques de la République ; le capitaine général et ses vaisseaux seraient censés n'être venus aussi loin que pour ramener les navires marchands engagés dans le commerce du Levant et pour veiller aux intérêts de Venise. L'ambassadeur devrait presser le sultan de faire la paix avec l'empereur, et l'empereur d'accepter toute condition raisonnable. Mais si Mehmet était résolu à poursuivre son entreprise, l'ambassadeur n'insisterait pas, il ferait son rapport au Sénat.

---

a. Nègrepont : l'actuelle Eubée.

Les instructions du Sénat étaient judicieuses et auraient pu avoir leur effet si l'on avait disposé d'un temps illimité. Mais personne à Venise n'avait encore compris la résolution du sultan ni la puissance de ses armes. On savait Constantinople menacée, mais tout le monde s'imaginait que la grande ville pourrait, d'une façon ou d'une autre, tenir indéfiniment[2].

Le pape, malgré son inquiétude, prenait encore plus son temps. Ce n'est que le 5 juin, une semaine après que tout fut terminé, que son représentant, l'archevêque de Raguse, informa le Sénat de la proposition de Sa Sainteté au sujet des cinq galères que devaient lui prêter les Vénitiens pour secourir Constantinople. Sa Sainteté était disposée à payer 14 000 ducats, de quoi couvrir la solde des équipages pendant quatre mois. On répondit à l'archevêque que cette somme ne suffirait pas. Le pape devrait aussi payer une partie de l'armement : telle fut la contre-proposition qu'il rapportait à Rome ; mais, pendant ce temps-là, on armerait les galères, elles seraient toutes prêtes pour l'expédition[3].

À Constantinople, l'on ignorait tout de ces retards et l'on espérait établir bientôt le contact avec la flotte vénitienne. Le soir du 3 mai, l'on remorqua donc jusqu'au barrage un brigantin vénitien prélevé sur la flottille de la Corne d'or et dont l'équipage se composait de douze volontaires déguisés en Turcs. À minuit on leva la chaîne. Le brigantin hissa les couleurs turques et, poussé par le vent du nord, traversa, sans être intercepté, la mer de Marmara, descendit les Dardanelles et atteignit la mer Égée[4].

Dans la ville la tension nerveuse des défenseurs croissait. L'antipathie réciproque des Vénitiens et des Génois se manifestait par des querelles. Les Vénitiens rendaient les Génois responsables du désastre du 28 avril : la seule cause, répliquaient les Génois, en était l'imprudence de Coco. Et d'accuser les Vénitiens de faire filer leurs bateaux chaque fois que l'occasion s'en présentait. Les Vénitiens faisaient observer qu'ils avaient débarqué les gouvernails de beaucoup de leurs galères et qu'ils les avaient mis en magasin, avec les voiles, à l'intérieur de la ville. Pourquoi les Génois n'en avaient-ils pas fait autant ? Les Génois répondaient qu'ils n'avaient aucune intention de désarmer leurs bateaux alors que nombre d'entre eux avaient des femmes et des enfants à défendre à Péra. Et quand les Vénitiens leur reprochaient de rester en relation avec le camp du sultan, ils expliquaient qu'ils n'avaient jamais négocié qu'en plein accord avec l'empereur, dont les intérêts étaient les mêmes que les leurs. Ces récriminations étaient si bruyantes que l'empereur, au désespoir, convoqua les chefs des deux partis et les adjura de rester en paix. « La guerre sous nos murs nous suffit, cria-t-il ; pour l'amour de Dieu, ne commencez pas à vous battre entre vous. » Ses adjurations eurent quelque effet. Extérieurement la coopération reprit ; mais la mauvaise volonté demeurait[5].

Il est probable que pendant ce temps l'empereur avait essayé de négocier avec le sultan. Les Génois de Péra semblent avoir fait quelques sondages pour son compte. Mais les conditions du sultan n'avaient pas changé. La ville devait se rendre à lui sans conditions ; il garantirait alors à ses habitants la vie et leurs biens personnels. L'empereur pourrait se retirer s'il le voulait en Morée. Ses conditions étaient inacceptables. De quelque tendance politique que l'on fût, il n'y avait personne à Constantinople qui admettrait à présent l'humiliation d'une reddition ; ni personne qui eût grande confiance en la clémence du sultan. Parmi les conseillers de l'empereur il en était néanmoins plusieurs pour penser qu'il devrait fuir la ville. Étant à l'extérieur, il serait mieux à même d'organiser une campagne contre les

Turcs. Il verrait certainement se rallier autour de sa bannière, outre ses frères, beaucoup de sympathisants venus de tous les pays des Balkans, y compris peut-être le vaillant Scanderberg en personne ; et il pourrait ramener l'Occident à ses devoirs. Mais l'empereur refusa tranquillement et fermement d'entendre ce langage ; s'il abandonnait la cité, la défense, craignait-il, s'effondrerait ; si la cité devait périr, il périrait avec elle[6].

Les Génois de Péra avaient de bonnes raisons de souhaiter la paix. Le 5 mai, les canons turcs se mirent à tirer par-dessus le faubourg sur les bateaux chrétiens ancrés près du barrage. Ils visaient plus spécialement les Vénitiens ; mais un boulet de cent kilos tomba sur un navire marchand génois portant une précieuse cargaison de soieries et le coula. Ce navire appartenait à un négociant de Péra et mouillait tout près des murailles. La municipalité envoya aussitôt des délégués au sultan pour se plaindre et pour lui rappeler combien la neutralité de Péra lui était utile. Les ministres turcs firent un accueil assez désagréable à la délégation. Leurs canonniers, dirent-ils, ne pouvaient savoir si le navire en question n'était pas un bateau ennemi, un « pirate » venu au secours de l'adversaire ; mais si le propriétaire était en mesure de justifier sa plainte, le sultan examinerait cette affaire aussitôt qu'il aurait pris Constantinople, et il indemniserait pleinement la victime[7].

Pendant les premiers jours de mai, le gros canon d'Urbain avait été mis hors d'usage. Le 6 mai, il était réparé ; le bombardement du rempart terrestre reprit de plus belle, cependant que les vaisseaux turcs se préparaient évidemment au combat. Les défenseurs s'attendaient justement à un assaut pour le lendemain et faisaient leurs propres préparatifs. Lorsque l'assaut eut lieu, le 7 mai, quatre heures après le coucher du soleil, il se limita néanmoins au secteur terrestre du Mésoteichion. Une foule de Turcs, munis comme d'habitude d'échelles et de crochets fixés à leurs lances, se répandit au-delà du fossé comblé. L'on se battit violemment pendant à peu près trois heures ; mais les assaillants ne purent forcer le rempart démoli ni la palissade. L'on attribua des prodiges de bravoure à un soldat grec nommé Rhangabe, qui passa pour avoir coupé en deux le porte-étendard du sultan, Amir Bey en personne, avant d'être lui-même encerclé et tué[8].

Bien que la marine turque n'eût pas attaqué cette nuit-là, la situation dans la Corne d'Or semblait si peu rassurante le lendemain que les Vénitiens décidèrent de décharger tout le matériel de guerre que contenaient leurs bateaux et de le stocker dans l'arsenal impérial. Le 9 mai ils résolurent en outre de rassembler leurs bateaux, à l'exception de ceux que requérait la garde du barrage, dans le petit port appelé le Néorion, ou le Prosphorianos, au pied de l'Acropole, juste en deçà du barrage ; les équipages seraient affectés en renfort à la défense du quartier des Blachernes, dont les murailles avaient été mises à mal par le tir des pièces d'artillerie placées sur le ponton. Quelques marins commencèrent par refuser, ce n'est que le 13 mai que le transfert s'acheva ; leur mission principale consistait à réparer les murailles des Blachernes[9].

Ces marins faillirent arriver trop tard. La veille au soir les Turcs avaient lancé une autre attaque très violente, cette fois sur la hauteur où se rejoignaient les murailles des Blachernes et le rempart de Théodose. Il était près de minuit quand l'assaut commença. Il fut repoussé, et bientôt interrompu ; à cet endroit, les murailles étaient encore en état de résister[10].

Le 14 mai, le sultan, assuré par le transfert des marins vénitiens que ses propres bateaux ne seraient pas attaqués dans la Corne d'Or, retira ses batteries des collines situées derrière la vallée des Sources et les remit en position de l'autre côté du nouveau pont, afin de bombarder le mur des Blachernes là où le terrain commençait à monter. Mais elles n'y firent pas grand dégât. Aussi, un jour ou deux plus tard, le sultan les déplaça-t-il de nouveau pour renforcer ses batteries principales dans la vallée du Lycus. C'était, il s'en rendait compte, le secteur où une attaque avait le plus de chances de réussir. Avec un nombre accru de canons le bombardement s'y poursuivait désormais sans répit tandis que d'autres secteurs le subissaient par intermittence[11].

Le 16 et de nouveau le 17 mai, l'escadre turque principale quitta son mouillage des Deux-Colonnes pour aller faire une démonstration contre le barrage. Celui-ci était encore bien défendu ; et, en ces deux occasions, les vaisseaux turcs se retirèrent sans avoir lâché une flèche ni un coup de feu. Une manœuvre du même genre se fit le 21. Toute l'escadre s'avança dans un roulement de tambour et au son des trompettes. La menace parut telle qu'on sonna les cloches pour alerter toute la ville ; une fois de plus, après avoir défilé de long en large devant le barrage, les vaisseaux regagnèrent tranquillement leur mouillage. Après quoi il n'y eut plus jamais de démonstration à cet endroit. Il est probable que le moral des marins, dont beaucoup n'étaient pas d'origine turque, était médiocre ; et que le sultan, pas plus que son amiral, ne désirait risquer la honte d'une nouvelle défaite[12].

Pendant ce temps, les assiégeants avaient essayé, pour appuyer leurs attaques, de creuser des mines sous les remparts. Le sultan avait entrepris ce genre d'opérations dès les premiers jours du siège, mais il manquait de mineurs expérimentés. Mais voici que Zaganos Pacha venait de découvrir, au sein de ses propres troupes, un certain nombre de mineurs professionnels qui avaient travaillé dans les mines d'argent de Novo Brodo en Serbie ; ils reçurent l'ordre de creuser une mine sous le rempart, non loin de la porte de Charisius, où le terrain semblait s'y prêter. Ils commencèrent leur galerie bien en arrière, dans l'espoir de ne pas être repérés ; mais ils s'aperçurent qu'il était presque impossible de creuser sous le fossé aussi bien que sous le rempart. Cette galerie fut abandonnée. Ils recommencèrent à creuser devant la muraille simple des Blachernes, près de la porte Caligarienne. Le 16 mai, ils furent repérés par les défenseurs. Le *megadux*, Luc Notaras, chargé d'agir dans les cas urgents de ce genre, recourut aux services de l'ingénieur Johannès Grant. À sa demande, Grant ouvrit une contre-mine et réussit à pénétrer dans la galerie turque, dont il brûla les étais. La voûte s'écroula, ensevelissant les sapeurs turcs pour plusieurs jours ; mais le 21 mai, ils étaient à nouveau en train de creuser devant différents points de la muraille, et principalement dans le secteur de la porte Caligarienne. Les troupes grecques de Notaras firent la contre-mine sous la direction de Grant ; dans certains cas il fut possible d'enfumer les galeries ennemies et d'en expulser ainsi les occupants ; ailleurs, d'inonder les mines en utilisant les citernes destinées à fournir de l'eau au fossé[13].

Déjà le sultan recourait à d'autres moyens. Le matin du 18 mai, les défenseurs furent horrifiés de voir une immense tour de bois montée sur roues, qui se dressait devant le rempart du Mésoteichion. Les Turcs l'avaient montée pendant la nuit. Cette tour consistait en un châssis de bois matelassé de cuir de bœuf ou de chameau, et en un escalier intérieur qui menait à une plate-forme située à la même hauteur que le haut du rempart extérieur. Sur cette plate-forme étaient empilées des échelles dont les assaillants se serviraient quand la tour serait amenée contre le rempart ; mais il s'agissait surtout, pour l'instant, de protéger les travailleurs occupés à combler le fossé. L'expérience des premiers assauts avait enseigné au sultan que le fossé était encore un obstacle et qu'il fallait jeter par-dessus l'équivalent d'un pont solide. Durant toute la journée du 18, ses hommes travaillèrent à assurer le passage, protégés qu'ils étaient par l'engin que l'on avait fait avancer sur ses roues jusqu'au bord de la douve, en face d'une tour que l'artillerie avait démolie et dont la maçonnerie était tombée dans le fossé. À la tombée de la nuit le travail était à peu près achevé, en dépit des efforts des défenseurs pour l'empêcher. L'on avait comblé de pierres, de gravats, de terre et de broussailles une partie de la douve et poussé la tourelle sur la chaussée de façon à éprouver la résistance de celle-ci. Mais pendant la nuit quelques-uns des défenseurs se glissèrent dehors et placèrent des charges de poudre dans les remblais. Quand ces charges eurent été allumées il y eut une grande explosion, la tourelle de bois prit feu et s'écroula en tuant les soldats qui l'occupaient. Le matin suivant le fossé était de nouveau à demi déblayé, le rempart et la palissade remis en état. D'autres tourelles roulantes construites par les Turcs n'eurent pas plus de succès. Quelques-unes furent détruites, les autres retirées de la zone des combats[14].

Ces succès locaux soutenaient le moral des chrétiens. Le 23 mai, les défenseurs vécurent un dernier bon moment. Ce jour-là, comme les jours précédents, les Turcs avaient entrepris de miner sous le mur des Blachernes ; mais cette fois les Grecs purent encercler et capturer un certain nombre de mineurs, y compris un officier d'assez haut grade. Mis à la torture, celui-ci révéla l'emplacement de toutes les mines turques. Grant put les détruire une à une, ce même jour et le lendemain. La dernière galerie à être démolie avait une entrée habilement dissimulée près d'une des tourelles roulantes du sultan ; sans les révélations de l'officier, on ne l'eût jamais découverte. À partir de ce moment les Turcs renoncèrent à leurs travaux de mine[15].

Ils auraient pu comprendre que l'effort et la tension imposés à la défense les servaient. Le nombre de chrétiens qui avaient été tués était remarquablement faible ; mais beaucoup avaient été blessés, tous étaient fatigués, affamés. Les réserves d'armes et de poudre étaient terriblement en baisse ; on manquait plus que jamais de vivres. Et le 23 mai, jour de la victoire sur les mineurs, fut aussi le jour où les espérances des assiégés subirent un coup terrible ; cet après-midi-là, on signala un bateau qui tirait des bordées dans la mer de Marmara avec une meute de navires turcs à ses trousses. Il les sema ; et sous le couvert de la nuit on lui ouvrit le barrage. L'on avait pensé d'abord que ce bateau annonçait l'approche d'une flotte de secours ; mais c'était le brigantin qui était parti vingt jours auparavant à la recherche des Vénitiens. Ce brigantin avait croisé entre les îles de la mer Égée ; mais il n'avait rencontré aucun navire vénitien ni entendu parler d'aucun navire qui fût au large. Lorsqu'il apparut inutile de prolonger les recherches, le capitaine demanda à ses marins ce qu'ils souhaitaient ; l'un d'eux dit qu'il était absurde de retourner dans une ville dont les Turcs s'étaient déjà probablement emparés. Mais les autres le firent taire. C'était leur devoir, déclarèrent-ils, de rentrer et d'informer l'empereur, dût-il leur en coûter la vie. Quand ils furent en présence de Constantin, celui-ci les remercia en pleurant. La ville, dit-il, ne pouvait plus avoir foi qu'en Jésus-Christ, en sa sainte Mère et en saint Constantin, fondateur de la cité[16].

Cette foi devait elle-même être mise à l'épreuve. À en croire certains signes, le Ciel lui-même abandonnait la cité.

Ces jours-là chacun se rappela de nouveau les prophéties relatives à la chute de l'Empire. Le premier empereur chrétien avait été Constantin, fils d'Hélène ; le dernier serait son homonyme. Les hommes se rappelaient aussi la prophétie selon laquelle la ville ne tomberait jamais pendant les phases montantes de la lune. Les défenseurs s'en étaient prévalus lorsqu'ils avaient repoussé l'assaut de la semaine précédente. Mais le 24 mai serait le jour de la pleine lune ; et pendant la période suivante, celle des deux derniers quartiers, le péril renaîtrait. La nuit de la pleine lune il y eut une éclipse et trois heures d'obscurité. C'est probablement le lendemain lorsque les habitants eurent tous appris les mauvaises nouvelles apportées par le brigantin, et après que l'éclipse les eut démoralisés un peu plus, qu'un dernier appel fut fait à la Mère de Dieu. La plus sainte des icônes fut portée en procession sur les épaules des fidèles dans les rues de la cité ; et tous ceux dont la présence n'était pas requise sur l'enceinte se joignirent à la procession. Pendant que celle-ci s'avançait lentement et solennellement, tout à coup l'icône glissa de la plate-forme où elle reposait. On se précipita pour la relever : on eût dit du plomb tant il fut difficile de la remettre en place. Puis, comme la procession reprenait, un orage éclata sur la ville. La grêle était presque de force à vous renverser ; des torrents de pluie inondèrent les rues à tel point que des enfants faillirent être emportés. Il fallut renoncer à la procession. Le lendemain, comme si ces présages n'avaient pas suffi, toute la ville fut noyée dans un épais brouillard, phénomène inconnu au mois de mai en cette région. La Présence divine s'enveloppait d'un nuage pour cacher son départ de la cité ; la nuit suivante, quand le brouillard se fut levé, l'on observa une lueur étrange jouant sur le dôme de la grande église de la Divine Sagesse. Du camp turc on la vit aussi bien que les habitants de la ville ; et les Turcs, eux aussi, s'inquiétèrent. Le sultan lui-même dut être rassuré par ses sages qui interprétèrent ce signe comme annonçant que la véritable Foi illuminerait bientôt le saint édifice. Pour les Grecs et pour les alliés italiens, il ne pouvait y avoir d'interprétation aussi réconfortante.

Depuis les remparts, l'on aperçut aussi des lumières qui tremblotaient dans la campagne, loin derrière les positions des Turcs, là où l'on n'aurait dû en voir aucune. Quelques guetteurs optimistes déclarèrent que c'étaient les feux de camp d'une armée qui, avec Jean Hunyadi, venait secourir les chrétiens assiégés. Mais aucune armée n'apparut ; on n'expliqua jamais ce qu'étaient ces étranges lumières[17].

Une fois de plus, les ministres de l'empereur vinrent le supplier de s'enfuir pendant que c'était encore possible et d'organiser la défense de la chrétienté à partir d'un endroit où, étant lui-même en sécurité, il pourrait trouver des appuis. Il était si las que, pendant qu'ils lui parlaient, il s'évanouit ; revenu à lui, il leur dit une fois de plus qu'il ne pouvait abandonner ses sujets : il mourrait avec eux[18].

Le mois de mai tirait à sa fin ; dans les jardins et dans les haies, églantines et roses étaient en fleurs ; mais la lune diminuait ; et les hommes et les femmes de Byzance, cette vieille cité dont la lune avait été le symbole, se préparaient à l'épreuve qui, tous le savaient, allait s'abattre sur eux.

Chapitre IX

LES DERNIERS JOURS DE BYZANCE

Chez les chrétiens l'espoir s'éteignait. Mais dans le camp turc aussi l'on n'était pas sans éprouver un certain pessimisme et un sentiment général de frustration. Le siège durait depuis sept semaines ; et cependant, l'énorme armée turque, magnifiquement équipée d'engins de guerre, n'avait remporté que peu de succès. Les défenses pouvaient être fatiguées, à court d'hommes et de matériel. Mais aucun soldat ne les avait encore franchies. L'on risquait encore de voir arriver d'Occident une expédition de secours. Les agents de Mehmet affirmaient qu'une escadre avait reçu ordre de quitter Venise ; le bruit courait même qu'elle avait atteint Chio[1]. Il était toujours possible que les Hongrois passent le Danube. Pendant les premiers jours du siège une ambassade de Jean Hunyadi s'était présentée au camp turc et avait insinué qu'Hunyadi n'étant plus régent de Hongrie, l'armistice de trois ans qu'il avait conclu avec le sultan n'était plus valable[2]. De plus le moral commençait à baisser dans l'armée du sultan. Ses marins avaient subi des revers humiliants. Ses soldats n'avaient pas encore remporté de victoire. Plus le temps passait sans qu'il réussît à conquérir la ville, plus son propre prestige déclinait.

À sa cour le vieux vizir Halil et ses amis persistaient à désapprouver toute l'entreprise. Mehmet s'y était lancé contre leurs avis. Auraient-ils eu raison ? C'est peut-être en partie pour leur montrer qu'il n'était pas déraisonnable, en partie pour satisfaire sa conscience de bon musulman, tenu d'éviter le combat à moins que l'infidèle ne refuse obstinément de se rendre, que le sultan fit une dernière fois des ouvertures de paix : une paix qui bien entendu serait à ses propres conditions. Mehmet avait à son camp un jeune noble, nommé Ismaïl, fils d'un renégat grec qu'il avait fait prince vassal de Sinope. C'est lui que Mehmet dépêcha auprès des assiégés. Ismaïl avait des amis chez les Grecs, il fit de son mieux pour les persuader qu'il n'était pas trop tard pour sauver leur vie. À sa demande pressante ils nommèrent un ambassadeur qui l'accompagna au camp turc. Le nom de cet homme n'a pas été conservé ; nous savons qu'il n'était pas de haut rang ni de haute naissance. La façon dont le sultan traitait les ambassadeurs était notoirement imprévisible ; et l'on ne croyait pas qu'un notable dût se risquer à pareille aventure. Toujours est-il que l'envoyé ne fut pas trop mal reçu par le sultan, qui le renvoya en le chargeant de dire que le siège serait levé si l'empereur s'engageait à payer un tribut annuel de cent mille besants d'or ; si on le préférait, les habitants pourraient quitter la ville avec tous leurs biens meubles, et il ne leur serait fait aucun mal. Lorsque cette offre fut soumise au Conseil de l'empereur, un ou deux membres de ce conseil furent d'avis qu'on pourrait gagner du temps en promettant de payer. Mais la plupart savaient qu'il serait impossible de lever pareil tribut et que si l'or n'était pas immédiatement versé, le sultan continuerait le siège ; et aucun d'eux n'était disposé à lui laisser prendre Constantinople sans plus résister. À en croire les documents turcs, il se peut que l'empereur ait répondu en offrant de donner tout ce qu'il possédait à l'exception de la cité, le seul bien à vrai dire qui lui restât. À quoi le sultan aurait répliqué en ne laissant aux Grecs que le choix entre la reddition de la ville, la mort par l'épée ou la conversion à l'islam[3].

Ces inutiles négociations eurent probablement lieu le vendredi 25 mai. Le samedi, Mehmet réunit son Conseil privé. Le vizir, Halil Pacha, fort des services distingués qu'il avait si longtemps rendus à l'État, intervint pour demander que le siège soit levé. Jamais il n'avait approuvé cette campagne, et les événements lui avaient donné raison. Les Turcs n'avaient pas fait de progrès ; ils avaient, au contraire, subi des revers humiliants. Les princes de l'Occident pouvaient venir à tout moment au secours de la ville. Venise avait déjà mis en mouvement une escadre. Gênes, malgré qu'elle en eût, serait obligée d'en faire autant. Que le sultan offre à l'empereur des conditions acceptables et qu'il se retire avant que se produisent de pires désastres. Le vénérable vizir imposait le respect. Beaucoup de ceux qui l'entendaient et se rappelaient l'incapacité des navires de guerre turcs aux prises avec les chrétiens durent trembler en pensant aux grands vaisseaux italiens qui leur tomberaient dessus. Le sultan, après tout, n'était qu'un jeune homme de vingt et un ans. Était-il en train de jouer son grand héritage avec l'imprudence et l'impétuosité de la jeunesse ?

Zaganos Pacha prit alors la parole. Il n'aimait pas Halil et il savait que le sultan partageait son aversion. Voyant son maître irrité et peiné par l'effet du discours d'Halil, il déclara que les craintes du grand vizir lui paraissaient infondées. Les puissances européennes étaient trop divisées intérieurement pour jamais entreprendre d'action commune contre les Turcs ; si même l'escadre vénitienne approchait – ce qu'il ne croyait pas –, les Turcs auraient de beaucoup l'avantage sur elle, en bateaux et en hommes. Il parla des présages qui annonçaient la fin de l'Empire chrétien ; il parla d'Alexandre le Grand, ce jeune homme qui, avec une armée bien plus modeste que la turque, avait conquis la moitié du monde. L'attaque devait être lancée, il n'était plus question de battre en retraite. Beaucoup de jeunes généraux soutinrent Zaganos ; le commandant des bachi-bouzouks réclama avec une particulière véhémence une action plus énergique. Mehmet en fut réconforté ; voilà ce qu'il désirait entendre. Il dit à Zaganos de s'en aller voir ses troupes et de leur demander ce qu'elles souhaitaient. Zaganos fut prompt à revenir avec la réponse que l'on attendait. Tous les hommes, affirma-t-il, étaient en faveur d'une attaque immédiate. Le sultan annonça alors que l'assaut serait donné dès les préparatifs terminés.

À partir de ce moment Halil dut savoir que ses jours étaient comptés. Il avait toujours marqué de la bienveillance aux chrétiens et montré la tolérance d'un musulman pieux de la vieille école, à la différence de renégats parvenus tels que Zaganos et Mahmoud. Recevait-il vraiment des cadeaux des Grecs ? On n'en sait trop rien. Mais ses ennemis le laissaient entendre ; et le sultan ne demandait qu'à les croire[4].

La décision du sultan fut bientôt connue en ville. Des chrétiens qui se trouvaient dans son camp tirèrent des flèches par-dessus les murs, y étaient attachés des messages qui relataient la réunion du Conseil[5].

Le bombardement du rempart terrestre avait été plus dur que jamais, le vendredi et le samedi. Mais, de l'intérieur, on continuait à réparer rapidement les dommages. Le samedi soir, la palissade était toujours aussi solide. Mais pendant toute la nuit on vit les Turcs amener, à la lueur de leurs torches, de quoi combler le fossé, et avancer leurs canons sur de nouvelles plates-formes. Le dimanche, ils concentrèrent leur tir sur la palissade qui parcourait le Mésoteichion. Un pan de la palissade s'écroula, sous le feu de trois boulets tirés de plein fouet par le grand canon. Giustiniani, qui surveillait la remise en état du rempart, fut légèrement blessé par un éclat et se retira à l'arrière le temps de se faire panser. Il était de retour à son poste avant la tombée de la nuit[6].

Ce même 27 mai, le sultan fit à cheval la revue de son armée pour annoncer que le grand assaut aurait lieu très bientôt. Ses hérauts, qui le suivaient, faisaient halte de temps en temps pour proclamer que, selon les coutumes de l'islam, les combattants de la foi auraient trois jours pour piller la ville en toute liberté. Le sultan avait juré, par le Dieu éternel et par son Prophète, par les quatre mille prophètes et sur l'âme de son père et de ses enfants, que tous les trésors trouvés dans la ville seraient équitablement distribués entre les soldats. Cette proclamation fut accueillie avec des cris de joie. De l'intérieur de l'enceinte, les défenseurs purent entendre l'ennemi musulman exulter : « Il n'y a de Dieu qu'Allah, et Mahomet est son Prophète.[7] »

Pendant la nuit du dimanche au lundi, comme la nuit précédente, on vit à la lueur des lanternes et des torches des essaims d'hommes déverser de plus en plus de remblais dans le fossé et amasser des armes de l'autre côté. Ils étaient, cette nuit-là, dans la plus grande excitation, ils criaient, ils chantaient, ils travaillaient au son des fifres, des trompettes, des chalumeaux et des luths. Les flammes étaient si hautes que les assiégés purent espérer un moment que le camp turc eût pris feu, et coururent au rempart pour regarder l'incendie. Quand ils comprirent ce qu'étaient ces lumières, ils ne purent que s'agenouiller et se mettre en prière[8].

À minuit, subitement, le travail cessa et toutes les lumières s'éteignirent. Le sultan voulait que le lundi fût un jour de repos et d'expiation : ses guerriers seraient ainsi prêts pour l'assaut décisif du mardi. Lui-même passa en revue ses troupes toute la journée et leur donna ses ordres. Il commença par traverser à cheval, avec une grande escorte, le pont de la Corne d'Or, et à se rendre aux Deux-Colonnes pour voir son amiral, Hamza Bey. Hamza reçut ordre de mettre, le lendemain, ses bateaux en position devant le barrage et devant tout le côté de la ville baigné par la mer de Marmara. Ses marins, munis d'échelles, devraient essayer partout où c'était possible, soit depuis les bateaux eux-mêmes, soit en utilisant des barques, d'aborder et d'escalader la muraille ; si c'était impossible, du moins devraient-ils feindre d'attaquer continuellement pour obliger tous les défenseurs à rester sur place. Au retour Mehmet donna des ordres analogues à ses bateaux de la Corne d'Or et fit halte devant la porte principale de Péra. Aux magistrats municipaux, convoqués à cet endroit, il enjoignit sévèrement de veiller à ce qu'aucun des habitants de Péra ne porte assistance à Constantinople le lendemain. En cas de désobéissance il sévirait aussitôt. Il retourna ensuite à sa tente, pour en ressortir dans l'après-midi et parcourir à cheval toute la longueur du rempart terrestre, parlant aux officiers et haranguant les hommes qui se reposaient dans leurs campements[9]. Quand il eut vérifié que tout était en ordre, il convoqua ses ministres et les chefs de l'armée dans sa tente pour leur parler.

Le discours du sultan nous est donné par l'historien Critobule qui, comme tous les Byzantins instruits, avait étudié Thucydide et plaçait en conséquence dans la bouche de ses héros le discours qu'à son avis ils auraient pu ou dû prononcer. Mais, quoique ce texte soit l'œuvre de l'historien, il rapporte le sens de ce que le sultan avait à dire. Mehmet rappela à ses auditeurs les richesses que la ville contenait encore et le butin qui, bientôt, leur reviendrait. Il leur rappela que, depuis des siècles, ç'avait été le devoir sacré des fidèles de prendre la capitale des chrétiens et que la tradition leur promettait le succès. La ville n'était pas imprenable. L'ennemi était faible en nombre, épuisé, à court d'armes et de vivres, intérieurement divisé ; les Italiens ne désiraient certainement pas mourir pour un pays qui n'était pas le leur. Demain, déclara-t-il, il enverrait ses hommes, vague après vague, à l'attaque jusqu'à ce que les défenseurs succombent à la fatigue et au désespoir. Il exhorta ses officiers à faire preuve de courage et de discipline. Puis il les pria de retourner à leurs tentes, de prendre du repos, et de se tenir prêts, en attendant le signal de l'attaque. Les commandants en chef restèrent avec lui pour recevoir ses dernières instructions. L'amiral Hamza savait déjà ce qu'il avait à faire. Zaganos, après avoir fourni des renforts aux équipages qui devaient attaquer les murs de la Corne d'Or, passerait le pont avec le reste de ses troupes et les lancerait à l'assaut des Blachernes. Karadja Pacha serait à sa droite jusqu'à la porte de Charisius. Ishak et Mahmoud, avec les troupes d'Asie, attaqueraient le secteur compris entre la porte civile de Saint-Romain et la mer de Marmara, en concentrant leur effort sur les alentours de la troisième porte militaire. Le sultan lui-même, avec Halil et Saruja, dirigerait l'attaque principale, dans la vallée du Lycus. Après avoir donné ses instructions, le sultan se retira pour souper et dormir[10].

Pendant toute la journée un calme étrange régna à l'extérieur des murailles. Même la grosse artillerie se taisait. Dans la ville des gens affirmaient que les Turcs s'apprêtaient à partir ; en fait ils tâchaient de se remonter le moral en étant optimistes. Chacun savait bien que le moment fatidique était venu. Pendant les quelques jours précédents l'épuisement nerveux des assiégés s'était traduit par des chamailleries et des accusations mutuelles entre Grecs, Vénitiens et Génois. Pour les Vénitiens comme pour les Grecs on ne pouvait se fier à aucun Génois puisque Péra avait choisi de rester neutre. L'arrogance des Vénitiens offusquait les Génois comme les Grecs. Les Vénitiens avaient fabriqué des boucliers et des parements de bois dans les ateliers de leur propre quartier ; et Minotto ordonna à des ouvriers grecs de transporter ces boucliers jusqu'aux lignes de défense des Blachernes. Les ouvriers s'y refusèrent à moins d'être payés, non par cupidité comme le croyaient les Vénitiens, mais parce qu'ils ne supportaient pas qu'un Italien leur donne des ordres sur ce ton et parce qu'ils avaient vraiment besoin d'argent ou de temps pour nourrir leurs familles affamées. Les Vénitiens qu'avaient accompagnés leurs familles étaient peu nombreux ; quant aux femmes et aux enfants génois, ils vivaient confortablement à Péra. Les Italiens n'avaient jamais réussi à comprendre quelle tension c'était pour les Grecs que de savoir leurs femmes et leurs enfants menacés du même sort qu'eux-mêmes. Par moments on se querellait sur des questions de stratégie. Dès qu'il fut évident que la grande attaque était imminente, Giustiniani exigea du *megadux* Luc Notaras qu'il amenât toute son artillerie au Mésoteichion, où l'on en aurait le plus urgent besoin. Notaras refusa. Il pensait, non sans raison, que les murailles du port seraient elles aussi attaquées ; et elles n'étaient déjà qu'insuffisamment défendues. Il y eut une altercation, et l'empereur, épuisé, dut intervenir. Giustiniani obtint, semble-t-il, ce qu'il voulait. L'archevêque Léonard, dans sa haine des orthodoxes, déclara que les Grecs ne voulaient pas laisser aux Latins le mérite de la défense : d'où leur mauvaise grâce et leur mécontentement. Il oubliait comme par hasard qu'il y avait autant de Grecs que d'Italiens combattant dans la vallée du Lycus et qu'il n'y eut aucun Grec – il dut bien le reconnaître – qui manquât de zèle à l'heure de la bataille[11].

Ce lundi-là, sachant que la crise approchait, les soldats et les habitants oublièrent leurs querelles. Pendant que les défenseurs de l'enceinte travaillaient à consolider les murailles, une grande procession se forma. Alors que le silence régnait dans le camp turc, dans la cité les cloches sonnaient à toute volée ; et les simandres de retentir, cependant que, dans les rues, on portait en procession, sur les épaules des fidèles, les icônes et les reliques, tout au long de l'enceinte, en s'arrêtant de temps en temps pour bénir de leur sainte présence les endroits où les dégâts étaient les plus grands et le danger le plus pressant ; la foule qui suivait, Grecs et Italiens, orthodoxes et catholiques, chantaient des hymnes et entonnaient des Kyrie Eleison. L'empereur en personne vint se joindre à la procession ; et quand elle eut pris fin, il réunit ses notables et ses chefs militaires, grecs et italiens, et leur adressa un dernier discours. Son allocution fut consignée par deux des personnages présents, son secrétaire Phrantzès et l'archevêque de Mytilène. Chacun d'eux la reproduisit à sa façon, en y ajoutant des allusions pédantes et des aphorismes pieux, pour lui donner la forme rhétorique dont elle manquait très probablement. Mais leurs comptes rendus se ressemblent assez pour que nous puissions en saisir la substance. Constantin dit à ses auditeurs que le grand assaut était sur le point de commencer. À ses sujets grecs il rappela qu'un homme doit toujours être prêt à mourir pour sa foi, pour son pays, pour sa famille, ou pour son souverain. Et maintenant ils devaient se préparer à mourir pour chacune de ces causes. Il leur parla des temps glorieux et des hautes traditions de la grande cité impériale. Il parla de la perfidie du sultan infidèle qui avait provoqué la guerre afin de détruire la Vraie Foi et d'installer son faux prophète sur le siège du Christ. Il les adjura de ne pas oublier qu'ils étaient les descendants des héros de l'Antiquité grecque et romaine et de se montrer dignes de leurs ancêtres. Il était prêt, quant à lui à mourir pour sa foi, pour sa ville et pour son peuple. Il se tourna ensuite vers les Italiens, les remercia pour tous les services rendus et les assura de sa confiance, à l'approche de la bataille. Il leur demanda à tous, Grecs qu'aussi bien qu'Italiens, de ne pas redouter le grand nombre des ennemis ni les moyens barbares, feux ou vacarme, dont ceux-ci feraient usage pour les effrayer. Qu'ils ne perdent pas courage ; qu'ils soient braves et fermes. Avec l'aide de Dieu ils auraient la victoire.

Tous ceux qui se trouvaient là assurèrent l'empereur qu'ils étaient prêts pour lui au sacrifice de leurs vies et de leurs foyers. Il fit alors lentement le tour de la salle, demandant à chacun d'eux de lui pardonner s'il leur avait fait offense. Ils suivirent son exemple et s'embrassèrent comme des hommes qui se préparent à mourir[12].

Le jour touchait à sa fin. La foule se dirigeait déjà vers la grande église de la Divine Sagesse. Depuis cinq mois aucun Grec pieux n'en avait franchi le seuil, de crainte de voir la liturgie sacrée profanée par des Latins et par des renégats. Mais ce soir-là, on oubliait ses griefs les plus amers. En dehors des sentinelles sur l'enceinte, aucun habitant, ou peu s'en faut, ne s'abstint d'assister à cette ultime intercession. Des prêtres qui tenaient l'union avec Rome pour un péché mortel vinrent servir à l'autel aux côtés de leurs frères unionistes. Le cardinal était là, et près de lui des évêques qui ne reconnaîtraient jamais son autorité ; et tout ce monde venait se confesser et communier sans se demander si celui qui administrait était orthodoxe ou catholique ; il y avait là des Italiens et des Catalans auprès des Grecs. Les mosaïques d'or, ornementées d'icônes du Christ, des saints, des empereurs et impératrices de Byzance, scintillaient à la lueur d'un millier de lampes et de cierges ; et baignés de cette lumière, les prêtres, dans leurs splendides ornements, se mouvaient pour la dernière fois au rythme solennel de la liturgie. À ce moment l'union régnait dans l'église de Constantinople[13].

Quand se fut achevé le conseil de l'empereur, les ministres et les chefs militaires traversèrent la ville à cheval pour assister à l'office. Après s'être confessé et avoir pris la communion, chacun rejoignit son poste, résolu à vaincre ou à mourir. Lorsque Giustiniani et ses camarades grecs et italiens eurent franchi le rempart intérieur pour prendre position près du mur extérieur et de la palissade, ordre fut donné de fermer derrière eux les portes du rempart intérieur, afin de rendre toute retraite impossible[14].

Un peu plus tard ce soir-là, l'empereur chevaucha sa belle jument arabe jusqu'à la grande cathédrale, où il mit son âme en paix avec Dieu. Puis il s'en retourna, par les rues obscures, à son palais des Blachernes et réunit les gens de sa maison. À chacun il demanda pardon, comme il l'avait fait avec ses ministres, s'il leur avait un jour manqué de charité, et leur fit ses adieux. Il était près de minuit quand il remonta à cheval et se mit à suivre, accompagné de son fidèle Phrantzès, toute la longueur du rempart terrestre, pour vérifier que tout était en ordre et que l'on avait fermé les portes du rempart intérieur. En revenant vers les Blachernes, l'empereur mit pied à terre près de la porte Caligarienne et monta avec Phrantzès sur une tour, à l'angle le plus avancé du mur des Blachernes, d'où ils pouvaient plonger leurs regards des deux côtés dans la nuit, à gauche vers le Mésoteichion et à droite, en bas, vers la Corne d'Or. Au pied des remparts ils entendaient l'ennemi amener ses canons au-delà du fossé remblayé. Cette activité, leur dirent les sentinelles, durait depuis le coucher du soleil. Au loin ils apercevaient les lumières vacillantes des bateaux qui traversaient la Corne d'or. Phrantzès passa à peu près une heure avec son maître. Puis Constantin le renvoya : ils ne devaient jamais se revoir. La bataille commençait[15].

CHAPITRE X

LA CHUTE DE CONSTANTINOPLE

L'après-midi du lundi 28 mai, le temps avait été beau et clair. Quand le soleil commença à baisser à l'ouest, ses rayons frappèrent les défenseurs de la ville en pleine figure, les éblouissant presque. C'est alors que le camp turc entra en action. Des hommes arrivèrent par milliers pour achever de remblayer le fossé, pendant que d'autres poussaient en avant canons et engins. Le ciel s'assombrit peu après le coucher du soleil, et il tomba une lourde averse, mais le travail continua sans interruption car les chrétiens ne pouvaient rien pour l'arrêter. Vers une heure et demie du matin le sultan estima que tout était prêt, et il ordonna l'assaut[1].

Soudain, ce fut un vacarme terrifiant. Tout le long des remparts les Turcs se ruaient à l'assaut, poussant leurs cris de guerre et encouragés par le bruit des tambours, des trompettes et des fifres. Les troupes chrétiennes avaient attendu ce moment en silence ; mais quand les guetteurs sur les tours donnèrent l'alarme, les églises les plus proches de l'enceinte commencèrent à sonner les cloches, et, de proche en proche, toutes les églises de la ville transmirent le signal jusqu'à ce que partout l'on entendît résonner le tocsin. À une lieue du rempart terrestre, dans l'église de la Divine

Sagesse, les fidèles surent que la bataille avait commencé. Tous les hommes en âge de combattre retournèrent à leur poste ; et les femmes – parmi elles, des moniales – se hâtèrent d'apporter aux murailles des pierres et des poutres pour renforcer les défenses, ou des seaux d'eau pour rafraîchir les combattants. De vieilles gens et des enfants sortirent des maisons pour s'assembler dans les églises, espérant que les saints et les anges les protégeraient. Les uns allaient à l'église de leur paroisse, d'autres à la grande église de Sainte Théodosie, près de la Corne d'Or. Ce mardi était le jour de sa fête ; et l'on avait orné l'église de roses cueillies dans les haies et les jardins. La sainte ne pouvait, bien sûr, abandonner ses fidèles. D'autres encore retournèrent à la grande cathédrale, en se rappelant une vieille prophétie selon laquelle l'infidèle réussirait bien à pénétrer dans la ville et à atteindre le saint édifice, mais que l'ange du Seigneur lui apparaîtrait, et de son glaive étincelant le chasserait pour le vouer au néant. Dans les chapelles les dernières heures avant l'aube se passèrent à attendre et à prier.

Sur le rempart le temps n'était plus aux prières. Le sultan avait fait ses plans avec soin. Malgré l'arrogance des propos qu'il avait tenus devant ses soldats, il avait appris à respecter l'adversaire. En l'occurrence, il devait l'épuiser avant de risquer ses meilleures troupes dans la bataille. Ce furent les bachi-bouzouks, ses irréguliers, qui formèrent la première vague d'assaut. Ils étaient des milliers et des milliers, aventuriers de tous pays et de toutes races, Turcs pour beaucoup d'entre eux, mais surtout chrétiens, Slaves, Hongrois, Allemands, Italiens et même Grecs, tous prêts à se jeter sur leurs coreligionnaires pour toucher la solde du sultan et s'emparer du butin promis. La plupart avaient leurs propres armes, c'est-à-dire un curieux mélange de cimeterres, de frondes, d'arcs, plus quelques arquebuses ; mais un grand nombre d'échelles leur avaient été distribuées. Ces bachi-bouzouks n'étaient pas des soldats bien fiables : ardents à se lancer à l'assaut, ils se décourageaient facilement si le succès n'était pas aussitôt au rendez-vous. Connaissant ce défaut, Mehmet avait placé derrière eux une ligne de sergents armés de fouets à lanières et de masses d'armes, et chargés de frapper et de punir ceux qui donneraient des signes de faiblesse. Derrière les sergents se tenaient les janissaires de la garde personnelle du sultan. Au cas où un irrégulier parviendrait à se frayer un chemin à travers la ligne de policiers, ils avaient ordre de l'abattre à coups de cimeterre.

L'attaque des bachi-bouzouks fut lancée tout le long du rempart, mais elle fut particulièrement violente dans la vallée du Lycus. Ailleurs les murailles étaient beaucoup trop solides ; si on les attaquait, c'était surtout pour faire diversion et empêcher les défenseurs d'aller soutenir leurs camarades dans le secteur le plus touché. Là, le combat était acharné. Les bachi-bouzouks affrontaient des soldats beaucoup mieux armés et entraînés qu'eux-mêmes ; de plus le nombre des assaillants les désavantageait. Ils ne cessaient de se gêner mutuellement. Les pierres qu'on jetait sur eux pouvaient en tuer, ou mettre hors de combat, plusieurs à la fois. Quelques-uns essayèrent bien de battre en retraite, mais la plupart s'obstinèrent : ils continuaient d'appliquer leurs échelles aux murs ou à la palissade, à y grimper et à se faire repousser avant d'en avoir atteint le sommet. Giustiniani, ses Grecs et ses Italiens disposaient de tous les mousquets et de toutes les couleuvrines qu'on avait pu trouver dans la ville. L'empereur vint lui-même les encourager. Après deux heures de lutte, Mehmet donna ordre aux bachi-bouzouks de battre en retraite. Ils avaient été refoulés et mis en échec, mais avaient accompli ce qu'on attendait d'eux : fatiguer l'ennemi.

Quelques-uns des chrétiens espéraient qu'il ne s'agissait que d'une attaque de nuit isolée, destinée à éprouver leur force de résistance ; et tous espéraient avoir un moment de repos. Ce moment ne leur fut pas accordé. À peine eurent-ils le temps de refaire les rangs et de remettre poutres et tonneaux de terre sur la palissade que déjà commençait le deuxième assaut. Des régiments de Turcs anatoliens de l'armée d'Ishak, aisément reconnaissables à leurs uniformes et à leurs cuirasses, dévalaient le flanc de la colline depuis la porte civile de Saint-Romain ; arrivés dans la vallée ils firent un mouvement de conversion face à la palissade. De nouveau les églises proches de l'enceinte se mirent à sonner l'alarme. Mais le bruit des cloches était couvert par le grondement du grand canon d'Urbain et des autres pièces d'artillerie qui recommençaient à bombarder la muraille. Quelques minutes plus tard, les Anatoliens montaient à l'assaut. Contrairement aux irréguliers, c'étaient des soldats disciplinés et bien armés, et tous de pieux musulmans, ardemment désireux de se couvrir de gloire en pénétrant les premiers dans la ville chrétienne. Excités par le bruit sauvage des trompettes et des fifres, ils se jetaient sur la palissade et grimpaient sur les épaules les uns des autres, en s'efforçant de fixer leurs échelles à la barrière et de se frayer un chemin jusqu'à son sommet. À la faible lueur des lanternes, et sous les nuages qui voilaient la lune, il était difficile de voir ce qui se passait. Les Anatoliens, tout comme les irréguliers qui les avaient précédés, étaient désavantagés par leur entassement sur un front de peu d'étendue. Leur discipline et leur ténacité ne faisaient qu'aggraver leurs pertes alors que les défenseurs leur jetaient des pierres, renversaient leurs échelles ou luttaient au corps à corps avec eux. Environ une heure avant l'aube, alors que ce deuxième assaut commençait à mollir, un boulet du gros canon d'Urbain atterrit en plein sur la palissade et la démolit sur une longueur de plusieurs mètres. Un nuage de poussière accompagna le jaillissement des débris et de la terre ; la fumée noire de la poudre aveugla un moment la défense. Une meute de trois cents Anatoliens se rua dans la brèche en criant qu'ils tenaient la ville. Mais les chrétiens, avec l'empereur à leur tête, en tuèrent le plus grand nombre et refoulèrent les autres vers le fossé. Les Anatoliens furent déconfits par ce revers. Ils reçurent l'ordre d'interrompre l'attaque et de regagner leurs lignes ; les défenseurs, poussant des cris de triomphe, se remirent une nouvelle fois à réparer la palissade.

Les Turcs n'avaient pas eu plus de succès dans les autres secteurs. Le long de la partie sud du rempart terrestre, Ishak avait pu faire une pression suffisante pour empêcher les défenseurs de détacher des soldats dans la vallée du Lycus, mais privé lui-même des excellents soldats qu'il y avait envoyés, il n'était pas en mesure d'attaquer sérieusement. Du côté de la mer de Marmara, Hamza Bey avait du mal à approcher ses bateaux du rivage. Les quelques groupes qu'il avait pu débarquer furent aisément repoussés par les moines chargés de la défense ou par le prince Orhan et sa troupe. Sur le rivage de la Corne d'Or il y eut des feintes, mais aucun assaut réel. Autour du quartier des Blachernes les combats avaient été plus durs. Les troupes que Zaganos avait amenées de l'autre côté du pont ne cessèrent d'attaquer sur les plages près du port, de même que les hommes de Karadja Pacha un peu plus haut dans la montée. Mais dans leur secteur Minotto et ses Vénitiens avaient pu tenir bon contre Zaganos et les frères Bocchiardi ne pliaient pas devant Karadja.

Le sultan, dit-on, était indigné de l'échec de ses Anatoliens. Mais ce qu'il attendait d'eux plus probablement, tout comme les bachi-bouzouks avant eux, était de fatiguer l'adversaire plutôt que de pénétrer eux-mêmes dans la ville. Il avait promis une forte récompense au premier soldat qui franchirait la palissade ; et il souhaitait que le privilège en revînt à son régiment favori, celui des janissaires. Le moment était venu pour eux d'entrer dans la bataille. Mehmet était inquiet : car si les janissaires échouaient, il ne pourrait guère poursuivre le siège. Ses ordres furent donnés rapidement. Avant que les chrétiens aient eu le temps de souffler ni de réparer vraiment la palissade, une grêle de projectiles – flèches, javelots, pierres et boulets – s'abattit sur eux ; et, protégés par cette grêle, les janissaires s'avancèrent au pas de gymnastique, non pas en se ruant comme l'avaient fait les bachi-bouzouks et les Anatoliens, mais en restant parfaitement alignés, en dépit du tir de l'adversaire. La musique martiale qui les accompagnait était si bruyante qu'on pouvait l'entendre, entre les détonations des canons, jusqu'au Bosphore. Le sultan en personne mena ses janissaires jusqu'au fossé et s'arrêta là pour les encourager de la voix pendant qu'ils le franchissaient. Vague après vague, ces troupes fraîches, ces hommes magnifiques et solidement armés se ruaient vers la palissade, agrippaient les tonneaux de terre qui la surmontaient, frappant à grands coups les poutres qui la soutenaient, et appliquaient leurs échelles aux endroits où elles ne pouvaient être renversées ; et chaque vague faisait place, sans qu'il se produisît la moindre panique, à celle qui lui succédait. Les chrétiens étaient à bout de forces. En plus de quatre heures de combat, ils n'avaient eu que quelques minutes de répit ; mais ils luttaient avec l'énergie du désespoir, sachant que s'ils cédaient, c'en était fini. Derrière eux les cloches des églises tintaient de nouveau, et un grand murmure de prières s'élevait vers les cieux.

Sur la palissade on luttait maintenant au corps à corps. Pendant une heure environ les janissaires ne purent progresser. Les chrétiens crurent que l'attaque faiblissait un peu ; mais le sort était contre eux. À l'angle du mur des Blachernes, juste avant le point où il rejoignait le double rempart de Théodose, il y avait, à demi-cachée par une tour une petite porte de sortie connue sous le nom de Kerkoporta. Elle avait été condamnée pendant bien des années ; mais les anciens n'avaient pas oublié son existence. À la veille du siège on l'avait rouverte, afin de permettre des sorties contre le flanc de l'ennemi. Durant le combat les frères Bocchiardi et leurs hommes en avaient fait usage contre les troupes de Karadja Pacha. Mais en revenant d'une de ces sorties, quelqu'un avait oublié de remettre la barre derrière lui sur cette petite porte. Des Turcs s'en aperçurent, ils firent irruption dans la cour qui se trouvait derrière la porte et se mirent à gravir l'escalier qui conduisait au sommet de la muraille. Les chrétiens qui étaient tout près de la Kerkoporta, voyant ce qui était arrivé, refluèrent sur elle pour en reprendre le contrôle et pour interdire à d'autres Turcs d'entrer à leur tour. Au cours de la bagarre confuse qui s'ensuivit, une cinquantaine de Turcs restèrent isolés à l'intérieur de la muraille ; ils auraient pu être encerclés et anéantis si à ce moment un plus grand malheur ne s'était produit.

C'est juste avant le lever du soleil qu'une balle de couleuvrine tirée à courte distance atteignit Giustiniani et perça sa cuirasse. Comme il saignait abondamment et souffrait beaucoup, il demanda à ses hommes de l'éloigner du champ de bataille. L'un de ces hommes s'en alla trouver l'empereur, qui combattait dans le voisinage, et lui demanda la clef d'une petite porte percée dans le rempart intérieur. Constantin se précipita auprès de Giustiniani pour le supplier de ne pas quitter son poste. Mais Giustiniani n'en pouvait plus ; il voulait abandonner le combat. La porte fut ouverte et les gardes de Giustiniani le transportèrent à travers toute la ville jusqu'au port où ils l'embarquèrent sur un bateau génois. Ses troupes le virent s'éloigner. Quelques-uns purent se dire qu'il s'en allait défendre le rempart intérieur ; mais l'idée de la plupart fut que la bataille était perdue. Terrifié, quelqu'un cria que les Turcs avaient franchi le rempart. Avant que l'on pût renfermer la petite porte, les Génois s'y précipitèrent tête baissée. L'empereur et ses Grecs restèrent seuls sur le lieu des combats.

De l'autre côté du fossé le sultan avait observé ce début de panique. Il cria : « la ville est à nous ! », ordonna à ses janissaires de repartir à l'assaut et fit signe à une compagnie que commandait un géant nommé Hasan. Hasan se tailla un chemin par-dessus la palissade en ruine et fut réputé avoir mérité la récompense promise. Une trentaine de janissaires le suivirent. Les Grecs résistaient. Hasan lui-même, frappé d'une pierre, tomba à genoux et expira ; beaucoup d'autres janissaires périrent avec lui. Les Grecs tenaient encore. Mais la masse des assaillants les contraignit à reculer jusqu'au rempart intérieur. Au pied de ce rempart s'étendait un autre fossé que l'on avait approfondi par endroits en y prenant de la terre destinée à la palissade. Beaucoup de Grecs, poussés dans ces trous, ne purent en ressortir aisément, gênés qu'ils étaient par la grande muraille intérieure derrière eux. Les Turcs, parvenus au sommet de la palissade, leur tirèrent dessus et en firent un carnage. Un grand nombre de janissaires atteignirent bientôt le rempart intérieur et l'escaladèrent sans rencontrer aucune résistance. Soudain quelqu'un leva les yeux et vit des drapeaux turcs flotter sur la tour au-dessus de la Kerkoporta. Une clameur s'éleva : « la ville est prise ! »

Pendant qu'il discutait avec Giustiniani, l'empereur avait été informé de l'irruption des Turcs dans la Kerkoporta. Il y courut aussitôt mais arriva trop tard. La panique avait gagné quelques-uns des Génois qui se trouvaient là. Il fut impossible, dans la bagarre, de refermer la porte. Un flot de Turcs s'y engouffra et les hommes des frères Bocchiardi étaient trop peu nombreux pour les repousser. Constantin tourna bride et revint au galop à la vallée du Lycus et aux brèches ouvertes dans la palissade. Étaient avec lui le vaillant Espagnol qui prétendait être son cousin, don Francisco de Tolède, son cousin Théophile Paléologue et un fidèle compagnon d'armes, Jean Dalmata. À eux quatre, ils tentèrent de rallier les Grecs. En vain : le massacre avait été trop grand. Ils descendirent de cheval et pendant quelques minutes, toujours à eux quatre, ils gardèrent les approches de la porte par laquelle on avait emmené Giustiniani. Mais la défense était maintenant rompue. La porte était encombrée de soldats chrétiens qui essayaient d'échapper à un nombre croissant de janissaires. Théophile cria qu'il aimait mieux mourir et disparut dans le flot montant des assaillants. Constantin lui-même savait maintenant que l'Empire était perdu et il n'avait aucun désir de lui survivre. Il se débarrassa de ses insignes impériaux et, toujours avec Don Francisco et Jean Dalmata à ses côtés, il suivit Théophile. Jamais on ne le revit[2].

« La ville est prise ! » : l'écho de ce cri se répercutait dans toutes les rues. De la Corne et de ses rives, l'on pouvait voir des drapeaux turcs plantés sur les hautes tours des Blachernes, que l'aigle impériale et le lion de Saint Marc avaient dominées quelques minutes à peine auparavant. Çà et là la lutte se prolongeait un peu. Près des murs autour de la Kerkoporta, les hommes continuaient à se battre ; mais ils comprirent bientôt que rien ne pouvait plus être fait. Aussi se frayèrent-ils un chemin au travers des lignes ennemies jusqu'à la Corne d'Or. Paolo fut pris et tué ; mais Antonio et Troïlo atteignirent un bateau génois qui les transporta sur l'autre rive, jusqu'au havre de Péra, sans être remarqué par les Turcs. Sur leur flanc, dans le palais des Blachernes, Minotto et ses Vénitiens avaient été encerclés ; le baile et les principaux notables furent faits prisonniers[3].

Des signaux indiquant l'invasion de la ville par ses remparts terrestres furent transmis à toute l'armée turque. Les bateaux turcs de la Corne d'Or se hâtèrent de débarquer leurs hommes sur les plages et de les lancer à l'assaut des murs du port. Ils rencontrèrent peu de résistance, sauf à la porte Horaïa, près de l'actuel Eïvan Seraï. À cet endroit les équipages de deux navires crétois s'enfermèrent dans trois tours et refusèrent de se rendre. Ailleurs les Grecs s'étaient enfuis vers leurs maisons dans l'espoir de protéger leurs familles, et les Vénitiens essayaient de gagner leurs bateaux. Il ne se passa pas longtemps avant qu'une compagnie de Turcs forçât l'entrée de la porte de Platée, au creux de la vallée que dominait encore le grand aqueduc de Valens. Une autre compagnie força la porte Horaïa. Partout où ils pénétraient, les détachements longeaient l'enceinte pour ouvrir d'autres portes à leurs camarades qui attendaient dehors. Un peu plus loin, voyant que tout était perdu, des pêcheurs ouvrirent eux-mêmes les portes du quartier de Pétrion aussitôt qu'on leur eut promis d'épargner leurs maisons[4].

Dans le secteur du rempart terrestre situé au sud du Lycus, les chrétiens avaient repoussé toutes les attaques des Turcs. Mais à présent, des régiments entraient les uns après les autres par les brèches de la palissade, se répandaient à droite et à gauche et ouvraient toutes les portes. La garnison du rempart se trouva encerclée. Beaucoup d'hommes trouvèrent la mort en essayant d'échapper à ce piège ; mais la plupart des chefs, y compris Philippe Contarini et Dimitri Cantacuzène, furent pris vivants[5].

Sur la mer de Marmara les vaisseaux de Hamza Bey aperçurent eux aussi les signaux et débarquèrent des groupes sous le mur. Dans les quartiers du Studion et de Psamathia il n'y eut, semble-t-il, aucune résistance. Les défenseurs se rendirent à l'instant, espérant que leurs maisons et leurs églises échapperaient au pillage[6]. Sur leur gauche le prince Orhan et ses Turcs continuèrent à lutter, ne sachant que trop quel sort les attendait s'ils tombaient entre les mains du sultan[7] ; et les Catalans stationnés au pied du vieux palais impérial résistèrent jusqu'à ce que le dernier d'entre eux eût été capturé ou massacré[8]. Sur l'Acropole le cardinal Isidore jugea qu'il serait prudent d'abandonner son poste. Il se déguisa et essaya de s'enfuir[9].

Le sultan garda auprès de lui quelques-uns de ses régiments pour lui servir d'escorte et de police militaire. Mais le plus gros des troupes ne pensait qu'au pillage. L'impatience était particulièrement vive chez les marins, qui craignaient d'être devancés par l'armée. Espérant que le barrage empêcherait les bateaux chrétiens de sortir du port – on s'en emparerait ensuite tout à loisir –, ils abandonnèrent donc leurs navires pour se précipiter à terre ; leur cupidité sauva la vie à un grand nombre de chrétiens. Si beaucoup de marins grecs et chrétiens, dont le Trévisan lui-même, furent pris avant d'avoir réussi à sortir de la ville, d'autres purent rejoindre, sans rencontrer d'opposition, les hommes de garde qu'on avait laissés sur les bateaux et préparer ces derniers à un éventuel combat. D'autres encore purent se hisser à bord avant le départ ou gagner les navires à la nage comme le fit le Florentin Tetaldi. Quand Alviso Diedo, qui était commandant de toute la flotte, vit que la ville était tombée, il se rendit en barque à Péra pour demander aux autorités génoises quelles étaient leurs intentions : conseilleraient-elles aux Génois de rester dans le port et de combattre ou leur conseilleraient-elles de gagner la haute mer ? Quelle que fût leur décision, ses bateaux vénitiens, promit-il, coopéreraient. Le podestat de Péra fut d'avis d'envoyer une ambassade au sultan pour lui demander s'il laisserait partir tous les bateaux ou bien s'il risquerait une guerre avec Gênes et Venise. L'idée n'était guère réalisable dans un tel contexte ; par ailleurs le podestat venait de faire fermer les portes de Péra, de sorte que Diedo, qu'accompagnait le chroniqueur Barbaro, ne put regagner ses bateaux. Mais les équipages génois des navires mouillés sous les murs de Péra firent savoir qu'ils comptaient prendre le large et qu'ils souhaitaient avoir l'aide des Vénitiens. Sur leur insistance on permit à Diedo de repartir dans sa barque. Il se dirigea droit sur la chaîne qui était encore fermée ; deux de ses marins attaquèrent à la hache les courroies qui la fixaient aux murailles de Péra et elle se mit à dériver sur ses flotteurs. Diedo fit signe à ses navires dans le port de le suivre et sortit en mer. Sept bateaux génois de Péra le suivirent immédiatement et bientôt après ils furent rejoints par la plupart des vaisseaux de guerre vénitiens, par quatre ou cinq des galères de l'empereur et par un ou deux navires de guerre génois. Tous avaient attendu aussi longtemps que possible afin de recueillir les fugitifs qui tentaient de gagner leur bord à la nage ; et après être sortie du barrage toute la flottille passa encore une heure ou deux à l'entrée du Bosphore pour voir si d'autres bateaux s'échapperaient. Elle profita ensuite du fort vent du nord qui soufflait pour traverser la mer de Marmara et descendre les Dardanelles : elle était désormais sauve[10].

Trop de navires d'Hamza Bey étaient privés de leurs marins, accourus au pillage, pour que l'amiral puisse empêcher la flotte de Diedo de s'enfuir. Hamza réunit ceux de ses navires qui avaient encore un équipage et contourna l'extrémité ouverte du barrage pour entrer dans la Corne d'Or, où il prit au piège les bateaux restés au port : quatre ou cinq autres galères impériales, deux ou trois galères génoises et tous les navires marchands vénitiens non armés. La plupart de ces bateaux étaient bourrés de fugitifs, et trop chargés pour prendre la mer. Quelques petites embarcations réussirent encore à gagner Péra. Mais en plein jour il devenait difficile d'échapper aux Turcs. À midi le port tout entier et tout ce qu'il contenait étaient aux mains du vainqueur[11].

Dans la ville, il subsistait un petit îlot de résistance. Les marins crétois qui s'étaient enfermés dans les tours voisines de l'entrée de la Corne d'or tenaient encore ; on ne savait comment les déloger. Au début de l'après-midi, se voyant complètement isolés, ils se rendirent enfin aux officiers du sultan à condition d'avoir la vie sauve et de conserver leurs biens. Leurs deux bateaux avaient été hâlés à terre, au pied des tours. Ils les remirent à l'eau sans que les Turcs, dont ils avaient gagné l'admiration, les en empêchent et firent voile vers la Crète[12].

Le sultan Mehmet savait depuis de nombreuses heures qu'il était maître de la grande cité. C'était à l'aube que ses hommes avaient franchi la palissade et peu après, alors que la lune décroissante était encore haut dans le ciel, qu'il était venu lui-même examiner la brèche par où les vainqueurs avaient passé[13]. Mais il remit à plus tard sa propre entrée triomphale dans la ville, comptant que dans l'après-midi, une fois commis les premiers excès du massacre et du pillage, l'ordre serait un peu rétabli. En attendant il retourna à sa tente pour y recevoir des délégations de citoyens apeurés et le podestat de Péra en personne[14]. Il désirait aussi découvrir quel avait été le sort de l'empereur.

Cela, on ne le sut jamais avec certitude. Dans les colonies italiennes du Levant, on raconta plus tard que deux soldats turcs qui prétendaient avoir tué Constantin avaient apporté au sultan une tête que des courtisans prisonniers auraient reconnue comme étant celle de leur maître. Mehmet aurait laissé cette tête pendant un certain temps au sommet d'une colonne du Forum d'Auguste, puis il l'aurait fait naturaliser et exhiber dans les principales cours du monde islamique. Des écrivains, témoins de la chute de la cité, rapportaient diverses autres histoires. Selon Barbaro, certains combattants disaient avoir vu le cadavre de l'empereur au milieu d'un monceau de morts, d'autres affirmaient qu'il n'avait jamais été trouvé. D'après le Florentin Tetaldi, les uns assuraient que Constantin avait eu la tête tranchée, les autres qu'il était mort près de la porte après avoir été abattu. Les deux versions pouvaient être vraies : car l'empereur avait certainement péri dans la mêlée, et les Turcs décapitaient presque tous les corps. Phrantzès, l'ami dévoué de Constantin, essaya d'obtenir d'autres détails. Tout ce qu'il apprit fut ceci : au cours des recherches que le sultan avait ordonnées, on avait lavé un certain nombre de corps et de têtes, dans l'espoir d'identifier le cadavre. L'on avait fini par découvrir un mort dont les bas étaient brodés et les jambières gravées d'une aigle. On supposa que c'était l'empereur ; et le sultan le remit aux Grecs pour qu'ils l'enterrent. Phrantzès lui-même ne vit pas le cadavre. Était-ce réellement celui de son maître ? Il en doutait un peu. Et il ne put pas non plus découvrir où on l'avait inhumé. Au cours des siècles qui suivirent, on montra aux visiteurs pieux, dans le quartier de Vefa, une tombe anonyme en la faisant passer pour celle de l'empereur. Son authenticité n'a jamais été prouvée, et la tombe en question fut ensuite délaissée et oubliée[15].

Quelles qu'aient pu être les péripéties de cette fin, le sultan Mehmet n'avait plus aucun doute sur la mort de l'empereur. Désormais il n'était pas seulement le sultan, il était aussi l'héritier et le détenteur de l'ancien Empire romain.

CHAPITRE XI

LE SORT DES VAINCUS

Depuis le temps du Calife Omar et des premières grandes conquêtes de la foi, la tradition de l'islam prescrivait la façon dont on devait traiter les peuples conquis. Une ville ou une région qui se rend volontairement au conquérant ne doit pas être pillée, bien qu'elle puisse avoir à payer une indemnité ; ses habitants chrétiens et juifs peuvent conserver leurs lieux de culte, à condition de respecter certaines règles concernant les bâtiments eux-mêmes. Si la capitulation même est due à l'implacable nécessité, parce que la défense ne peut plus se prolonger, la règle demeure valable, bien que le vainqueur puisse imposer en ce cas des indemnités plus lourdes et le châtiment de ses ennemis les plus obstinés. Mais quand une cité est prise d'assaut, ses habitants n'ont rien à espérer. L'armée conquérante a droit à trois jours de pillage sans restriction ; les anciens lieux du culte et tous les autres bâtiments deviennent la propriété du vainqueur ; il peut en disposer à son gré.

Le sultan Mehmet avait garanti à ses soldats les trois jours de pillage auxquels ils avaient droit. Ils se répandirent dans la cité. Après que les premières troupes eurent franchi le rempart, Mehmet leur avait imposé une certaine discipline. Les régiments étaient entrés un par un, en musique et drapeaux déployés. Mais une fois à l'intérieur de la ville, tous s'étaient rués au pillage. D'abord ils ne pouvaient croire que les défenseurs eussent mis bas les armes. Puis ils n'avaient fait aucun quartier, massacrant tous ceux qu'ils rencontraient dans les rues : hommes, femmes et enfants. Le sang ruisselait sur les pentes abruptes qui descendent des hauteurs de Pétra vers la Corne d'Or. Mais bientôt cette furie homicide s'assouvit ; les vainqueurs comprirent que des prisonniers et des objets précieux ils tireraient meilleur profit[1].

Des soldats qui avaient franchi la palissade ou passé par la Kerkoporta, beaucoup se dirigèrent vers le palais impérial des Blachernes pour le mettre à sac. Ils maîtrisèrent la garnison vénitienne et se jetèrent sur tous les trésors, brûlant les livres et les icônes après en avoir arraché les reliures ou les cadres enrichis de joyaux, et taillant à coups de hache dans les mosaïques et les marbres des revêtements muraux. D'autres se précipitèrent vers les riches églises de l'enceinte – Saint Georges près de la porte de Charisius, saint Jean dans le quartier de Pétra, et la charmante église du monastère du Sauveur dans la Chora – pour faire main basse sur leur orfèvrerie, leurs ornements et tout ce dont on pouvait les dépouiller. Dans la Chora, ils laissèrent intactes les mosaïques et les fresques, mais ils détruisirent l'icône de la Mère de Dieu, l'Hodigitria, l'image la plus sainte de tout Byzance, qu'on disait avoir été peinte par Saint Luc lui-même. Au début du siège on avait retiré cette icône de son église près du palais, pour la placer à proximité des défenseurs du rempart qu'elle couvrait de sa présence bienfaisante. Elle fut arrachée à son cadre et brisée en quatre morceaux. Les soldats reprirent alors leur course, les uns pour envahir les maisons du voisinage, les autres vers les grands bazars et les beaux édifices de la pointe est de la cité[2].

Les équipages des bateaux de la Corne d'or avaient déjà passé par la porte de Platée et ils étaient en train de vider les entrepôts situés le long de la muraille. Quelques-uns d'entre eux rencontrèrent soudain une émouvante procession de femmes qui se dirigeaient vers l'église de Sainte-Théodosie pour implorer la protection de la sainte, dont c'était le jour de fête. Ces femmes furent raflées et distribuées entre les marins présents qui s'en allèrent ensuite piller l'église ornée de roses et se saisir de ceux qui s'y trouvaient en prière[3]. D'autres grimpèrent sur la colline pour se joindre aux assaillants des murailles terrestres et participer avec eux au sac de la triple église du Pantocrator et de son monastère ainsi qu'à celui de l'église voisine du Pantepoptès[4]. D'autres encore, qui avaient pénétré dans la ville par la porte Horaïa, s'arrêtèrent dans le quartier des bazars avant de monter à l'hippodrome et à l'Acropole. Pendant ce temps les équipages des bateaux de la mer de Marmara avaient traversé le vieil et saint palais. Ses salles désertes tombaient en ruine ; mais dans son enceinte il y avait encore de magnifiques églises, comme la Nouvelle Basilique construite par Basile Ier près de cinq siècles auparavant. Ces églises furent entièrement pillées. Les marins des deux flottes et les premières bandes de soldats venues des murailles terrestres convergèrent alors vers la plus grande église de tout Byzance, la cathédrale de la Divine Sagesse[5].

L'église était encore bondée. La sainte liturgie était achevée, on chantait l'office des matines. À l'approche tumultueuse des envahisseurs, les lourdes portes de bronze se fermèrent. À l'intérieur, la foule implorait le miracle qui seul pouvait la sauver. Ces prières furent sans effet. Les portes ne tardèrent pas à être enfoncées. Les fidèles étaient pris au piège. Parmi les vieux et les infirmes, il y eut quelques tués ; mais la plupart furent attachés ou enchaînés les uns aux autres. Les voiles et les écharpes arrachés aux femmes servaient de liens. Beaucoup de jolies jeunes filles et de jeunes garçons, et, parmi les nobles, les plus richement vêtus, faillirent être mis en pièces par ceux qui se les disputaient. Un long cortège de petits groupes disparates d'hommes et de femmes ligotés les uns aux autres s'achemina bientôt vers les bivouacs des soldats où les disputes recommencèrent. Les prêtres continuèrent à chanter devant l'autel jusqu'à l'instant où on leur mit la main dessus. Mais à en croire les fidèles, quelques-uns se saisirent au dernier moment des vases les plus sacrés et allèrent jusqu'au mur sud du sanctuaire ; ce mur s'entrouvrit puis se referma sur eux : c'est là – toujours selon la légende – qu'on les retrouvera lorsque le saint édifice redeviendra une église[6].

Le pillage continua toute la journée. On faisait irruption dans les monastères et dans les couvents, on raflait tous ceux qui s'y trouvaient. Quelques-unes des moniales les plus jeunes préférèrent le martyre au déshonneur et se jetèrent au fond d'un puits ; mais les moines et les religieuses plus âgées s'en tinrent à la vieille tradition de passivité de l'Église orthodoxe et n'opposèrent pas de résistance. Les maisons des particuliers furent pillées systématiquement ; chaque équipe de pillards laissait un petit fanion à l'entrée pour signaler qu'une maison avait été entièrement vidée. On emmenait les habitants avec leurs biens. Ceux qui s'évanouissaient de fatigue étaient massacrés, comme le furent bon nombre de petits enfants, considérés comme sans valeur ; mais, en général, on épargnait maintenant les vies. Il restait dans la ville de grandes bibliothèques, les unes laïques, les autres, beaucoup plus nombreuses, appartenant à des couvents. La plupart des livres furent brûlés ; mais il y eut quelques Turcs assez finauds pour deviner que c'étaient des objets négociables et pour en sauver un certain nombre qui furent ensuite vendus pour quelques sous au premier acheteur venu. Des scènes de débauche eurent lieu dans les églises. Des croix enrichies de pierres précieuses furent promenées dans les rues après que, par bravade, on les eut coiffés de turbans turcs. Beaucoup d'édifices subirent d'irréparables dommages[7].

Le soir, il ne restait pas grand-chose à piller. Et personne ne protesta quand le sultan proclama que le pillage devait cesser. Les soldats avaient de quoi s'occuper le lendemain et le surlendemain, rien qu'à se partager le butin et à dénombrer les captifs. Le bruit courait que ces captifs étaient environ cinquante mille, dont seulement cinq cents soldats. Le reste de l'armée chrétienne avait péri, à l'exception du peu de combattants qui avaient pu s'échapper par mer. On disait que les morts, y compris les victimes civiles du massacre, étaient au nombre de quatre mille[8].

Le sultan lui-même fit son entrée dans la ville tard dans l'après-midi. Escorté par l'élite de sa garde de janissaires et suivi de ses ministres, il chevaucha lentement jusqu'à l'église de la Divine Sagesse. Devant les portes, il descendit de cheval et ramassa un peu de terre pour en saupoudrer son turban, en geste d'humilité à l'égard de son Dieu. Il pénétra dans l'église et fit halte un moment, en silence. Puis, comme il se dirigeait vers l'autel, il remarqua un soldat turc en train de s'attaquer à un morceau de marbre du pavement. Il se tourna vers lui, furieux, et lui signifia que la permission de piller ne couvrait pas la destruction des édifices. Ceux-là, il se les réservait. Il restait quelques Grecs, blottis dans les coins, que les Turcs n'avaient pas eu le temps de ficeler et d'emmener. Mehmet ordonna qu'on les laissât rentrer en paix chez eux. L'instant d'après, quelques prêtres sortirent d'un passage secret derrière l'autel et demandèrent grâce. Ils furent, eux aussi, libres de s'en aller, sous la protection du sultan. Un des *oulemas* de Mehmet grimpa dans la chaire et proclama qu'il n'y avait pas d'autre Dieu qu'Allah. Mehmet lui-même gravit alors les marches de l'autel et rendit hommage à son Dieu vainqueur[9].

En quittant la cathédrale le sultan traversa la place et se rendit à l'ancien palais. Comme il parcourait ses salles et ses galeries en ruine, il murmura, dit-on, ces mots d'un vieux poète persan : « L'araignée tisse sa toile dans le palais des Césars ; le hibou monte la garde dans les tours d'Afrasiab[10]. »

À mesure que le sultan s'avançait dans la ville, l'ordre s'y rétablissait. Le butin était satisfaisant, et la police militaire veillait à ce que les soldats retournent à leurs bivouacs. Mehmet s'en revint à son camp par des rues tranquilles.

Le lendemain, il ordonna que tout le butin pris lui fût présenté et il y choisit la part qui lui revenait comme commandant en chef ; il veilla aussi à ce qu'une portion convenable fût remise aux troupes à qui leurs obligations de service n'avaient pas laissé le loisir de piller. Il se réservait personnellement tous les membres prisonniers des grandes familles de Byzance, et ceux des hauts fonctionnaires qui avaient survécu au massacre. Il libéra sur-le-champ la plupart des dames de la noblesse, et remit de l'argent à nombre d'entre elles pour leur permettre de racheter leur famille ; mais il garda les plus avenants de leurs jeunes enfants, fils et filles, pour son propre sérail. À nombre d'autres jeunes gens, il offrit la liberté et un grade dans son armée, s'ils renonçaient au christianisme. Quelques-uns trahirent leur religion ; mais la plupart préférèrent subir ce qu'impliquait la fidélité au Christ. Parmi les prisonniers grecs, Mehmet découvrit Luc Notaras, le *megadux*, et quelque neuf autres ministres de l'empereur. Il les racheta lui-même à ceux qui les avaient pris, les reçut gracieusement, et relâcha le *megadux* ainsi que deux ou trois de ses collègues. Mais beaucoup d'autres fonctionnaires, dont Phrantzès, ne furent pas identifiés et restèrent en captivité[11].

On ne se montra pas aussi généreux, loin s'en faut, envers les prisonniers italiens. Minotto, le baile vénitien, fut mis à mort ainsi qu'un de ses fils et sept de ses compatriotes les plus influents. Parmi eux se trouvait Catarino Contarini, qui avait déjà payé rançon aux troupes de Zaganos Pacha mais avait été repris et pour la libération de qui on exigeait sept mille pièces d'or. C'était une somme qu'aucun de ses amis ne pouvait payer. Le consul catalan, Péré Julia, fut aussi exécuté, avec cinq ou six de ses compatriotes. L'archevêque Léonard avait été pris mais non identifié ; il fut bientôt racheté par des marchands de Péra qui s'étaient hâtés de venir au camp turc pour secourir leurs compatriotes génois. Le cardinal Isidore eut encore plus de chance. Il avait troqué ses vêtements ecclésiastiques contre ceux d'un mendiant. Le mendiant costumé en cardinal fut pris et mis à mort, et sa tête exposée comme étant celle du cardinal, cependant qu'Isidore était vendu pratiquement pour rien à un marchand de Péra qui l'avait reconnu. Le prince turc Orhan avait également essayé de fuir sous un déguisement ; il avait emprunté l'habit d'un moine grec, espérant que sa parfaite connaissance de la langue écarterait de lui tout soupçon ; mais il fut pris, trahi par un autre prisonnier, et décapité sur-le-champ.

La galère génoise sur laquelle Giustiniani, blessé, avait été transporté fut une de celles qui réussirent à s'évader de la Corne d'Or : Giustiniani fut débarqué à Chio et il y mourut un ou deux jours plus tard. Aux yeux de ceux qui l'avaient suivi il demeura un héros ; mais les Grecs et les Vénitiens, si grande que fût leur admiration pour son énergie, pour son courage, et pour les talents qu'il avait manifestés pendant le siège, estimaient qu'à la fin il s'était comporté en déserteur. Il aurait dû avoir le courage d'affronter la souffrance et la mort plutôt que de risquer, en fuyant, de provoquer l'effondrement de toute la défense. Beaucoup de Génois eux-mêmes avaient honte pour lui. L'archevêque Léonard lui reprochait amèrement la peur à laquelle il avait succombé si mal à propos.

Le sort des prisonniers grecs fut divers. Au bout de trois jours, quand s'acheva la période officielle du pillage, le sultan proclama que les Grecs qui s'étaient soustraits jusqu'alors à la capture ou qui avaient payé rançon devaient rentrer chez eux, et que l'on ne s'en prendrait plus à leur vie ni aux biens qui leur restaient. Mais ces Grecs étaient en petit nombre ; et peu de leurs maisons étaient encore habitables. On racontait que Mehmet lui-même avait envoyé quatre cents enfants grecs en cadeau à chacun des trois principaux potentats musulmans de cette époque, le sultan d'Égypte, le roi de Tunis et le roi de Grenade[12]. Beaucoup de familles grecques furent à jamais dispersées. Mathieu Camariotès, dans sa lamentation sur la cité, décrit les recherches désespérées auxquelles il se livra avec ses amis pour retrouver leurs parents. Lui-même avait perdu des fils et des frères. Il apprit plus tard que certains d'entre eux avaient été tués ; d'autres disparurent, sans plus ; et il eut la honte de découvrir que son neveu devait la vie à une apostasie[13].

La bienveillance que Mehmet avait montrée aux ministres survivants de l'empereur fut de courte durée. Il avait parlé de nommer Luc Notaras gouverneur de la ville conquise. Si ç'avait jamais été son intention réelle, il changea d'avis rapidement. Sa générosité était constamment troublée par des soupçons ; et on lui conseillait de ne pas se fier au *megadux*. Il mit la loyauté de celui-ci à l'épreuve. Cinq jours après la chute de la ville, il donna un banquet. Au cours de ce banquet, alors qu'il était déjà bien aviné, quelqu'un lui murmura à l'oreille que le fils de Notaras, âgé de quatorze ans, était un garçon d'une exceptionnelle beauté. Le sultan envoya à l'instant même un eunuque au domicile du *megadux* pour exiger qu'il lui livrât son fils. Notaras, dont les deux fils aînés avaient été tués au combat, refusa de sacrifier son cadet aux plaisirs de Mehmet. Des policiers furent alors chargés d'aller chercher Notaras, son fils et son gendre, le jeune fils du grand domestique Andronic Cantacuzène, et de les amener au sultan. Quand Notaras persista dans son refus, ordre fut donné de le décapiter immédiatement, lui et les deux garçons. Notaras demanda simplement que les garçons fussent suppliciés avant lui, de crainte que le spectacle de sa propre mort ne les fasse céder. Quand ils eurent péri tous les deux, il tendit le cou au bourreau. Le lendemain, neuf autres notables grecs furent arrêtés et envoyés au billot. On dit que le sultan déplora plus tard ces morts : il aurait puni les conseillers qui avaient excité ses soupçons. Mais il est probable que son repentir fut volontairement tardif. Il avait résolu d'éliminer les dirigeants laïques du vieil Empire[14].

Les femmes des familles de ces dirigeants furent remises en captivité. Elles firent partie du long cortège des prisonniers qui accompagna la cour lors de son retour à Andrinople. La veuve de Notaras mourut en chemin au village de Messène. De sang impérial, elle avait été la plus grande dame de Byzance après la mort de l'impératrice mère : les adversaires de son mari eux-mêmes la respectaient pour sa dignité et sa charité[15]. Une de ses filles, Anna, avait réussi à fuir en Italie avec quelques-uns des trésors de sa famille[16].

Phrantzès, dont la haine pour le *megadux* n'avait pas cédé à leurs communes souffrances et qui donna de sa mort un compte rendu aussi malveillant que mensonger, eut lui aussi un sort tragique. Il passa dix-huit mois d'esclavage dans la maison du grand écuyer du sultan avant de pouvoir se racheter lui-même et sa femme ; mais ses deux enfants, tous deux filleuls de l'empereur Constantin, furent mis dans le sérail du sultan. Sa fille, Thamar, y mourut alors qu'elle était encore une enfant ; le garçon fut tué par le sultan pour avoir refusé de céder à sa luxure[17].

Le 21 juin 1453, le sultan et sa cour quittèrent la ville conquise pour Andrinople. Constantinople était maintenant presque en ruine, vidée, abandonnée, comme noircie par le feu, et étrangement silencieuse. Partout où les soldats avaient passé, c'était la désolation. Les églises avaient été profanées et dépouillées ; les maisons n'étaient plus habitables, les boutiques et les magasins saccagés et vidés. Le sultan lui-même, comme il chevauchait dans les rues, en avait été ému jusqu'aux larmes. « Quelle ville, murmurait-il, nous avons livrée au pillage et à la destruction ! »

Il avait veillé, néanmoins, à ce que toute la cité ne fût pas ruinée. Les quartiers populeux de l'arête centrale et les quartiers commerçants qui bordaient les plages de la moitié est de la Corne d'Or avaient beaucoup souffert : de même le palais des Blachernes et les maisons nobles des alentours, ainsi que les vieux palais et les églises des environs de l'hippodrome et de l'Acropole. Mais quand on a lu les affreux récits du pillage tels que nous les ont laissés les malheureux écrivains chrétiens de ce temps, il est curieux et surprenant de constater qu'il y eut des quartiers où les églises demeurèrent apparemment intactes. Les chrétiens continuèrent à les fréquenter sans interruption. Pourtant, dans une ville prise d'assaut aucun sanctuaire n'aurait dû en réchapper.

On peut expliquer cette contradiction en se rappelant que la ville comprenait de grands espaces non bâtis séparant les villages et les quartiers les uns des autres. Dès que l'on sut que les Turcs avaient franchi le rempart, les autorités locales de certains quartiers se hâtèrent de se rendre et d'ouvrir leurs portes à l'ennemi. Il semble que ces dirigeants locaux aient été alors envoyés sous escorte, avec les clefs de leurs communes, au sultan, et que celui-ci ait accepté leur soumission et leur ait fourni une police pour protéger leurs églises, et peut-être leurs maisons, du pillage. C'est ainsi que les églises du quartier de Pétrion, dont les pêcheurs avaient ouvert les portes, et celles du Phanar furent épargnées ; le furent également les églises de toute la zone de Psamathia et du Studion, au bord de la mer de Marmara, où les défenseurs avaient promptement mis bas les armes devant les marins des bateaux de Hamza Bey. Ce sont aussi, sans doute, les habitants de ces arrondissements qui furent en mesure de rassembler assez d'argent pour payer les rançons de beaucoup de leurs compatriotes, pris dans d'autres quartiers moins chanceux. Si ces arrondissements avaient été mis à sac, il leur eût été impossible d'y collecter le montant de ces rançons[18].

Plus remarquable encore est le fait que la grande cathédrale des Saints-Apôtres, c'est-à-dire l'édifice religieux le plus important et le plus vénéré de la ville après l'église de la Divine Sagesse, échappa au pillage et conserva tout son trésor. Cette cathédrale était située près de la grande rue qui vient de la porte de Charisius ; et d'innombrables soldats turcs ont dû passer devant elle. Le sultan avait vraisemblablement déjà décidé de la réserver à ses sujets chrétiens après leur avoir pris l'église de la Divine Sagesse ; et il avait aussitôt envoyé de la police pour la protéger[19].

Plus tard les sultans devaient témoigner moins d'indulgence aux chrétiens ; ils leur prirent leurs églises une à une. Mais Mehmet le conquérant, une fois parvenu à ses fins, voulait montrer qu'il regardait les Grecs aussi bien que les Turcs comme ses loyaux sujets. L'empire chrétien avait pris fin ; mais le sultan se considérait comme l'héritier des empereurs, et en cette qualité il était attentif à ses devoirs[20].

Le premier de ces devoirs était de veiller aux intérêts de l'Église orthodoxe. Mehmet savait que cette Église avait été déchirée au cours des dernières années, et il était maintenant en mesure de s'informer en détail. Il apprit que le patriarche unioniste, Grégoire Mammas, s'était enfui en 1451, et qu'en agissant ainsi il avait, de l'avis général des Grecs, perdu toute légitimité. On devrait donc élire un nouveau patriarche ; et il était évident qu'il y avait un homme tout désigné pour ce poste, le chef révéré de l'opposition à l'union, le savant Georges, ou Gennade, Scholarios.

Lors de la chute de la ville, Gennade se trouvait dans sa cellule au monastère du Pantocrator. La grande église triple de ce monastère avait aussitôt attiré une horde d'envahisseurs. Pendant que les uns saccageaient les bâtiments, d'autres se saisissaient des moines pour les vendre comme esclaves. Quand le sultan envoya quérir Georges, celui-ci fut introuvable. On finit par découvrir qu'il avait été acheté par un riche Turc d'Andrinople, lequel était impressionné et même un peu embarrassé par l'acquisition d'un esclave aussi vénérable qu'érudit, et traitait Gennade avec la plus grande courtoisie. Le sultan en fut informé ; et quelques jours plus tard ses envoyés se présentèrent chez lui pour ramener Georges à Constantinople.

Mehmet avait déjà fixé les grandes lignes de sa politique à l'égard de ses sujets grecs. Ils formeraient un *milet*, une communauté autonome à l'intérieur de son empire, sous l'autorité de leur chef religieux, le patriarche, responsable devant le sultan de leur bonne conduite. Après discussion, Georges Scholarios voulut bien accepter ce que proposait le sultan. On réunit les évêques que l'on put trouver dans la région pour constituer le Saint Synode ; et à la requête du sultan, ces évêques élirent formellement Georges Scholarios au trône patriarcal sous son nom monastique de Gennade. Cela se fit vraisemblablement avant que le sultan quittât Constantinople, à la fin de juin ; mais la date est assez incertaine. Quelques mois paraissent s'être écoulés avant l'intronisation officielle de Gennade. La cérémonie eut probablement lieu le 6 janvier 1454. La procédure fut copiée sur celle de l'époque byzantine. Jouant le rôle de l'empereur, le sultan reçut en audience le nouveau patriarche et lui remit les insignes de ses fonctions, les ornements, le bâton pastoral et la croix pectorale. La vieille croix avait disparu, soit qu'elle se fût perdue dans le sac de la ville, soit que le précédent patriarche, Grégoire Mammas, l'eût dérobée et emportée à Rome ; aussi le sultan fournit-il une nouvelle croix magnifique. On composa la formule que le sultan devait prononcer. C'était : « Soyez patriarche, que le bonheur soit avec vous, soyez assuré de notre amitié et gardez tous les privilèges dont vos prédécesseurs ont joui ». Le nouveau patriarche enfourcha alors une belle monture, cadeau du sultan, et s'en alla à l'église des Saints-Apôtres qui devait servir d'église patriarcale maintenant que l'église de la Divine Sagesse était une mosquée. Là il fut intronisé, conformément à la coutume ancienne, par le métropolite d'Héraclée. Il fit ensuite le tour de la ville et regagna sa résidence, près des Saints-Apôtres.

Dans le même temps, le sultan et le patriarche élaboraient une constitution destinée au *milet* grec. Selon Phrantzès, qui en fut probablement informé alors qu'il était encore en captivité, Mehmet remit à Gennade un document écrit lui garantissant l'immunité personnelle – jamais le sultan ne le déposerait –, l'exemption des impôts, une complète liberté de mouvement et le droit de transmettre ces privilèges indéfiniment à ses successeurs ; les métropolites et les anciens de l'Église qui formaient le Saint Synode jouiraient de privilèges analogues. Il n'y a pas de raison de mettre en doute ce témoignage ; cependant la promesse d'immunité n'abolissait pas le droit du Saint Synode de déposer un patriarche en déclarant, comme ce fut souvent le cas à l'époque byzantine, que son élection avait été anticanonique. Les chroniqueurs patriarcaux du siècle suivant prétendirent que dans un autre document le sultan avait promis à Gennade d'approuver officiellement les coutumes de l'Église relatives aux mariages et aux enterrements ; les orthodoxes célébreraient Pâques à leur gré ; ils auraient toute liberté de mouvement pendant les trois jours de la fête ; et l'on ne convertirait plus d'autres églises en mosquées. Le droit de l'Église d'administrer la communauté chrétienne semble avoir été considéré comme allant de soi, à en juger par les *berats* que publièrent ultérieurement les autorités turques pour confirmer l'élection des évêques et pour formuler leurs obligations. Leurs tribunaux ecclésiastiques reçurent pouvoir de juger tous les litiges de nature religieuse entre chrétiens orthodoxes, y compris les affaires de mariage et de divorce, les testaments et la garde des mineurs. Des tribunaux laïques institués par le patriarche jugeraient toutes les autres affaires civiles entre plaideurs orthodoxes. Seules les affaires criminelles et celles où un musulman était impliqué ressortissaient aux tribunaux turcs. L'Église ne percevait pas elle-même les impôts dus par les communautés grecques à l'État. C'était la tâche d'un responsable local. Mais l'on pouvait demander à l'Église de menacer d'excommunication et d'autres peines religieuses les chrétiens qui ne payaient pas l'impôt ou qui désobéissaient de quelque autre façon aux ordres de l'État. Le clergé était exempté de l'obligation de payer l'impôt, mais il pouvait verser des contributions en théorie volontaires. Seuls parmi les chrétiens les membres du clergé avaient le droit de porter la barbe ; tout chrétien devait pouvoir être reconnu à son costume ; aucun n'avait le droit d'être armé. L'on continuerait à prendre dans les familles chrétiennes des enfants mâles pour former le corps des janissaires[21].

Ces conditions étaient, d'une façon générale, celles que les communautés chrétiennes pouvaient traditionnellement attendre des vainqueurs turcs. Mais une concession particulière fut accordée aux Grecs de Constantinople. Les pitoyables petites ambassades qui s'étaient hâtées de porter les clefs de leurs quartiers au sultan alors que celui-ci attendait le moment d'entrer dans la ville conquise, furent récompensées de leur initiative. Officiellement, le Conquérant semble n'avoir exigé la conversion en mosquée que d'une seule église : la grande cathédrale de la Divine Sagesse. Partout ailleurs, sauf dans les quartiers protégés de Pétrion, du Phanar, de Studion et de Psamathia, les chrétiens avaient en fait perdu leurs églises. Presque toutes avaient été profanées et entièrement saccagées, et leurs quartiers avaient été dévastés. Il n'eût rimé à rien, si même on en avait eu la permission, d'essayer de les restaurer et de les rendre au culte. Que tant d'églises eussent été préservées – plus que ne l'espéraient les optimistes – suffisait déjà à intriguer les légistes turcs des époques suivantes, qui s'étonnaient qu'une ville prise d'assaut eût pu conserver ne serait-ce qu'un seul de ses autels.

Ces accommodements convenaient au sultan de la Conquête ; il voulait en effet que ces quartiers épargnés fussent ceux qu'habiteraient ses sujets chrétiens de Constantinople, et les chrétiens auraient besoin d'édifices où célébrer leur culte. Mais à mesure que le temps passa l'on oublia peu à peu ces dispositions initiales. Les anciennes églises des chrétiens leur furent enlevées une à une et converties en mosquées, si bien qu'au XVIIIe siècle il ne leur restait que trois sanctuaires byzantins, l'église nommée Sainte-Marie-des-Mongols, que protégeait une faveur spéciale accordée par le Conquérant à son architecte favori, Christodule le Grec, et deux chapelles si petites qu'elles passaient inaperçues, Saint-Dimitri-Kanavou et Saint-Georges-des-Cyprès. Ailleurs, les chrétiens célébraient leur culte dans des édifices plus récents, dont la discrétion était calculée pour ne pas offenser l'œil des musulmans vainqueurs[22].

Le patriarche Gennade lui-même était à l'origine de cette évolution. L'église des Saints-Apôtres que lui avait assignée Mehmet avait besoin de réparations ; et il eût coûté cher de la remettre en état même si les chrétiens avaient été autorisés à restaurer entièrement un édifice si imposant. Le quartier où se trouvait cette église était habité par des Turcs qui n'aimaient guère la voir là. Et puis un jour, probablement au cours de l'été 1454, le cadavre d'un Turc fut retrouvé dans la cour. On l'avait certainement déposé là à dessein ; mais pour les Turcs ce fut prétexte à des manifestations d'hostilité. Gennade demanda prudemment la permission de déménager. Rassemblant tous les trésors et les reliques restés dans l'église, il les transporta dans le quartier du Phanar à l'église conventuelle du Pammakaristos. Les moniales s'installèrent dans des dépendances d'une église voisine, Saint-Jean-du-Trullo, et Gennade dans le couvent avec ses collaborateurs. L'église du Pammakaristos resta le siège du patriarcat pendant plus d'un siècle. C'est là que le sultan de la Conquête rendait visite à son ami

Gennade, ce personnage qui lui inspirait un grand respect. Il ne voulait pas entrer dans l'église elle-même, de crainte que des successeurs trop zélés prétextent plus tard de ce fait pour prendre possession du bâtiment ; il préférait s'entretenir avec Gennade dans une chapelle latérale, dont les splendides mosaïques font encore l'admiration du monde. Les deux hommes parlaient politique et religion ; à la demande du sultan, Gennade composa même pour lui un petit traité irénique, exposant et justifiant les points sur lesquels la doctrine chrétienne différait de celle de l'islam. La discrétion du sultan ne servit à rien. En 1586, son descendant Mourad III annexa l'église et la convertit en mosquée[23].

Cependant le sultan Mehmet avait entrepris de reconstruire Constantinople. Les ravages subis par la ville l'avaient d'abord épouvanté. Ses architectes s'en tenaient aux plans du grand palais qu'il avait projeté d'édifier à Andrinople, sur une île de la Maritza, comme si son intention était d'en faire sa résidence principale. Mais rapidement ses dispositions changèrent. Il était maintenant l'héritier des Césars ; il se devait d'habiter la cité impériale. Il se fit construire un petit palais sur l'arête médiane de la ville, près de l'endroit où se trouve aujourd'hui l'Université, et il se mit à dessiner les plans d'un palais plus vaste à édifier sur le site de l'ancienne Acropole. Des Turcs de toutes les parties de l'Empire furent encouragés à s'établir dans la cité. Le gouvernement subventionna la construction de maisons et de boutiques. Aux Grecs l'on promit la sécurité ; eux aussi paraissent avoir bénéficié de l'aide gouvernementale. Nombre de nobles familles byzantines qui s'étaient enfuies en province au cours des années précédentes furent incitées au retour ; on leur donnait à entendre qu'elles jouiraient des privilèges dus à leur rang ; mais pour beaucoup d'entre elles, les seuls privilèges que leur assura leur rang furent l'emprisonnement et même la mort, car on redoutait que leur importance même n'en fît les chefs naturels de la rébellion. Quand eurent été éliminés les derniers îlots de l'indépendance grecque, leurs populations furent transférées de force à Constantinople. Cinq mille familles y furent amenées, de Trébizonde et des localités avoisinantes. Ce n'étaient pas seulement des familles nobles de la région ; il s'y trouvait beaucoup de boutiquiers, d'artisans, et plus particulièrement des maçons que le sultan destinait à construire de nouvelles maisons, de nouveaux bazars, de nouveaux palais et de nouvelles fortifications. Une fois le calme rétabli, et avec lui la prospérité, il arriva de plus en plus de Grecs, venus de leur plein gré pour bénéficier des possibilités qu'offrait aux négociants et aux artisans la renaissance de cette superbe cité. Sur les talons des Grecs vinrent, tout spécialement appelés par le sultan, des Arméniens, plus désireux encore de diriger les activités commerciales et financières de la ville ; et avec eux, beaucoup de Juifs, également pleins d'espoir. Les Turcs eux aussi affluaient, pour jouir des agréments de leur conquête[24]. Longtemps avant sa mort en 1481, le sultan Mehmet put être fier de la nouvelle Constantinople, une ville où des bâtisses neuves s'élevaient chaque jour et dont les ateliers comme les bazars bruissaient d'activité. Depuis la conquête, sa population avait quadruplé ; en un siècle, elle atteindrait le demi-million[25]. Mehmet avait détruit la vieille métropole ruinée des empereurs byzantins, et à sa place il avait créé une nouvelle et splendide capitale où il comptait que ses sujets de toutes les religions et de toutes les races vivraient ensemble dans l'ordre, la prospérité et la paix.

Chapitre XII

L'EUROPE ET LE CONQUÉRANT

Le samedi 9 juin 1453, trois voiliers entrèrent dans le port de Candie, en Crète. Deux d'entre eux y ramenaient les marins crétois qui avaient été les derniers à abandonner la lutte à Constantinople ; ils apportaient la nouvelle de la chute de la ville, onze jours auparavant. Dans l'île ce fut la consternation. « Jamais, écrivit un scribe du monastère d'Agarathos, il n'est survenu, jamais il ne surviendra d'événement plus épouvantable[1]. »

D'autres rescapés avaient atteint les colonies vénitiennes de Chalkis et de Modon : les gouverneurs de ces colonies se hâtèrent d'expédier des messages à Venise. Les messagers y arrivèrent le 29 juin. Le Sénat fut convoqué d'urgence ; et le secrétaire donna lecture des lettres des gouverneurs aux sénateurs horrifiés. Le lendemain matin un courrier partit pour Rome. Le 4 juillet, il s'arrêta à Bologne pour informer le cardinal Bessarion qui y résidait ; quatre jours plus tard, il fut reçu en audience par le pape Nicolas V. Un autre courrier était allé à Naples avertir le roi Alphonse d'Aragon[2].

Bientôt toute la chrétienté d'Occident savait que la grande cité était aux mains des infidèles. L'effroi était d'autant plus grand que personne en Occident ne s'était véritablement attendu à la catastrophe. On savait la ville en danger mais les gens, submergés par leurs soucis du moment, n'avaient pas compris combien ce danger était pressant. Les Occidentaux avaient entendu parler des grandes fortifications de Constantinople ; ils savaient que des contingents d'hommes courageux étaient partis au secours de la ville et qu'une escadre vénitienne faisait voile vers l'Orient. Ils n'avaient pas vu combien la garnison de la place était ridiculement petite en comparaison des hordes d'infidèles, ni compris que le sultan disposait d'une artillerie à laquelle aucune vieille muraille ne pourrait résister. Même les Vénitiens, en dépit de leurs nombreuses sources de renseignements et de leur expérience du terrain, avaient cru, tout comme le pape, que la défense tiendrait aisément jusqu'à l'arrivée des forces de secours[3].

En fait, les galères vénitiennes équipées avec l'aide du pape avaient atteint la côte de Chio et elles y étaient mouillées, attendant un vent favorable, quand les navires crétois qui s'étaient échappés de Péra apparurent et leur apprirent qu'il était trop tard. L'amiral vénitien, Loredan, retraversa rapidement l'Égée pour aller attendre à Chalkis d'autres ordres de Venise[4].

Il les reçut à la mi-juillet. Le 4 juillet, le Collège, c'est-à-dire le conseil privé spécial du Doge, fut convoqué en séance extraordinaire. Ludovic Diedo, capitaine des galères à Constantinople, était arrivé la veille et le conseil eut maintenant un compte rendu du désastre, fait par un témoin oculaire. Le gouvernement arrêta une politique de prudence. L'on envoya aux gouverneurs de Crète, de Chalkis et de Lépante l'ordre de vérifier d'urgence le bon état de leurs défenses et de s'approvisionner en prévision d'une attaque turque éventuelle ; en même temps, le 5 juillet l'on écrivit à Loredan de préparer un bateau pour conduire l'ambassadeur Barthélemy Marcello, qui était encore avec lui, à la cour du sultan. Une semaine plus tard le Sénat mit à la disposition de Marcello une somme de douze cents ducats destinée aux cadeaux à faire au sultan et à ses ministres. Le 17 juillet, des instructions complètes parvinrent à Marcello. Sa mission était d'informer le sultan que Venise n'avait aucun désir de dénoncer le traité passé entre la République et Mourad II. Il réclamerait la restitution des galères interceptées dans la Corne d'Or, dont aucune – il insisterait sur ce point – n'était un bateau de guerre. Si le sultan refusait de renouveler le traité aux conditions anciennes, Marcello en référerait à Venise ; mais si le sultan paraissait raisonnable, l'ambassadeur lui demanderait d'autoriser les négociants vénitiens à se réinstaller à Constantinople avec les privilèges dont ils avaient joui sous le régime byzantin ; Marcello devrait aussi obtenir la libération de tous les prisonniers vénitiens détenus par les Turcs.

Quelques jours après, le Sénat permit au fils du baile vénitien Minotto d'aller à Constantinople pour négocier la rançon de son père, de sa mère et de son frère. Ce fils racheta peut-être sa mère ; mais les autres étaient morts. À peu près à la même date on décréta la confiscation des capitaux et des biens investis par des Grecs dans les bateaux vénitiens qui avaient échappé au désastre : ces fonds serviraient à payer les dettes des Grecs aux Vénitiens. Venise avait besoin de toutes les indemnités qu'il lui serait possible d'encaisser. Ses pertes à Constantinople étaient estimées à deux cent mille ducats ; et une autre centaine de milliers de ducats avaient été perdus par ses sujets crétois[5].

À Gênes, l'affolement était encore plus grand. Les Génois, épuisés par leur interminable guerre contre Alphonse d'Aragon, contre les Français et contre les Milanais qui tous visaient à les asservir, n'étaient pas en mesure d'envoyer des forces au secours de leurs colonies du Levant. Leur détresse s'accrut au reçu du rapport écrit le 17 juin par Angelo Lomellino, podestat de Péra, pour les informer du sort de sa ville. Il disait comment, au moment de la chute de Constantinople, il avait ouvert ses portes à Zaganos Pacha et comment, pour plaire au sultan, il avait fait de son mieux pour dissuader ses compatriotes de mettre à la voile. Aussitôt après il avait envoyé Lucien Spinola et Balthasar Maruffo au sultan pour le féliciter cordialement de sa victoire et pour solliciter confirmation des privilèges accordés à Péra par les Byzantins. Mehmet avait fait mauvais accueil à ces deux envoyés. Il était irrité de ce que tant de bateaux se fussent enfuis des rives de Péra et il reprochait aux habitants le rôle équivoque qu'ils avaient joué. Une seconde ambassade conduite quelques jours plus tard par Babilano Pallavicini et Marco de Franchi eut plus de succès. Sur l'ordre de Mehmet, Zaganos Pacha remit à ces ambassadeurs un firman impérial. Mehmet promettait de ne pas détruire Péra. Les citoyens pourraient garder leurs maisons, leurs boutiques, leurs vignobles et leurs moulins, leurs entrepôts et leurs navires. Il ne serait pas touché à leurs femmes ni à leurs enfants, leurs fils ne seraient pas enrôlés dans le corps des janissaires. Leurs églises resteraient consacrées, mais il ne faudrait pas en bâtir de nouvelles, ni sonner les cloches. Aucun Turc n'habiterait Péra à l'exception des fonctionnaires du sultan. Les habitants pourraient voyager et commercer librement dans toutes les possessions du sultan, par terre et par mer ; les sujets de Gênes auraient libre accès à Péra. Les résidents seraient dispensés d'impôts et de droits spéciaux ; mais tout citoyen mâle aurait à payer la capitation. Les Pérotes conserveraient leurs droits commerciaux mais pour le reste seraient soumis aux lois du sultan. Ils éliraient leur propre chef ou doyen pour surveiller leur commerce et traiter avec les autorités turques.

Ainsi Péra était-il réduit au statut commun des villes chrétiennes qui se soumettaient volontairement à la loi musulmane. Les conditions auraient pu être pires. De toute façon, le podestat dut les accepter. Le 3 juin, le sultan en personne visita Péra. Il donna ordre à tous les citoyens de rendre leurs armes et il exigea la destruction des fortifications terrestres, y compris de la citadelle, dite tour de la Sainte-Croix. Un gouverneur turc fut mis en place. Lomellino abandonna son poste de podestat, mais ses concitoyens le prièrent de rester leur doyen jusqu'à son retour à Gênes, lequel eut lieu au mois de septembre suivant[6].

La perte de Péra et la conquête des Détroits sous contrôle turc mettaient en danger l'existence des colonies génoises situées sur la rive nord de la mer Noire, et plus spécialement celle de Caffa en Crimée. Caffa était le débouché de la Tartarie et de l'Asie centrale ; si la république l'évacuait, les nombreux citoyens génois qui y avaient investi leur fortune demanderaient des indemnités que le Trésor ne pouvait plus se permettre de verser. Heureusement pour le gouvernement génois la puissante maison financière du Conseil de Saint Georges accepta de prendre en main l'administration de ces lointaines colonies. Ses directeurs estimaient qu'il y avait encore des bénéfices à encaisser là-bas. Mais, en réalité, il y avait de moins en moins de marins prêts à traverser les Détroits et de moins en moins de marchands disposés à payer les droits de passage exigés par les fonctionnaires du sultan. Il était de toute façon impossible de donner aux établissements en question un soutien militaire adéquat ; en moins d'un demi-siècle toutes les possessions génoises de la mer Noire avaient disparu, conquises par les Turcs et par leurs alliés tartares[7].

La seule autre colonie génoise importante du Levant était l'île de Chio. Elle avait longtemps été administrée par sa Mahona, une compagnie à charte constituée par les principaux marchands et propriétaires fonciers génois de l'île. Après la perte de Péra, et alors que l'on était en danger de perdre les colonies de la mer Noire, Chio devint l'avant-poste principal de l'Empire génois ; mais sa valeur stratégique diminuait en même temps que déclinait le commerce avec l'Extrême-Orient. Ici aussi, le gouvernement de Gênes n'avait les moyens ni de s'en débarrasser ni de la conserver. La Mahona eut pour instructions de faire ses propres accommodements avec le sultan[8].

Les petites cités commerçantes de l'Occident qui étaient en relation avec Constantinople purent mieux s'adapter. Contrairement à Gênes et à Venise elles s'intéressaient au commerce local plutôt qu'à celui de l'Orient. La colonie d'Ancône avait subi, lors du pillage de Constantinople, des pertes évaluées à plus de vingt mille ducats ; mais les habitants d'Ancône eux-mêmes ne furent aucunement molestés, sans doute parce que Mehmet connaissait et aimait leur chef, Angelo Boldoni. Ils purent continuer leur commerce avec la Turquie, bien que leur suzerain, le pape, le désapprouvât[9]. Les Florentins, dont les pertes étaient à peu près les mêmes, établirent bientôt de bonnes relations avec le sultan. Parmi les Italiens, c'étaient eux ses favoris : Mehmet avait une admiration particulière pour les Médicis[10]. Les Catalans, qui s'étaient bien battus et avaient été très éprouvés, reparurent bientôt à Constantinople, quoique leur consulat n'ait jamais, semble-t-il, été rouvert[11]. Les gens de Raguse avaient été sur le point d'ouvrir un consulat pour lequel l'empereur Constantin leur assurait des conditions très avantageuses. Mais heureusement pour eux il y avait eu des retards administratifs, de sorte qu'ils n'avaient pas été impliqués dans le siège. Ce n'est que cinq ans plus tard qu'ils purent négocier un accord commercial avec le sultan. À partir de ce moment ils jouèrent un rôle éminent dans le commerce avec le Levant[12].

Beaucoup de pieux chrétiens regardaient comme une trahison l'empressement des cités marchandes à renouer avec l'infidèle. Venise avait un comportement particulièrement équivoque, essayant d'une part d'organiser une croisade contre les Turcs et faisant d'autre part des démarches amicales auprès du sultan afin de sauvegarder son commerce. L'ambassadeur vénitien, Marcello, réussit au bout d'un an de négociations à conclure une trêve qui permit le rachat des prisonniers chrétiens restants et celui des navires ; il prolongea de deux ans son séjour à Constantinople, cherchant en vain à obtenir le rétablissement des privilèges commerciaux de ses compatriotes. Rappelé en 1456, il fit un an de prison pour avoir consenti à relâcher quelques Turcs prisonniers à Chalkis. En réalité, s'il fut aussi inélégamment sacrifié, ce fut pour montrer que la République était l'ennemie jurée de l'infidèle[13].

Pour Rome la question ne se posait pas, ou à peine. Toutes les puissances de l'Occident devraient s'allier franchement et entreprendre la plus énergique des croisades. Le pape Nicolas, si las et désenchanté qu'il fût, se contraignit à prendre la direction de l'entreprise. Depuis le jour où lui étaient parvenues les fatales nouvelles de Constantinople, il n'avait cessé d'écrire des lettres réclamant une action. Le 30 septembre 1453, il promulgua une bulle adressée à tous les princes de la chrétienté et prêchant la croisade ; il enjoignait à tous les souverains de verser leur sang et celui de leurs sujets pour cette sainte cause : chacun devrait contribuer sur ses revenus[14]. Les deux cardinaux grecs, Isidore et Bessarion, soutenaient le pape résolument. Bessarion écrivit lui-même aux Vénitiens, les blâmant et les suppliant en même temps d'en finir avec leurs guerres en Italie et de consacrer leurs forces à une campagne contre l'Antéchrist[15]. Aeneas Sylvius Piccolomini, l'humaniste siennois et légat du pape en Allemagne, déploya encore plus d'activité : pendant toute l'année 1454, il assista à des diètes tenues sur toute l'étendue de son territoire et plaida éloquemment la nécessité de la croisade. Sur ses instances, on vota beaucoup de belles résolutions. Mais on ne fit rien[16]. L'empereur Frédéric III était pleinement conscient du péril turc. Il sentait bien que la Hongrie, où régnait son jeune cousin le roi Ladislas, était menacée. Si la Hongrie tombait, tout l'Occident chrétien serait en danger. Frédéric III avait déjà écrit au pape, en se servant du légat comme secrétaire, pour exprimer l'horreur que lui causait la chute de Constantinople, et Aeneas Sylvius avait ajouté de sa plume, un paragraphe où il déplorait ce qu'il appelait « la seconde mort d'Homère et de Platon[17] ».

Malgré tout il n'y eut pas de croisade. Les princes se plongeaient dans des rapports sur la chute de la ville, les écrivains rédigeaient des comptes rendus horrifiés, le compositeur français Guillaume Dufay mettait en musique un thrène que l'on allait chanter dans tout le pays : en vain. Personne n'était prêt à agir. Frédéric était pauvre et impuissant, sans autorité réelle sur les princes allemands. Ni politiquement, ni financièrement, il ne pouvait se permettre de partir pour la croisade. En France, Charles VII était occupé à relever son pays après la longue et coûteuse guerre contre les Anglais. Les Turcs étaient loin ; il avait des problèmes domestiques plus graves à régler. Aux Anglais, encore plus éprouvés par les effets de la guerre de Cent Ans, les Turcs paraissaient encore plus lointains ; le roi Henri VI ne pouvait rien faire. Il venait de perdre la raison ; et tout son pays était en train de sombrer dans le chaos de la guerre des Deux-Roses. Le roi Alphonse d'Aragon, dont les possessions italiennes seraient certainement mises en danger par toute avancée turque vers l'ouest, se contenta de quelques petites mesures défensives. C'était un vieil homme maintenant ; tout ce qu'il voulait c'était le maintien de son hégémonie en Italie. Aucun autre souverain ne manifestait le moindre intérêt, sauf le roi Ladislas de Hongrie, qui avait de bonnes raisons de s'alarmer. Mais Ladislas était en mauvais termes avec son généralissime, l'ex-régent Jean Hunyadi. Sans lui et sans alliés, il ne pouvait se risquer à la moindre action[18].

Le pape mettait quelque espoir en Philippe le Bon, duc de Bourgogne, le prince le plus riche d'Europe ; car Philippe avait souvent dit qu'il souhaitait se croiser. En février 1454, Philippe présida un banquet à Lille, où un faisan vivant paré de pierres précieuses fut amené sur la table royale, cependant qu'un géant costumé en Sarrasin feignait de lancer un petit éléphant sur les invités, et que le jeune Olivier de la Marche, déguisé en demoiselle, mimait les douleurs de Notre-Dame l'Église. Toute la compagnie jura solennellement de partir pour la guerre sainte. Mais cette jolie pantomime n'eut aucun effet. Le vœu du Faisan – tel fut le nom donné à toute cette fête – ne fut jamais respecté[19].

Ainsi, bien qu'il gardât pieusement le deuil, l'Occident n'obéit-il à aucune bulle du pape. Nicolas V mourut au début de 1455. Son successeur, le Catalan Calixte III, était impopulaire en Italie en raison de sa naissance et il n'avait que très peu de temps à vivre. Il équipa courageusement une flotte et l'expédia dans la mer Égée où elle prit les îles de Naxos, de Lemnos et de Samothrace. Mais aucune puissance chrétienne ne désirait recevoir ces îles en garde : elles retombèrent bientôt aux mains des Turcs[20]. Aeneas Sylvius, qui succéda à Calixte en 1458, sous le nom de Pie II, fut encore plus énergique. Croyant aux promesses qu'il avait obtenues, il comptait qu'une grande expédition chrétienne partirait vraiment pour l'Orient. Il mourut en 1464, sur la route d'Ancône, alors qu'il s'en allait bénir une croisade qui ne devait jamais se réunir[21].

Mais l'Occident était incapable de passer à l'acte. Aeneas Sylvius pouvait être sincèrement désolé ; un Olivier de la Marche, avec quelques autres esprits romanesques, pouvait penser que l'empereur tombé à Constantinople était le seul empereur légitime, l'héritier véritable d'Auguste et du grand Constantin, à la différence du parvenu d'Allemagne[22]. Mais il n'y avait rien qu'ils fussent en mesure de faire. La papauté elle-même était largement responsable de cette apathie. Pendant plus de deux siècles, les papes avaient dénoncé les Grecs comme des schismatiques opiniâtres et, au cours des dernières années, ils s'étaient plaints bruyamment de ce que l'adhésion byzantine à l'union des Églises ne fût pas sincère. Les peuples d'Occident, pour qui les Turcs n'étaient qu'une menace lointaine, pouvaient se demander à bon droit pourquoi il leur faudrait offrir leur argent et leur vie pour sauver ces récalcitrants. Ils évoquaient aussi le fantôme irrité de Virgile, ce Virgile qui, en Occident, avait rang de chrétien honoraire et de prophète messianique. Virgile avait décrit l'horreur du sac de Troie par les Grecs. Le sac de Constantinople en était le châtiment. Des hommes de lettres, amateurs de phraséologie classique, tel le cardinal Isidore lui-même, étaient enclins à appeler les Turcs les fils de Teucer. Les Turcs n'étaient-ils pas en conséquence les héritiers des Troyens, sinon eux-mêmes de véritables Troyens ? Quelques dizaines d'années plus tard une lettre que Mehmet II était censée avoir adressée au pape, circula en France : dans cette lettre, le sultan se disait surpris de l'inimitié des Italiens à son égard. Ne descendaient-ils pas du même ancêtre troyen que les Turcs[23] ? Laonikos Chalcocondyle[a] se plaignait amèrement de ce qu'à Rome on croyait en général que les Grecs payaient pour les atrocités commises par eux à Troie[24] ; et le pape Pie II, à qui son nom d'Énée aurait conféré une autorité particulière à ce sujet, eut grand peine à faire admettre que les Teucriens, fils de Teucer, et les Turcs n'étaient pas les mêmes. Cette légende compromettait ses efforts en faveur de la croisade[25].

Les chrétiens du Levant ne pouvaient se permettre une telle indifférence. Pendant la fin de l'été 1453 la cour du sultan à Andrinople fut encombrée d'ambassadeurs de tous les États chrétiens de la région. Au début d'août, on vit arriver les représentants de Georges Brankovitch, despote de Serbie, bien pourvus d'argent destiné au sultan et à ses ministres et aussi, plus charitablement, au rachat des prisonniers. Suivirent les ambassadeurs délégués par les frères du défunt empereur, Dimitri et Thomas, despotes de Morée, par Jean Comnène, empereur de Trébizonde, par Imaret Dadian, roi de Mingrélie, par Dorino Gattilusi, seigneur de Lesbos et de Thasos, et par son frère Palamède, seigneur d'Énos, par la Mahona de Chio et par le grand maître des chevaliers de Saint-Jean. Le sultan était d'humeur affable. Il se contenta d'exiger de chacun des princes la reconnaissance de sa suzeraineté et une augmentation du tribut. Le despote de Serbie devrait lui payer annuellement 12 000 ducats ; les despotes de Morée, 10 000, la Mahona de Chio, 6 000, et le seigneur de Lesbos, 3 000. L'empereur de Trébizonde s'en tira avec 2 000. Les

a. Laonikos Chalcocondyle : voir annexe I du présent ouvrage où S. Runciman fournit quelques renseignements biographiques sur cet auteur.

ambassadeurs devraient lui porter ce tribut une fois l'an. Seuls les Chevaliers de Saint-Jean refusèrent et la reconnaissance de suzeraineté et le tribut. Ils ne pouvaient y consentir, dirent-ils, sans l'autorisation de leur propre suzerain, le pape. Mehmet ne se sentait pas en mesure, pour l'instant, d'imposer sa volonté à Rhodes. Il laissa les envoyés des Chevaliers s'en retourner en paix[26].

Les frères Gattilusi furent particulièrement favorisés par la chance. Peu de temps après la chute de Constantinople, le sultan avait envoyé des troupes s'emparer d'Énos, la ville de Palamède, en Thrace ; et Palamède s'était hâté de faire sa soumission. À peu près à la même époque, la flotte turque occupa les îles byzantines d'Imbros et de Lemnos. Tous les fonctionnaires byzantins s'enfuirent, à l'exception d'un magistrat d'Imbros, l'historien Critobule. Celui-ci se lia d'amitié avec l'amiral turc Hamza Bey ; et l'effet de ses intrigues savantes fut que le sultan donna Lemnos au seigneur de Lesbos moyennant un tribut annuel de 2 325 ducats, et Imbros au seigneur d'Énos, moyennant un tribut annuel de 1 200 ducats[27].

Les chrétiens du Levant respirèrent de nouveau. Constantinople était tombée, mais le sultan semblait disposé à laisser les petits États vivre en paix. Mais ils devaient payer cette immunité d'un prix élevé ; et l'argent n'était pas facile à trouver. De plus, des changements inquiétants s'étaient produits à la cour du sultan.

En août 1453, le vizir Halil Chandarli fut subitement arrêté et destitué. Quelques jours plus tard on le mit à mort. Mehmet n'avait jamais pardonné à Halil le rôle qu'il avait joué en 1446. Jusqu'à présent il avait été très puissant et respecté de tous, en sa qualité d'ami du sultan Mourad et de doyen des ministres du royaume. Le sultan ne pouvait se permettre de le révoquer tant que Constantinople n'était pas solidement entre ses mains ; il eût été dangereux de s'aliéner les vieilles familles turques qui considéraient Halil comme leur guide. Mais les avis qu'avait donnés le vieux vizir s'étaient révélés mal inspirés. Il avait d'abord essayé d'empêcher le siège de Constantinople, ensuite de le faire lever. Craignait-il véritablement que l'entreprise échouât ou qu'elle entraînât les Turcs dans une grande guerre contre l'Occident, ou bien était-il, ainsi que le prétendaient ses ennemis, complètement vendu aux Grecs, avec qui on le savait lié d'amitié ? On ne peut le dire aujourd'hui. Il fallait l'accuser de trahison pour justifier sa chute. Les hommes d'État orientaux, même les plus hautement respectés, ne dédaignent pas de recevoir des cadeaux. Il se peut qu'Halil, si sincèrement dévoué qu'il fût au bonheur de ses compatriotes, ait été en même temps payé par les Grecs. Mais il avait fait une erreur de calcul, et il en fut puni. Avec lui tombèrent les autres ministres qui avaient survécu au règne de Mourad II, à l'exception d'Ishak Pacha ; encore ce dernier fut-il été relégué en Anatolie. Zaganos Pacha devint grand vizir, et ses amis investirent le gouvernement. Presque tous étaient d'ambitieux convertis à l'islam, des hommes sans attache, qui dépendaient entièrement de la faveur du sultan et cherchaient à entraîner leur maître à de nouvelles conquêtes à la première occasion[28].

Lorsque vint ce moment, la faute en fut pour une large part aux princes chrétiens eux-mêmes. Les Serbes furent les premiers à pâtir. En 1454, une démonstration de force contraignit Georges Brankovitch à céder au sultan une partie de son territoire. Sa position était difficile. Les Hongrois, sur sa frontière nord, étaient aussi impatients que les Turcs de conquérir son pays. La Serbie devint le théâtre de leurs combats. Le sultan ne put enlever Belgrade à Jean Hunyadi en juin 1456, les embarras de Brankovitch n'en diminuèrent pas pour autant. Hunyadi mourut au lendemain de sa victoire ; et quelques semaines après, Georges fut blessé au cours d'une altercation dans le camp hongrois. Il traîna quelques semaines et mourut à la veille de Noël, âgé de quatre-vingt-dix ans. Sa longue expérience diplomatique et l'influence de sa fille Mara, belle-mère respectée du sultan, lui avaient permis de se maintenir. Son héritier ne fut pas aussi sage. Georges légua son despotat à sa veuve et à son fils cadet, Lazar : celui-ci en voulait à sa mère d'avoir recueilli une part de l'héritage. La mort soudaine et suspecte de la veuve, quelques mois plus tard, obligea la princesse Mara à se réfugier à la cour du sultan, pendant que ses frères aînés, à qui Mourad avait fait crever les yeux bien des années auparavant, s'enfuyaient tous deux, l'un avec elle à Constantinople, l'autre à Rome. Mehmet avait d'autres soucis pour le moment ; et Lazar mourut en janvier 1458, laissant un héritage disputé. L'année suivante, une armée turque envahit le despotat, bien accueillie par de nombreux Serbes qui étaient las du désordre. En quelques semaines toute la Serbie fut aux mains des Turcs, sauf Belgrade que les Hongrois gardèrent jusqu'en 1521. Le royaume voisin de Bosnie, où la fille de Lazar, Maria, était reine, fut conquis quatre ans plus tard. Le roi, Étienne Tomashevitch, eut la tête coupée et Maria fut enfermée dans un harem turc[29].

Pendant ce temps les derniers vestiges de l'indépendance grecque disparaissaient. D'abord furent absorbés les territoires confiés autrefois aux princes Gattilusi, ces demi-Grecs. Dorino et Palamède moururent tous deux en 1455. Le fils et l'héritier du premier était un faible ; celui du second, un pervers. Prétextes dont se servit le sultan pour annexer leurs domaines. En 1459, Imbros, Ténédos, Lemnos et la ville d'Énos étaient aux mains des Turcs, bien qu'on attribuât à Imbros un gouverneur chrétien, en la personne de Critobule. Lesbos eut une survie précaire jusqu'en 1462, année où Niccolo Gattilusi, le frère cadet de Dorino, qui avait fait étrangler son frère, dut céder ses terres et mourut lui-même étranglé[30].

Le duché d'Athènes fut envahi en 1456. Son duc florentin, Franco, dont le sultan avait admiré la beauté juvénile, put se maintenir quatre ans de plus comme seigneur de Thèbes ; il fut plus tard mis à mort, ses terres annexées et ses fils enrôlés dans le corps des janissaires[31].

En Morée, les frères despotes, Dimitri et Thomas, ne cessaient de se quereller qu'à l'approche d'un péril extérieur ; la nouvelle de la chute de Constantinople avait été suivie du soulèvement de tous les Albanais établis dans la presqu'île. Beaucoup de Grecs se joignirent aux insurgés ; et Venise les soutint clandestinement. En désespoir de cause, les frères demandèrent au sultan de les aider. Le vieux général Turahan Bey passa l'isthme de Corinthe et rétablit l'ordre. Il recommanda aux frères, en s'en allant, de vivre en paix. Mais bientôt les querelles recommencèrent entre eux et avec leurs vassaux, et ils omirent d'envoyer au sultan son tribut. Au printemps 1458 le sultan lui-même passa l'isthme avec une armée. Corinthe tint jusqu'au mois d'août et quelques autres forteresses résistèrent bravement, mais en vain. Après que Corinthe fut tombée et que la presqu'île eut été ravagée, les despotes allèrent faire la paix avec leur suzerain. Elle leur coûta la moitié de leur despotat, y compris Corinthe, Patras, l'Argolide et même Karytena, la capitale de Thomas ; ils durent régler en outre une forte indemnité. Sur le chemin du retour, en direction du nord, Mehmet s'arrêta pour visiter Athènes, cité dont il connaissait l'illustre passé et à laquelle il désirait rendre hommage.

À peine en était-il reparti que les despotes se querellèrent de nouveau. Dimitri pensait que la seule chance de salut pour son pays et pour lui-même était la soumission aux Turcs. Thomas plaçait son espoir dans le nouveau pape, Pie II, qui lui avait promis son aide lors du concile de Mantoue, tenu à l'automne 1458. L'aide, quand elle arriva en Morée l'été suivant, consistait en trois cents mercenaires, dont deux cents payés par Pie II, et cent par Bianca Maria, duchesse de Milan. Les mercenaires se querellèrent avec Thomas et entre eux, et s'en retournèrent en Italie. Pendant ce temps Dimitri faisait appel aux Turcs. Le tribut dû au sultan fut de nouveau oublié. Mehmet, que ce désordre choquait et que l'intervention du pape avait alarmé, décida l'abolition du despotat.

Au début de mai 1460, il arriva à Corinthe à la tête d'une troupe nombreuse. Après avoir un peu hésité Dimitri se rendit, lui et sa capitale, Mistra ; Thomas se cacha pendant quelque temps en Messénie avant de s'enfuir par mer à Corfou. Abandonnés par leurs gouvernants, les habitants du Péloponnèse se soumirent ; les quelques forteresses qui résistèrent, soutenues par un héroïsme désespéré, furent réduites une à une. Qu'on les eût prises d'assaut ou contraintes par la famine, leurs défenseurs furent massacrés. À l'automne, toute la péninsule était occupée, à l'exception du château de Salmenikon, dont le commandant Graitzas Paléologue tint jusqu'à l'été suivant, des ports vénitiens de Modon et de Croton qui se sauvèrent en accueillant le sultan avec les plus grands honneurs et force présents, et de la petite cité insulaire de Monemvasia qui avait reconnu Thomas comme son seigneur et après sa fuite, s'était donnée à un pirate catalan, puis au pape, lequel la confia à Venise en 1464[32].

Ensuite ce fut le tour de l'empire de Trébizonde. Jean IV, le Grand Comnène que Phrantzès avait repris pour s'être réjoui de la mort de Mourad II et qui avait acheté sa tranquillité en 1453 en promettant au sultan un considérable tribut, était mort en 1458, laissant deux filles mariées et un fils, Alexis, âgé seulement de quatre ans. Une longue régence serait évidemment désastreuse ; aussi les habitants de Trébizonde nommèrent-ils empereur le frère cadet de Jean, David. David estimait que le sultan était trop occupé en Europe pour s'en prendre à l'Anatolie orientale. Il était lui-même en relation avec les républiques de Venise et de Gênes et avec la papauté, qui toutes promettaient de l'aider ; et il se reposait plus particulièrement sur les rapports amicaux de sa famille avec le plus puissant des chefs de tribu turcomans, Uzun Hasan, seigneur de la tribu du Mouton Blanc. Uzun Hasan était un prince redoutable, devenu le rassembleur des Anatoliens de l'Est contre les Ottomans. Les émirs de Sinope et de Karamanie étaient ses alliés, comme l'étaient le roi de Géorgie, gendre de l'empereur David, et les rois géorgiens de Mingrélie et d'Abkhasie ; sa famille comptait beaucoup de chrétiens. Sa grand-mère paternelle était une princesse de Trébizonde et sa mère une dame chrétienne originaire du Nord de la Syrie ; lui-même avait épousé une princesse de Trébizonde, la fille de l'empereur Jean, Théodora, dont un voyageur vénitien écrivait « qu'il était bien connu qu'aucune femme de cette époque n'égalait la beauté ». Avec Uzun Hasan comme ami, l'empereur de Trébizonde pensait n'avoir rien à craindre.

Le sultan Mehmet ne pouvait se permettre de fermer les yeux sur une telle alliance ; mais ce fut David qui déclencha la guerre. Il exigea de Mehmet l'exemption du tribut qu'avait payé son frère et il transmit ses demandes par la voix des ambassadeurs d'Uzun Hasan à Constantinople, venus, pour le compte de leur maître, présenter d'autres réclamations encore plus arrogantes. Pendant l'été de 1461, Mehmet réunit une armée et une flotte afin de châtier les auteurs de ces impertinences. Tandis que la flotte, sous les ordres de l'amiral Kassim Pacha, cinglait vers la mer Noire au large des côtes d'Anatolie, le sultan rejoignait son armée à Brousse. À la vue de forces aussi considérables la grande alliance commença à se fissurer. Au mois de juin, pendant que l'armée marchait sur Sinope, la flotte s'arrêta pour occuper le port génois d'Amastris. Vers la fin du mois la flotte et l'armée firent leur jonction devant Sinope. L'émir Ismaïl, beau-frère de Mehmet, eut beau déléguer son fils Hasan, le neveu de Mehmet, pour tenter de détourner le danger, Mehmet exigea la reddition de Sinope. En retour, il offrit à Ismaïl un fief composé de Philippopolis et des villages environnants. Ismaïl accepta à contrecœur ; il n'y eut pas de résistance à Sinope et l'armée du sultan pénétra dans les territoires d'Uzun Hasan, prenant d'assaut au passage la forteresse frontalière de Koylu Hisar. Les Karaméniens ne bougèrent pas pour secourir leur allié. Uzun Hasan battit en retraite vers l'Est et dépêcha sa mère, Sarah Katun, au camp du sultan avec des cadeaux magnifiques. Mehmet reçut la princesse avec amabilité. Il ne souhaitait pas encore se mesurer avec les guerriers du Mouton Blanc. Il consentit à faire la paix, à condition de garder Koylu Hisar. Mais les tentatives de Sarah pour sauver le pays de sa bru échouèrent. « Pourquoi vous fatiguer, mon fils, demanda-t-elle au sultan, pour le peu qu'est Trébizonde ? » Il répondit qu'il portait l'épée de l'islam ; il aurait honte de ne pas se fatiguer pour la foi.

Au début de juillet la flotte turque atteignit Trébizonde, et les marins débarquèrent pour en ravager les faubourgs. Ils ne purent franchir les hauts remparts de la ville. Au début d'août l'avant-garde de l'armée, sous les ordres du grand vizir Mahmoud, arriva devant les murs de la place. Mahmoud, comme la plupart des nouveaux ministres du sultan, était un renégat, le fils d'un prince serbe et d'une dame de Trébizonde. Il avait un cousin, natif de Trébizonde, l'érudit Georges Amiroutzès, qui habitait la ville. Amiroutzès avait été un des avocats de l'union au concile de Florence ; l'empereur David le tenait en haute estime, non seulement pour son savoir mais parce que ses relations avec Rome avaient été utiles au cours des négociations avec l'Occident. Mahmoud envoya dans la ville son secrétaire grec Thomas Katabolenou, officiellement pour sommer l'empereur de se rendre et secrètement pour entrer en contact avec Amiroutzès. David commença par refuser. Son épouse, l'impératrice Hélène, de la grande famille byzantine des Cantacuzène, venait de partir pour la Géorgie afin de solliciter le secours de son gendre. Mais quand Amiroutzès, bien préparé et bien payé par Mahmoud, lui dit que Hasan avait fait la paix, quand la nouvelle eut été confirmée par des messages de Sarah Katun, et quand Amiroutzès expliqua ce dont Mahmoud se portait garant – que le sultan doterait la famille impériale d'autres domaines – l'empereur hésita. Il envoya proposer à Mehmet, qui approchait de la ville avec le gros de son armée, de lui livrer Trébizonde s'il recevait en échange des terres de dimension et de valeur égale, la région étant au choix du sultan, et de donner au sultan en mariage sa plus jeune fille, Anna. Mehmet, qu'avait irrité l'appel de l'impératrice aux Géorgiens, répliqua en demandant une reddition inconditionnelle. Amiroutzès ne cessait de rappeler à David que la résistance était inutile, Sarah lui écrivait pour lui donner à nouveau sa parole que lui et sa famille seraient honorablement traités : l'empereur céda. Il est difficile de l'en blâmer. Uzun Hasan et ses alliés turcs l'avaient lâché. Aucune puissance occidentale ne pouvait lui envoyer de l'aide ; et les Géorgiens n'interviendraient pas seuls. Trébizonde, avec ses puissantes fortifications, aurait pu tenir durant plusieurs semaines ; mais personne ne venait à son secours[33].

Le 15 août 1461, le sultan turc fit son entrée dans la dernière capitale des chrétiens. Deux cents ans s'étaient écoulés depuis le jour où Michel Paléologue avait repris Constantinople aux Latins et où une nouvelle aube semblait s'être levée sur le monde grec. Les promesses de Sarah Katun furent honorées. L'empereur, ses enfants et son jeune neveu Alexis furent aimablement reçus par le sultan et envoyés par bateau spécial à Constantinople, avec les hauts fonctionnaires de la cour et leurs biens personnels, à l'exception d'une poignée de joyaux qui furent donnés à Sarah pour la remercier de son aimable médiation. La famille impériale ne fut pourtant pas libérée tout entière ; la belle-sœur de David, Maria Gattilusi, qui avait épousé Alexandre, frère exilé de l'empereur, à Constantinople quelque vingt ans auparavant et s'était retirée, veuve, avec son jeune fils à Trébizonde, fut enfermée dans le harem du sultan. C'était une femme encore rayonnante de beauté et Mehmet semble s'être épris d'elle, cependant que son fils était connu comme l'un des pages favoris du sultan[34].

Le reste de la population fut traité durement. Les familles de notables furent dépouillées de leurs biens et expédiées toutes ensemble à Constantinople où le sultan leur procura des habitations et assez d'argent pour commencer une nouvelle vie. Tous les autres citoyens, ainsi que nombre de femmes et d'enfants, furent réduits en esclavage et répartis entre le sultan et ses ministres. D'autres femmes furent envoyées par bateau à Constantinople ; huit cents garçons furent incorporés dans les régiments de janissaires[35].

Le restant de l'Empire fut promptement envahi. La ville de Kerasount résista pendant quelque temps et se rendit à des conditions honorables qui permirent à la population grecque d'y demeurer en paix. Quelques villages de la montagne résistèrent aussi. Le château de Kordyle fut défendu pendant de longues semaines par une jeune paysanne que célébrèrent longtemps les vieilles ballades du Pont-Euxin. Mais aucun château ne pouvait tenir indéfiniment devant la puissante armée turque. Au mois d'octobre le sultan était de retour à Constantinople ; tous les domaines du grand Comnène étaient entre ses mains[36].

Le monde grec libre n'existait plus. « La Romanie est défunte ; La Romanie est conquise », se lamentaient les balladins[37]. Il restait quelques Grecs vivant sous la loi chrétienne, à Chypre, dans les îles de l'Égée et de la mer Ionienne et dans les ports que Venise conservait encore en Grèce continentale ; mais ils avaient des seigneurs de race étrangère et obéissaient à une forme étrangère de christianisme. Ce n'était que dans les villages à demi-sauvages de la péninsule du Magne, au Sud-Est du Péloponnèse, dans ces rudes montagnes où aucun Turc n'osait pénétrer, qu'il subsistait un semblant de liberté.

Bientôt tout l'univers orthodoxe des Balkans fut aux mains des Turcs. Aussi longtemps que vécut Scanderberg les Albanais préservèrent tant bien que mal leur indépendance, mais après sa mort, en janvier 1468, son pays connut presque aussitôt l'occupation ; avant longtemps Venise aurait perdu ses ports du littoral albanais. Plus au nord, dans la région connue sous le nom de Zéta, quelques montagnards résistaient encore : ceux qui formèrent la future principauté du Monténégro, laquelle accepta par moments une suzeraineté turque ou vénitienne mais sans jamais perdre son autonomie. La Serbie et la Bosnie furent soumises. De l'autre côté du Danube, les princes de Valachie avaient accepté la suzeraineté turque en 1391, pour la rejeter ensuite chaque fois qu'approchait une armée hongroise. De 1456 à 1462, le prince Vlad qu'on surnommait l'Empaleur, à cause du traitement qu'il infligeait à ses opposants, défia le sultan et il fit même empaler ses émissaires ; mais dès que Vlad fut tombé, le sultan rétablit fermement son autorité sur le pays. En Moldavie, le prince Pierre III avait accepté cette même autorité en 1456. Son fils Étienne IV la rejeta et il réussit à tenir les Turcs en échec pendant son long règne de 1457 à 1504 ; mais neuf ans après sa mort, son fils, le prince Bogdan fit allégeance au sultan Sélim[38].

Il y avait néanmoins une puissance orthodoxe dont les armées du sultan n'envahirent jamais les possessions. Alors que Byzance tombait entièrement aux mains des Turcs, les Russes avaient repoussé leurs suzerains tartares et recouvré leur indépendance. La conversion de la Russie avait été l'un des hauts faits de l'Église byzantine. Mais l'enfant était devenue plus grande que la mère. Les Russes en étaient pleinement conscients. Déjà aux environs de l'an 1300, le patriarche Antoine de Constantinople avait été obligé d'écrire au plus puissant des dirigeants russes, le grand prince Basile I de Moscovie, pour lui rappeler que l'empereur de Constantinople était malgré tout le seul empereur véritable, le vice-roi orthodoxe de Dieu sur la terre. Mais maintenant Constantinople était tombée et l'empereur avait été tué. Il n'y avait plus d'empereur du monde orthodoxe. Si, de plus, Constantinople était tombée, pensaient les Russes, c'était en punition de ses péchés, pour l'apostasie dont elle s'était rendue coupable en acceptant l'union religieuse avec Rome. Les Russes, furieux, avaient rejeté l'union de Florence, et ils avaient banni l'archevêque unioniste Isidore que les Grecs voulaient leur imposer. À présent, eux qui ne s'étaient pas compromis, avaient à leur tête le seul potentat qui subsistât dans le monde orthodoxe, un souverain dont la puissance croissait constamment. N'était-il pas le véritable héritier de l'empire orthodoxe ? Le sultan de la conquête pouvait régner à Constantinople et se prévaloir des privilèges de l'Empire byzantin. Mais le véritable Empire chrétien s'était établi à Moscou. « Constantinople est tombée, écrivait le métropolite de Moscou en 1458, pour avoir trahi la Vraie Foi. Mais la Foi orthodoxe vit encore, c'est celle des Sept conciles, telle que Constantinople l'a transmise au grand prince Vladimir. Il n'existe plus qu'une seule Église orthodoxe au monde, l'Église de Russie. » C'était donc désormais la mission de la Russie que de défendre le christianisme. « Les empires chrétiens sont tombés, écrivait en 1512 le moine Philothéos à son maître le grand prince ou tsar Basile III ; à leur place il ne reste que l'Empire de notre chef… Deux Rome sont tombées mais la troisième Rome est debout et il n'y en aura pas de quatrième… Vous êtes le seul souverain chrétien du monde, le seigneur de tous les pieux chrétiens. » Le père de Basile III avait plus ou moins légitimé cette prétention en épousant une femme de la maison des Paléologues. Mais pour ceux qui avaient une foi mystique en la troisième Rome ce récent mariage était de peu d'importance. Si l'on cherchait à se prévaloir de droits dynastiques, ils préféraient remonter au mariage de leur premier prince chrétien, Vladimir, avec Anna, la princesse porphyrogénète, mariage qui avait eu lieu cinq siècles auparavant et qui, en fait, était resté sans enfants. De toute façon, l'héritage de Moscou ne devait rien à la diplomatie de ce bas monde : c'était évidemment la volonté de Dieu.

Ainsi les Russes furent-ils les seuls parmi les orthodoxes à tirer quelque avantage de la chute de Constantinople ; pour les orthodoxes du défunt monde byzantin, qui languissaient dans la servitude, c'était une consolation que de savoir qu'il existait encore, bien que loin d'eux, u puissant souverain orthodoxe ; ils espéraient que ce souverain les prendrait sous sa protection et qu'un jour peut-être il viendrait à leur secours et leur rendrait la liberté. Le sultan de la Conquête se souciait bien peu de la Russie. Aux siècles suivants, ses successeurs ne pourraient plus se permettre pareil dédain[39].

Mais la Russie était bien loin. Le sultan Mehmet avait d'autres soucis plus pressants. La conquête de Constantinople avait définitivement fait de lui une des grandes puissances de l'Europe ; il avait son rôle à jouer dans le concert des puissances. Les chrétiens étaient tous ses ennemis, il le savait ; il devait veiller à ce qu'ils ne s'unissent pas contre lui.

La tâche n'était pas insurmontable. En se révélant incapables de venir au secours de Constantinople, les puissances chrétiennes avaient montré combien peu elles désiraient se battre pour leur foi, à moins que leurs intérêts immédiats ne fussent menacés. Avec la papauté, seuls quelques érudits en Occident, quelques esprits romantiques s'étaient émus à la pensée que la grande métropole historique chrétienne tombât aux mains des infidèles. Parmi les Italiens qui s'étaient joints aux défenseurs de la ville, quelques-uns comme Giustiniani ou les frères Bocchiardi étaient animés de véritables sentiments chrétiens, mais leurs gouvernements ne connaissaient que le langage de leurs intérêts : laisser tomber Constantinople aux mains des Ottomans pouvait être désastreux, mais faire affront à des partenaires commerciaux comme les Turcs le serait tout autant. Les monarchies occidentales se désintéressaient du problème. Même le roi d'Aragon, qui rêvait d'un Empire levantin, ne passerait
[illegible] acte. Le gouvernement turc n'avait pas tardé à
[illegible] pleine mesure des dispositions de chacun. La
[illegible] avait jamais manqué de bons diplomates. Le
[illegible] rrait être obligé de combattre Venise et la

Hongrie, et peut-être les quelques alliés dont la papauté disposerait ; mais il les combattrait un à un. Personne n'était venu seconder la Hongrie sur le champ de bataille fatal de Mohacs. Personne n'avait envoyé de renforts aux Chevaliers de Saint-Jean à Rhodes. Personne ne s'était soucié de ce que les Vénitiens eussent perdu Chypre. Venise et les Habsbourg allaient en vérité s'unir pour la campagne navale qui devait aboutir au triomphe de Lépante, mais, à tout prendre, quel bien en résulterait-il ? Les Habsbourg avaient déjà été obligés d'assurer seuls la défense de Vienne, leur capitale. En Allemagne et en Italie des hommes pourraient trembler pendant des dizaines d'années à la pensée que les Turcs étaient à leurs portes ; leurs guerres civiles n'en continueraient pas moins. Et quand le roi Très Chrétien de France, oublieux du rôle qu'avait joué son pays au glorieux temps des Croisades, choisit de s'allier au sultan des infidèles contre le Saint-Empire romain, alors il devint clair pour tous que c'en était fini de l'esprit de la Croisade.

CHAPITRE XIII

LES SURVIVANTS

La conscience de l'Europe occidentale s'était émue, mais l'Occident n'avait pas bougé. Les cardinaux grecs, Isidore et Bessarion, pouvaient prêcher et supplier, le pape Pie II, cet amoureux de la culture grecque, pouvait rassembler des fonds pour secourir l'Orient. Mais leurs efforts ne serviraient au mieux qu'à atténuer les souffrances des malheureux qui avaient fui devant le Turc.

Les réfugiés n'étaient pas très nombreux. Les pauvres avaient dû rester en Orient et endurer leur sort quel qu'il fût. Des grands personnages qui avaient eu part au drame, quelques-uns acceptèrent de vivre sous l'autorité du sultan. Bien plus nombreux étaient ceux qui furent emprisonnés ou mis à mort. Le reste chercha refuge en Italie.

Les deux vieilles dynasties impériales allaient bientôt s'éteindre. L'un des frères survivants de l'empereur Constantin, le despote Dimitri, fut d'abord traité avec bienveillance par le sultan. Il reçut en apanage des territoires qui avaient appartenu aux Gattilusi, la ville d'Énos, les îles de Lemnos et d'Imbros, ainsi que certaines parties de
de Samothrace. Ces territoires lui rapportaient bo
an six cent mille pièces d'argent, la moitié prove

îles, l'autre d'Imbros. En plus, la Monnaie du sultan lui envoyait chaque année cent mille autres pièces. Pendant sept ans il vécut tranquillement avec sa femme Zoé et son beau-frère, Mathieu Asen qui jadis avait été gouverneur de Corinthe et qui, maintenant, gérait le monopole local du sel. Dimitri passait son temps à jouir des plaisirs de la chasse et de la table ; et il faisait des dons importants à l'Église. En 1467 son apanage lui fut soudain retiré. D'après ce que croyait Phrantzès, les subordonnés de Mathieu auraient empoché une partie du revenu des salines dû au sultan, et Dimitri, comme Mathieu, en aurait été rendu responsable. On ignore ce qu'il advint de Mathieu. Dimitri fut privé de ses revenus et envoyé à Didymoticum ; passant un jour par là, le sultan eut pitié de la pauvreté où Dimitri avait été réduit, et lui accorda une pension annuelle de cinquante mille pièces d'argent à prélever sur le monopole impérial du blé. Ce ne fut que pour peu de temps ; Dimitri et sa femme ne tardèrent pas à prononcer l'un et l'autre des vœux monastiques. Dimitri mourut en 1470 dans un monastère d'Andrinople et sa femme ne lui survécut que quelques mois. Leur seule enfant, Hélène, avait été mise dans le harem du sultan ; mais il semble qu'elle garda sa virginité et qu'elle vécut dans sa propre résidence à Andrinople. Elle mourut quelques années avant ses parents, léguant ses bijoux et sa garde-robe au patriarcat[1].

Quant au despote Thomas, il avait fui avec femme et enfants à Corfou, en emportant la tête du saint apôtre André, que l'on conservait à Patras. Fin 1460, il s'embarqua pour l'Italie avec la relique, et il fit une entrée solennelle à Rome le 7 mars 1461. Une semaine plus tard le pape, à qui il avait donné la relique, l'honora en lui offrant la Rose d'Or. Thomas resta en Italie, espérant retourner un jour en Morée. Le pape lui alloua une pension mensuelle de trois cents ducats d'or, auxquels les cardinaux ajoutèrent plus tard cinq cents autres ducats pris sur leurs revenus. La dignité de Thomas et la belle apparence qu'il garda en vieillissant firent impression sur les Italiens ; il leur plut en adoptant publiquement la foi catholique. Sa femme, Catherine Zaccaria, qu'il avait laissée à Corfou, y mourut en 1462. En 1465, Thomas fit venir ses enfants à Rome. Quelques jours après leur arrivée le 12 mai, il mourut âgé de cinquante-six ans[2].

Thomas avait quatre enfants ; l'aînée, Hélène, avait été mariée encore enfant à Lazar III Brankovitch, dont elle eut trois filles. En 1459, peu après la mort de son époux, elle avait marié l'aînée de leurs filles, Maria, au roi Étienne de Bosnie. Lorsque les Turcs envahirent la Bosnie, la jeune reine fut mise dans le harem d'un général turc, cependant qu'Hélène s'enfuyait à Leucade avec ses deux autres enfants. L'une de ses filles, Militza, épousa le seigneur de Céphalonie et de Leucade, Léonard III Tocco, mais mourut sans descendance quelques mois plus tard. L'autre, Irène, épousa Jean Castriota, fils de Scanderberg ; et après la mort de son beau-père elle se retira avec son mari en Italie. Hélène demeura à la cour de son gendre à Leucade, et finit par entrer dans un couvent où elle mourut en 1474[3].

Les frères et sœurs d'Hélène étaient beaucoup plus jeunes. André était né en 1453, Manuel en 1455 et Zoé probablement en 1456. Les orphelins furent adoptés par la papauté. En juin 1466, Zoé fut mariée à un noble romain de la famille Caracciolo, mais elle était encore une enfant quand elle devint veuve. En 1472, le pape Sixte IV remporta ce qu'il estimait être une victoire diplomatique en négociant son mariage avec le tsar de Russie, Ivan III. Le mariage fut célébré au Vatican, le tsar étant représenté par procuration. Le pape donna à la mariée une dot de six mille ducats d'or.

Mais quand elle arriva en Russie, Zoé, rebaptisée Sophie, oublia son catholicisme et se dévoua ardemment à la cause de l'Église orthodoxe. Sa fille Hélène revint au catholicisme en épousant le roi de Pologne, Alexandre Jagellon ; mais son fils Basile III et les successeurs de ce fils restèrent des champions de l'orthodoxie. La reine Hélène de Pologne mourut sans descendance. La lignée de Basile III s'éteignit un siècle plus tard avec son arrière-petite-fille Anastasie Féodorovna et l'oncle d'Anastasie, le tsarévitch Dimitri.

Les fils de Thomas eurent un destin moins honorable. Le cadet, Manuel, passa sa jeunesse en Italie, vivant d'une pension papale de cinquante ducats par mois. Vers 1477, il s'en alla soudain à Constantinople et s'en remit à la générosité du sultan. Mehmet le reçut avec bienveillance et lui donna une propriété et une pension. Manuel se maria en Turquie, mais on ignore le nom de sa femme ainsi que la date de sa mort. De ses deux fils l'aîné, Jean, mourut jeune ; le cadet, André, se convertit à l'islam et finit sa vie comme fonctionnaire de la cour, sous le nom de Mehmet Pacha, sans laisser de descendants, semble-t-il. Le fils aîné de Thomas, André, préféra rester en Italie et y vivre comme l'avait fait son frère, d'une maigre pension de cinquante ducats par mois. On le traitait en héritier du trône impérial, et il signait lui-même « *Deo gratia fidelis Imperator Constantinopolitanus* ». Mais sa conduite n'avait rien de très impérial. En 1480, il épousa une Romaine qu'il avait rencontrée dans la rue, une certaine Caterina ; et il fit d'énormes dettes. Ayant soutiré au pape Sixte IV deux millions de ducats d'or pour financer une expédition en Morée, il utilisa l'argent à d'autres fins. Mais cette opération, pas plus que son habitude de vendre titres et privilèges à d'ambitieux étrangers, ne rétablit pas sa trésorerie. Un voyage qu'il fit en Russie en 1490, à la cour de sa sœur, ne lui rapporta pas d'argent : on ne le retint pas. À la fin, il se trouva un ami en la personne du roi de France Charles VIII à qui il rendit visite en 1491. Charles paya une partie de ses dettes. Lorsque Charles envahit l'Italie en 1491, André se hâta d'aller le rejoindre dans le Nord. Le 16 septembre 1494, il signa même un traité par lequel il cédait magnifiquement au roi de France tous ses droits au trône de Constantinople, de Trébizonde et de Serbie, en ne se réservant que le despotat de Morée. Quand Charles VIII, au mois de mai suivant, eut pris possession de Naples, il promit à André une pension annuelle de douze cents ducats d'or. L'on doute que la pension ait été payée après que Charles eut quitté l'Italie ; elle fut en tout cas supprimée à la mort du roi en 1498. André s'endetta de nouveau. Au début de 1502, il souscrivit un nouvel acte, cédant tous ses droits aux souverains espagnols, Ferdinand et Isabelle ; mais il n'en reçut aucun argent. Lorsqu'il mourut cette année-là, au mois de juin, sa veuve dut demander au pape la somme de cent quatre ducats pour payer ses obsèques. André laissait un fils, nommé Constantin, un joli garçon assez insignifiant, qui commanda pendant quelque temps la garde papale ; la date de la mort de ce Constantin n'est pas connue[4].

C'est avec les deux petits-fils de Thomas, Mehmet Pacha à Constantinople et l'incapable Constantin à Rome, que s'éteignit la lignée impériale des Paléologues[5]. La branche cadette, issue d'Andronic II, et qui avait gouverné Montferrat depuis le début du XIVe siècle, s'éteignit en ligne masculine en 1536, ses possessions passant par les femmes aux marquis de Mantoue. La fille du despote Théodore, Hélène Paléologue, reine de Chypre, était morte en 1458 ; et son unique enfant, la reine Charlotte, mourut à son tour, exilée et sans enfants, à Rome en 1487[6]. Les seuls descendants de l'empereur Manuel Paléologue qui subsistent aujourd'hui vivent dans le Sud de l'Italie et font partie de familles issues de Jean Castriota, le fils de Scanderberg[7].

Le destin de la famille impériale de Trébizonde tourna plus rapidement au tragique. L'empereur David toucha pendant deux ans une confortable pension ; mais en 1463, celui qui se prétendait son ami, Georges Amiroutzès, rapporta aux autorités turques que l'ex-empereur avait reçu une lettre de sa nièce, la femme d'Uzun Hasan, offrant à son frère Alexis ou à l'un de ses propres fils de venir la trouver. Le sultan voulut voir dans cette démarche une sorte de trahison. David fut jeté dans une prison d'Andrinople le 26 mars 1463 et, le 1er novembre, il fut exécuté à Constantinople avec six de ses sept fils et avec son neveu Alexis. On leur refusa l'inhumation ; et lorsque l'impératrice Hélène eut déposé leurs cadavres dans des tombes creusées de ses propres mains, on la condamna à payer avant trois jours, sous peine d'être tuée elle-même, une amende de quinze mille ducats. Des gens de sa suite et des amis dévoués réunirent cette somme, mais Hélène s'en alla passer le peu d'années qui lui restaient à vivre, vêtue de bure, dans une cabane. Le plus jeune de ses fils, Georges, un enfant de trois ans, reçut une éducation musulmane. Plus tard on lui permit de se rendre à la cour d'Uzun Hasan où il s'enfuit chez sa sœur, en Géorgie ; il revint au christianisme et il épousa une princesse géorgienne dont il semble avoir eu des enfants : mais, à partir de là, on ignore l'histoire de sa famille. Son autre sœur, Anna, fut envoyée au harem du sultan, et donnée plus tard, mais seulement pour un temps, à Zaganos Pacha, gouverneur de Macédoine. Elle aussi avait été convertie de force à l'islam ; mais lorsqu'elle fut plus âgée, elle réussit à se retirer à la campagne, près de Trébizonde, sa ville natale. Elle y fonda un village, Kyrannâ, qui portait son nom, et une église. Maria Gattilusi, la douairière, demeura tranquillement dans le harem impérial ; et son fils, un autre Alexis, eut toujours l'affection du sultan. On ne sait ce que devint finalement cet Alexis. La tradition prétend que des terres lui furent attribuées tout près des murs de Péra et qu'il y était connu comme le fils du bey ; c'est à lui que l'actuel quartier de Beyoglou doit son nom[8].

On ne sait trop ce qu'il advint des ministres de l'empereur Constantin qui survécurent à la chute de l'empire, ni de leurs familles. S'ils furent libérés, sans doute se contentèrent-ils d'une existence obscure. Une fois l'ordre restauré, le sultan ne s'opposait pas au rachat des captifs. Au reçu d'un courrier obséquieux rédigé par le lettré Filelfo, il relâcha la belle-mère de Filelfo, Manfredina Doria, veuve de Jean Chrysoloras, et l'envoya en Italie rejoindre son gendre avec qui elle passait pour avoir eu une liaison scandaleuse[9]. Le fidèle secrétaire et ami de Constantin, Phrantzès, réussit au bout de quelques années à payer sa rançon et celle de sa femme. Ils se retirèrent à Corfou, où il continua à s'intéresser à ses compatriotes et à garder son affection à la famille de son maître. Invité par la fille de Thomas, la douairière serbe, il se rendit à Leucade pour voir le gendre de celle-ci, Léonard Tocco, dont la sœur avait été la première épouse de l'empereur ; et en 1466, il s'en alla à Rome assister au mariage de la princesse Zoé avec un Caracciolo. Peu de temps après, lui et sa femme prononcèrent leurs vœux monastiques. Une fois au monastère, il acheva la rédaction de ses mémoires, et qu'il conclut par sa profession de foi. En dépit de la sympathie que lui inspirait le parti unioniste de l'Église, il ne put se résoudre à reconnaître, dans cette déclaration, la doctrine de la double procession du Saint-Esprit. Les notes historiques de Phrantzès se prolongent jusqu'à l'année 1477. Il semble être mort en 1478[10].

Quelques réfugiés s'en allèrent rejoindre à Venise la fille du vieil adversaire de Phrantzès, Luc Notaras. Anna Notaras y vécut encore de longues années, consacrant l'argent qu'elle avait à secourir ses compatriotes[11].

Les deux cardinaux grecs restèrent en Italie. En 1459, à la mort de Grégoire Mammas, le pape éleva Isidore au patriarcat de Constantinople, contre toutes les traditions de l'Église byzantine. Isidore mourut en 1463 et Bessarion lui succéda, en titre, le poste étant bien entendu fictif. Bessarion vécut jusqu'en 1472 ; il dépensa ses revenus à constituer une belle bibliothèque de textes grecs qu'il légua à la ville de Venise, et à aider les réfugiés grecs. L'archevêque Léonard retourna à son siège de Lesbos, qu'il occupait lorsque les Turcs conquirent l'île en 1462. Il fit alors un second voyage à Constantinople, mais cette fois comme prisonnier. Bientôt racheté, il s'en alla en Italie et il y mourut en 1482[12].

Georges Amiroutzès qui, aussitôt après la chute de Constantinople, avait écrit à Bessarion une lettre le suppliant de lui donner de quoi racheter son fils cadet, Basile, s'était peu à peu fait valoir auprès des Turcs par ses intrigues à Trébizonde. Son cousin et ami très fidèle, Mahmoud Pacha, attira sur lui l'attention du sultan ; et sa situation s'améliora encore lorsque son fils aîné, Alexandre, se fit musulman. Le sultan Mehmet, que son érudition impressionnait, le chargea d'éditer en la mettant à jour la *Géographie* de Ptolémée ; Alexandre, devenu bon arabisant, fournit la nomenclature et toute la traduction arabe de cette édition. Plus tard, en 1463, Georges tomba amoureux de la veuve du dernier duc d'Athènes, qui vivait d'une pension à Constantinople, et voulut l'épouser bien que sa propre femme fût encore en vie. Le patriarche Denis refusa d'approuver ce qui eût été de la bigamie. Georges intrigua alors pour faire déposer le patriarche et se convertit lui-même à l'islam. Quelques semaines plus tard, au cours d'une partie de dés, il mourut subitement. C'était le châtiment de Dieu[13].

Des érudits qui avaient illuminé les dernières années de liberté de Byzance, seul Gennade Scholarios fut appelé à jouer un rôle constructif dans le monde nouveau de son temps, à unir l'Église de ses compatriotes, à donner à ceux-ci un cadre où les vieux drames de l'étiquette impériale pourraient se prolonger dans l'ombre en attendant l'aube du jour où Byzance, comme le phénix, renaîtrait[14].

Cette aube ne vint jamais. Le vieil empire œcuménique de Byzance avait disparu pour toujours.

Il est facile de soutenir que, dans le vaste courant de l'Histoire, l'année 1453 compte fort peu. L'Empire byzantin était d'ores et déjà condamné. Diminué, sous-peuplé et appauvri, il ne pouvait que succomber lorsque les Turcs jugeraient le moment venu de lui porter le coup fatal. L'idée que les savants byzantins aient afflué en Italie à cause de la chute de Constantinople est indéfendable. Depuis plus d'une génération l'Italie était remplie de professeurs byzantins ; et des deux intellectuels grecs les plus éminents en 1453, l'un Bessarion, était déjà en Italie, alors que l'autre, Gennade, ne devait pas quitter Constantinople. Le déclin commercial ultérieur des ports de mer italiens eut pour cause principale la découverte de nouvelles voies océaniques et non la mainmise des Turcs sur les Détroits. Le déclin rapide de Gênes après 1453 fut lié surtout à la précarité de sa situation en Italie. Venise put maintenir pendant de longues années un commerce actif avec le Levant. Il n'y avait rien de révolutionnaire non plus dans la prétention des Russes à se poser en champions de l'orthodoxie et dans celle de Moscou à être la troisième Rome. Les Russes y tendaient depuis longtemps : leurs armées n'avaient-elles pas refoulé et chassé des steppes l'infidèle tartare, cependant que Constantinople sombrait dans une pauvreté de plus en plus grande et concluait avec l'Occident des accords impies ? Oui, il y avait longtemps que le grain avait été semé. La chute de Constantinople n'avait fait que hâter la moisson. Si le sultan Mehmet avait été moins résolu ou le vizir Halil Pacha plus persuasif, si l'escadre vénitienne avait fait voile quinze jours plus tôt, ou bien si lors de la crise finale, Giustiniani n'avait pas été blessé en défendant le rempart, ou si la Kerkoporta n'avait pas été laissée entrebâillée, cela n'aurait pas changé grand-chose à la longue. Byzance aurait pu traîner une dizaine d'années encore, l'avancée turque en aurait pu être retardée. L' Occident n'aurait pas pour autant profité de ce répit. Cette rémission aurait montré que le danger n'était, après tout, pas si pressant. L'Occident, soulagé, serait retourné à ses propres affaires ; et au bout de quelques années les Turcs seraient remontés à l'assaut.

La date du 29 mai 1453 n'en marque pas moins un tournant décisif. Elle marque la fin d'une vieille histoire particulière, celle de la civilisation byzantine. Pendant onze cents ans, il y avait eu sur le Bosphore une cité où on admirait les intellectuels, où l'on étudiait et conservait la science et les lettres classiques du passé. Sans la contribution des commentateurs et des scribes byzantins, nous connaîtrions peu de choses aujourd'hui de la littérature de la Grèce antique. Cette cité du Bosphore était aussi une capitale dont les gouvernants avaient, depuis des siècles, inspiré et encouragé une école artistique sans égale dans l'histoire de l'humanité, un art où la froide conception cérébrale qu'avaient les Grecs de la juste mesure des choses s'associait, de façon toujours variée, à une religiosité profonde pour laquelle les œuvres d'art étaient l'incarnation du divin et la sanctification de la matière. C'était de plus une grande ville cosmopolite où les idées s'échangeaient aussi librement que les marchandises, et dont les citoyens ne se considéraient pas comme les membres d'une seule race, mais comme les héritiers de la Grèce et de Rome, sanctifiés par la foi chrétienne. Tout cela était maintenant fini. La nouvelle race des maîtres décourageait ses sujets chrétiens de s'instruire. Privé du patronage d'un gouvernement libre, l'art byzantin commença à décliner. La nouvelle Constantinople était une ville magnifique, riche, populeuse, cosmopolite et pleine de beaux édifices. Mais sa beauté exprimait ce qu'il y avait de plus terrestre dans le pouvoir impérial des sultans, et non le règne du Dieu chrétien ici-bas ; et ses habitants étaient séparés par la foi. Constantinople était ressuscitée, elle serait le point de mire des visiteurs pendant des siècles ; mais c'était Istanbul, et non Byzance.

La vaillance déployée pendant les derniers jours de Byzance l'avait-elle donc été en vain ? Elle avait impressionné le sultan, comme le montre ses actes de sauvageries après la chute de la ville. Il ne voulait prendre aucun risque avec les Grecs. Il avait toujours admiré leur savoir ; il s'apercevait maintenant que leur héroïsme n'était pas tout à fait mort. Il se peut qu'une fois le calme rétabli, son admiration l'ait incité à offrir un meilleur traitement à ses sujets grecs. Les conditions qu'obtint de lui le patriarche Gennade refirent l'union de l'Église grecque et de la majorité des Grecs sous l'autorité d'un unique gouvernement autonome. L'avenir ne devait pas être facile pour les Grecs. On leur promettait la paix, la justice et des occasions de s'enrichir. Mais ils étaient des citoyens de seconde zone ; l'es
entraîne inévitablement la démoralisation, l
purent échapper à ses effets. En outre, ils dép
dernier ressort de la bonne volonté de leur suz

longtemps que vécut le sultan de la conquête leur sort ne fut pas trop mauvais. Mais ensuite vinrent des sultans qui n'avaient jamais connu la civilisation de Byzance et qui s'enorgueillissaient d'être empereurs de l'islam, califes et commandeurs des fidèles. Et bientôt la forte structure de l'administration ottomane se défit. Les Grecs durent répondre à la corruption par la tromperie, à l'injustice par la déloyauté et à l'intrigue par la contre-intrigue ; l'histoire des Grecs sous le règne des Turcs n'est pas édifiante, elle est sombre. Néanmoins, en dépit de ses fautes et de ses faiblesses, l'Église survécut, et tant que l'Église survivrait, l'hellénisme ne mourrait pas.

L'Europe occidentale, au fond de sa mémoire ancestrale, restait jalouse de Byzance ; ses conseillers spirituels dénonçaient les orthodoxes comme des pécheurs schismatiques ; se sentant coupable d'avoir finalement trahi Byzance, elle préféra ne plus y penser. Il lui était impossible d'oublier sa dette envers les Grecs ; mais cette dette, telle qu'elle la voyait, ne se rapportait qu'à l'âge classique. Les philhellènes qui vinrent plus tard prendre part à la guerre d'indépendance parlaient de Thémistocle et de Périclès ; mais jamais de Constantin. Leur exemple fut suivi par beaucoup d'intellectuels grecs, qu'égarait le mauvais génie de Koraïs, l'élève de Voltaire et de Gibbon, pour qui Byzance n'avait été qu'un vilain intermède de superstition, une époque sur laquelle il valait mieux passer. Ainsi la guerre d'indépendance n'eut-elle jamais pour effet la libération du peuple grec : il n'en résulta que la création d'un petit royaume de Grèce. Dans les villages, on savait mieux ce qui s'était passé. On s'y rappelait les thrènes composés à la nouvelle de la chute de la ville, cette ville que Dieu châtiait pour son luxe, son orgueil et son apostasie, mais qui avait héroïquement combattu jusqu'au bout. Les paysans se rappelaient cet effroyable mardi, jour dont tous les véritables Grecs savent encore qu'il porte malheur ; mais leur âme tressaillait, ils reprenaient courage en parlant de ce dernier empereur chrétien qui, debout sur la brèche, abandonné par ses alliés de l'Occident, avait tenu les infidèles en respect jusqu'au moment où, écrasé par le nombre, il avait succombé et l'Empire avait été son linceul.

Appendice I

LES SOURCES PRINCIPALES D'UNE HISTOIRE DE LA CHUTE DE CONSTANTINOPLE

L'historien de la chute de Constantinople a la chance de posséder un nombre considérable de relations contemporaines du drame, les unes rédigées par des historiens de profession, les autres simples journaux ou comptes rendus écrits à la hâte par des témoins du siège ; la concordance des documents est remarquable, pour peu que l'on tienne compte de la race et de la religion de leurs auteurs ; je donne ci-dessous un bref état des plus importants d'entre eux.

1. *Sources grecques.* Des historiens grecs contemporains, un seul se trouvait à Constantinople pendant le siège, c'était Georges Phrantzès, qui se désignait presque certainement lui-même du nom de Sphrantzès, bien que sa famille ait pu s'appeler à l'origine Phrantzès (le Franc ? ou François ?) et qu'elle soit revenue plus tard à cette forme de nom. Il était originaire du Péloponnèse et né peu après l'an 1400. Encore très jeune, il était entré dans le secrétariat de l'empereur Manuel II, et après la mort de Manuel, s'était attaché à Constantin, son fils, au service duquel il resta jusqu'à la mort du dernier empereur. Phrantzès avait

épousé une cousine éloignée de la famille impériale, et il était devenu l'ami et le conseiller le plus intime de Constantin. Il n'était pas personnellement partisan de l'union des Églises, mais était disposé à soutenir loyalement la politique de son maître. Il n'était pas sans préjugé. Il n'aimait pas les frères de son maître, Théodore et Dimitri, et il était particulièrement jaloux du *megadux* Luc Notaras, qu'il considérait comme son rival à la cour et à l'égard de qui il fut constamment injuste. Il avait les prétentions un peu agaçantes d'un fonctionnaire de la cour, mais il jouait en réalité un rôle important. On fera aisément la part de ses antipathies. Par ailleurs, sa relation est honnête et convaincante. Son œuvre se présente aujourd'hui sous deux formes, un *Chronicum minus* qui traite des années 1413 à 1477, c'est-à-dire la période qui couvre sa propre vie, et un donnant toute l'histoire et un *Chronicum majus* donnant toute l'histoire de la dynastie des Paléologues et ajoutant des éléments à la « Chronique mineure ». Les recherches modernes ont montré que la « majeure » a été presque certainement compilée au siècle suivant par un certain Macaire Mélissènos. Le récit du siège figure néanmoins dans la version originale. Phrantzès perdit vraisemblablement ses premières notes au moment de la prise de la ville par les Turcs, mais les récrivit alors que sa mémoire était encore fraîche. Les dates qu'ils donne sont assez inexactes, bien qu'il attachât beaucoup de prix à l'exactitude chronologique ; et ses préjugés ne l'ont jamais quitté. À tous autres égards sa relation est honnête, vivante et convaincante. Son grec était bon, son style aisé et sans prétention[1].

Doukas, dont le prénom était probablement Michel, était un personnage plus obscur dont la vie nous est peu connue. Il en passa la plus grande partie, semble-t-il, au service des Génois ; et il habitait probablement à Chio à l'époque du siège. Doukas était passionnément en faveur de l'union des Églises, et il tendait à voir tout par les yeux de ses amis latins. Il commence son ouvrage en donnant un bref aperçu de l'histoire mondiale jusqu'à 1341, puis s'étend un peu et entre dans plus de détails encore après 1389. L'ouvrage s'achève en 1462. Il est tout entier rédigé en langue populaire dans un style vivant et quasi journalistique. Les historiens modernes lui font hautement confiance, plus de confiance, à mon avis, qu'il n'en mérite. Pour les événements survenus à la cour de Mehmet II, le témoignage de Doukas est inestimable ; sans doute sont-ce des agents ou négociants génois résidant à cette cour qui l'ont renseigné. Mais il n'était pas à Constantinople et il fait de nombreuses erreurs sur ce qui s'y est passé ; il est, d'autre part, d'une injustice flagrante à l'égard de tout Grec qui ne partageait pas ses vues sur l'union des Églises[2].

L'Athénien Laonikos CHALCOCONDYLE a écrit son histoire quelque temps après 1480, alors qu'il était très âgé. Il avait été l'élève de Pléthon à Mistra et passé la majeure partie de sa vie dans le Péloponnèse. Son ouvrage, comme celui de Doukas, commence par un bref aperçu de l'histoire mondiale ; mais le thème principal en est l'ascension de la dynastie ottomane : ce sont les Turcs plutôt que les Byzantins qui le fournissent. L'auteur avait étudié en profondeur Hérodote et Thucydide ; il usait d'un style classique volontairement archaïque ; sa chronologie est parfois un peu fautive et il donne peu de détails sur le siège de Constantinople en lui-même ; mais sa vue sur l'ensemble des événements était celle d'un historien. Son livre a l'avantage et le désavantage de se donner pour une œuvre d'art[3].

Le quatrième historien grec contemporain, CRITOBULE, résidait comme fonctionnaire à Imbros à l'époque du siège. Il comptait au nombre de ceux des Grecs qui tenaient la conquête turque pour inévitable bien que tragique, et il souhaitait faire admettre à ses compatriotes le nouvel état des affaires. Son histoire s'étend de 1451 à 1467. Le héros de cette histoire est le sultan. Critobule avait été ému et frappé par l'héroïsme des Grecs, et il n'essaie pas de cacher leurs souffrances, bien qu'il soit enclin à passer délibérément sous silence ou à excuser les actes de sauvagerie commis par Mehmet lui-même. Sa relation du siège est d'une importance capitale, étant donné le fait que ses informations provenaient des Turcs aussi bien que des Grecs qui y assistaient ; et en dehors des cas où il protège la réputation du sultan, il est honnête, sans préjugé et convaincant[4].

Le recueil « synoptique » de chroniques associées au nom de Dorothée de Monemvasia et de Manuel Malaxos, ainsi que *l'Ecthesis Chronikon*, n'ajoutent rien à notre connaissance du siège de Constantinople, mais ils nous procurent des renseignements utiles sur les événements qui suivirent immédiatement la conquête turque. Par commodité je me suis référé à l'*Ecthesis Chronikon* et aux deux chroniques publiées dans le *Corpus* de Bonn sous le nom de *Historia Politica* et de *Historia Patriarchica*[5]. La relation la plus complète donnée dans le Χρονικόν περί τών Τούρκων Σουλτάνων (*Barberini Codex Graecus III*) est remarquable en ce qu'elle suit presque mot pour mot, pour le siège, le compte rendu très anti-grec de Léonard de Chio[6].

Les divers thrènes ou lamentations sur la chute de Constantinople ont plus d'intérêt en tant que poésie populaire que comme témoignage historique, sauf dans la mesure où ils montrent ce qu'étaient les traditions et le point de vue du peuple[7].

Des correspondances grecques qui sont parvenues jusqu'à nous, la plus importante est celle de Georges (Gennade) Scholarios, pour la lumière qu'elle jette sur les événements et les personnages des années qui précédèrent immédiatement 1453. Elle nous permet en particulier d'apprécier la politique de Luc Notaras, au sujet de laquelle Phrantzès, Doukas et les sources latines sont d'une injustice constante[8].

2. *Sources slaves.* Il existe deux sources slaves relatives au siège. L'une des habituellement et incorrectement appelée le « journal du Janissaire polonais ». L'auteur était un Serbe, un certain Michel Constantinovictch d'Ostrovica, qui faisait partie du contingent de renforts envoyé par le despote de Serbie au sultan et qui se retira en Pologne. Ce Serbe n'a jamais été janissaire. Il a écrit sa relation en un curieux mélange de polonais et de serbe. Cette relation, peu détaillée, a pourtant de l'intérêt parce qu'elle montre quel était le point de vue des chrétiens alliés involontaires du sultan.

La seconde source nous est parvenue sous diverses formes, en tant que *Chronique slave* écrite dans un vieux dialecte slavon qui semble appartenir aux Balkans plutôt qu'à la Russie et dont il existe plusieurs versions, ainsi qu'une version russe, une version roumaine, et une version bulgare[9]. Cette seconde source est évidemment fondée sur la relation de quelqu'un qui se trouvait à Constantinople et qui tenait une sorte de journal, mais elle a subi de considérables altérations. Les dates ont été changées et confondues ; l'auteur a ajouté un patriarche imaginaire et une impératrice qui ne l'est pas moins. Mais çà et là certains épisodes sont rapportés avec tant de vie qu'ils portent l'empreinte de la vérité. La version russe est attribuée à un certain Nestor-Iskander ; peut-être était-ce le nom de l'auteur original ?

3. *Sources occidentales.* La source occidentale la plus utile, de loin, est le journal du siège tenu par Nicolo BARBARO.

Ce Barbaro était un Vénitien de bonne famille qui avait étudié la médecine et qui était venu à Constantinople en qualité de médecin de bord, sur une des grandes galères vénitiennes peu de temps avant le début du siège. Il était en contact avec les chefs vénitiens et il était intelligent et observateur ; il tenait son journal quotidiennement. À une certaine date il avait relu son texte et y avait inséré une ou deux remarques, en même temps probablement qu'il changeait la date d'une éclipse de la lune, qui est inexacte de deux jours. En bon Vénitien qu'il était, il détestait les Génois et se plaisait à rapporter tout ce qui pouvait être à leur discrédit ; mais il était moins hostile aux Grecs que la plupart des Occidentaux. C'est grâce à lui que nous connaissons la suite chronologique des événements[10].

Après le journal de Barbaro la relation la plus importante est celle de LÉONARD DE CHIO, archevêque de Lesbos, relation écrite à Chio quelque six semaines après la chute de la ville. L'auteur avait encore la mémoire fraîche ; son récit est vivant et il emporte la conviction, à condition de tenir compte de son aversion pour les Grecs. Léonard insinuait que son supérieur, le cardinal Isidore, était un peu trop faible et considérait même l'empereur comme trop conciliant. En même temps il ne s'abstenait pas de critiquer ses compatriotes génois et il était enclin à blâmer Giustiniani pour avoir abandonné son poste. C'était un homme rude et austère, mais un bon reporter[11].

Les lettres adressées par le cardinal Isidore au pape et à tous les fidèles sont courtes et ne nous disent pas grand-chose, mais elles ont l'accent de l'autorité[12].

Le rapport qu'Angelo Giovanni LOMELLINO, podestat de Péra, rédigea quelques jours après la chute de la ville à l'intention du gouvernement génois, a de la valeur non seulement parce que l'auteur rend compte du sort de sa propre cité, mais aussi parce qu'il nous fait connaître ce qu'il pensait du sort de Constantinople elle-même. Lomellino déclare que les Génois de Péra furent nombreux à se battre sur l'enceinte parce qu'ils savaient que si Constantinople tombait, Péra ne survivrait pas[13].

Un court rapport du supérieur des franciscains dans la ville nous apprend peu de chose, sauf quant au pillage.

Parmi les Occidentaux présents au siège il y en eut d'autres qui rédigèrent des comptes rendus : le soldat florentin TETALDI, le Génois MONTALDO, Cristoforo RICCHERIO et le savant de Brescia Ubertino PUSCULUS. Le plus utile de ces comptes rendus est celui de Tetaldi. Rédigé à l'intention du cardinal d'Avignon, Alain de Coëtivy, il contient divers détails qu'on ne trouve nulle part ailleurs. Tetaldi se montre équitable tant à l'égard des Vénitiens que des Génois et il admet que les Génois se sont bien battus. MONTALDO nous fournit, lui aussi, quelques détails complémentaires, ainsi que le fait Riccherio dans son compte rendu très vivant. PUSCULUS, qui attendit de longues années avant de mettre son histoire en vers fort pesants, n'est pas très exact en ce qui concerne le combat lui-même, auquel il n'a peut-être pas pris part en personne, mais ce qu'il rapporte sur les événements qui précédèrent le siège est plus intéressant. Il détestait les Grecs.

On peut tirer des renseignements utiles du Florentin Andrea CAMBINI. Il semble en effet avoir consulté des survivants du siège lorsqu'il écrivit, vers la fin du XVe siècle, son ouvrage sur l'histoire ottomane. Zorzo DOLFIN, dont le petit travail est fondé sur la relation de Léonard de Chio, a lui aussi obtenu quelques renseignements complémentaires en interrogeant des survivants. L'histoire turque écrite par le réfugié grec Cantacuzino SPANDUGINO reproduit des déclarations de témoins ayant assisté personnellement au sac de la ville.

4. *Sources turques*. Les sources turques relatives au siège et à la chute de Constantinople sont particulièrement décevantes ; on s'attendrait à ce que l'exploit le plus remarquable du plus grand des sultans ottomans ait été relaté pleinement par les historiens et par les chroniqueurs turcs. En réalité ils nous parlent tous de la construction du château de Rulemi Hisar ; quant aux opérations du siège, il n'y a que le transport par terre de l'escadre turque et l'assaut final qui les intéressent. Par ailleurs ils se passionnent pour les intrigues et la politique de la cour du sultan. ASHIKPASHAZADE, qui écrivit aussitôt après la fin du règne de Mehmet II, est violemment hostile à Halil Pacha, comme lui étaient hostiles ses contemporains TURSUN BEY et NESHRI ; et quand ils font l'éloge du sultan régnant Bayezid II, ils ont quelque peu tendance à dénigrer Mehmet II au profit de conseillers tels que Mahmoud. Leurs ouvrages ont néanmoins le mérite de nous montrer quel était le climat politique chez les Turcs. Le premier historien turc qui donne l'impression de s'intéresser à l'histoire du siège et de la chute de Constantinople est SA'AD ED-DIN, qui écrivait à la fin du XVIe siècle, mais en reprenant, comme il est d'usage chez les historiens musulmans, et même en recopiant les relations des auteurs antérieurs. Sa description du siège s'accorde avec les récits des historiens grecs[14].

Vers le début du XVIIe siècle l'imagination avait commencé à dénaturer les faits. Evliya CHELEBI, qui raconte l'affaire tout au long, et prétend en avoir tout appris par son arrière-grand-père, nous donne beaucoup de détails fantaisistes, dont l'histoire d'une princesse de France qui devait épouser Constantin mais qui fut capturée par le sultan. Peut-être cet épisode lui a-t-il été fourni par des amis grecs qui lui parlaient de la chute de Constantinople en 1204 : auquel cas la princesse était en réalité l'impératrice Agnès, fille du roi de France Louis VII, et veuve d'Alexis II et d'Andronic Ier. De toute façon Chelebi semble s'être fié à des rumeurs ou à des bavardages, et non aux sources écrites qui lui étaient antérieures[15].

Les sources turques ultérieures ne font que reproduire les ouvrages des auteurs précédents.

APPENDICE II

LES ÉGLISES DE CONSTANTINOPLE APRÈS LA CONQUÊTE

Selon une tradition musulmane bien établie, les habitants d'une ville chrétienne conquise après avoir refusé de se rendre perdaient leur liberté personnelle et leurs lieux de culte ; les soldats vainqueurs avaient droit à trois jours de pillage sans restriction. Tous les historiens de la chute de Constantinople parlent du sac des églises de la ville. Beaucoup d'églises et de monastères furent sans aucun doute pillés. Mais, en fait, les sources littéraires de l'époque ne relatent que le sac de quatre églises, la Divine Sagesse (Sainte-Sophie) ; Saint-Jean de Pétra et l'église de la Chora, toutes deux proches de la brèche ouverte dans le rempart terrestre, et Sainte-Théodosie, près de la Corne d'Or[1]. Des preuves archéologiques nous montrent que la triple église du Pantocrator fut mise à sac ; et cela est confirmé par le fait que Gennade, qui habitait le monastère attenant à l'église, fut fait prisonnier. Sainte-Sophie fut immédiatement convertie en mosquée ; les autres sanctuaires, vidés et fort endommagés, furent convertis plus tard. Il existait aussi beaucoup d'autres églises dont on sait qu'elles étaient fréquentées dans les années qui précédèrent la chute de la ville mais dont nous ignorons ce qu'elles devinrent ensuite. Nous pouvons supposer qu'elles furent saccagées et abandonnées. Ce fut le cas des églises situées dans l'enceinte du vieux palais impérial et autour de la citadelle, telles que la nouvelle basilique de Basile Ier ou Saint-Georges de la Mangana[2]. Mais l'histoire des années suivantes montre que d'assez nombreuses églises demeurèrent aux mains des chrétiens et apparemment intactes. La grande église des Saints-Apôtres, la plus vaste et la plus célèbre après Sainte-Sophie, fut remise par le sultan à la disposition du patriarche Gennade ; et ses reliques étaient alors intactes, puisque Gennade put les emporter lorsqu'il abandonna volontairement l'édifice quelques mois plus tard. L'église du Pammakaristos où il alla s'établir fonctionnait comme église conventuelle, le couvent des religieuses étant resté en place ; et quand le patriarche prit l'église pour lui, il put installer les moniales avec leurs saintes reliques dans l'église et le monastère voisins de Saint-Jean-du-Trullo[3]. Non loin de là, à la lisière du quartier des Blachernes, l'église de Saint-Dimitri-Kanavou était intacte ; dans un autre coin de la ville l'église du Péribleptos, à Psamathia, resta un sanctuaire grec jusqu'au milieu du XVIIe siècle, époque à laquelle le sultan Ibrahim la remit aux Arméniens pour faire plaisir à sa favorite arménienne, une dame imposante surnommée Séker-parché, ou « pain de sucre ». Un peu plus loin, Saint-Georges-des-Cyprès fut respectée. L'église de Constantin Lips, ainsi que les églises Saint-Jean de Studion et Saint-André de Krisei paraissent avoir continué de servir aux chrétiens jusqu'à leur conversion en mosquées, sous d'autres sultans. L'église conventuelle du Myrelaeon semble être restée en service jusqu'à la fin du XVe siècle[4]. À peu près à la même époque, une église dédiée à saint Jean l'Évangéliste fut désaffectée parce que considérée comme trop proche d'une mosquée nouvellement construite[5].

Comment se fait-il que ces églises aient pu être préservées ? La question allait bientôt intriguer les Turcs. En 1490 le sultan Bayezid II demanda qu'on lui livrât l'église patriarcale du Pammakaristos. Le patriarche, Denis Ier, fut en mesure de lui prouver que Mehmet II avait définitivement donné ce sanctuaire au patriarcat. Le sultan céda, après avoir ordonné d'enlever la croix qui surmontait la coupole ; mais il refusa d'interdire à ses représentants d'annexer d'autres églises[6].

Une trentaine d'années plus tard, le sultan Sélim Ier qui n'aimait pas le christianisme, suggéra à son vizir, horrifié, de convertir de force tous les chrétiens à l'islam. Quand on lui eût répondu que ce n'était guère réalisable, il ordonna de confisquer au moins leurs églises. Le vizir avertit le patriarche, Théolepte Ier qui, grâce à un avocat habile nommé Xénakis, put amener au sultan trois janissaires quasi centenaires. Théolepte admit qu'il n'avait pas de firman écrit protégeant les églises ; cet écrit avait été détruit dans un incendie au patriarcat. Mais les janissaires, qui de vieillesse ne tenaient plus debout, jurèrent sur le Coran qu'ils avaient fait partie de la garde personnelle du sultan de la Conquête lorsque celui-ci se préparait à entrer victorieux dans la ville, et qu'ils avaient vu un grand nombre de notables venus de divers quartiers lui apporter les clefs de ces quartiers en signe de reddition. Mehmet les avait alors autorisés à garder leurs églises. Le sultan Sélim accepta ce témoignage et il permit même aux chrétiens de rouvrir deux ou trois églises (dont on ignore le nom) que ses représentants avaient fermées[7].

La même question fut de nouveau soulevée en 1537, sous Soliman le Magnifique. Le patriarche Jérémie Ier renvoya alors le sultan à la décision de Selim. Soliman consulta le cheik Ul-Islam en sa qualité de suprême autorité religieuse musulmane ; et le cheik déclara : « Autant qu'on le sut, la ville avait été prise d'assaut. Mais le fait que l'on eût laissé aux chrétiens leurs églises prouvait qu'elle avait capitulé. » Soliman, qui était lui-même bon juriste, accepta cette décision, une fois de plus on laissa les églises en paix[8].

Plus tard, les sultans montrèrent moins d'indulgence. En 1586, Mourad III annexa le Pammakaristos ; et au XVIIIe siècle, il ne restait entre les mains des chrétiens que trois églises d'avant la conquête, Saint-Georges-des-Cyprès, Saint-Dimitri-Kanavou – la première allait bientôt être détruite par un tremblement de terre et la seconde par un incendie[9] – et Sainte-Marie-Des-Mongols, qui avait peut-être été annexée lors de la prise de la ville, mais qui avait été donnée par le sultan de la Conquête à son architecte grec, Christodule, lequel la remit aux autorités ecclésiastiques. Quand les Turcs voulurent l'annexer, sous le règne d'Ahmet III, l'avocat du patriarche, Dimitri Cantemir, put montrer au vizir, Ali Koprülü, le firman qui l'avait donnée à Christodule[10]. Sainte-Marie-Des-Mongols est encore de nos jours une église, bien qu'elle ait subi des dégâts en 1955 au cours des émeutes anti-grecques.

Jusqu'à quel point peut-on tenir pour authentique le témoignage des vieux janissaires produits par le patriarche sous le règne de Sélim ? Dimitri Cantemir, Grec qui avait des ancêtres tartares, homme d'un savoir immense, a écrit à la fin du XVIIe siècle une histoire de l'Empire ottoman qui est une œuvre très importante, car son auteur a surtout utilisé des sources turques, que malheureusement il ne nomme presque jamais. Dans cette histoire Cantemir soutient que Constantinople avait effectivement capitulé, mais qu'au moment où les envoyés de l'empereur escortaient ceux du sultan dans la ville, les chrétiens se méprirent sur ce qui se passait et firent feu : d'où la fureur des Turcs qui auraient alors pris d'assaut le rempart. La cité ayant donc capitulé à moitié, le sultan aurait décidé que les chrétiens pourraient conserver leurs églises sur la moitié de sa superficie, la moitié qui s'étend à l'ouest d'Aserai (le Forum du Taureau) jusqu'aux murailles. Cette version est évidemment une invention. Cantemir dit qu'il la tient d'une source turque, l'historien Ali ; mais, en fait, elle figure déjà dans *l'Historia patriarchica*, écrite un siècle auparavant, et dont l'auteur semble douter de sa véracité. Il est probable qu'elle est le produit d'une tentative faite par quelque Turc pour expliquer pourquoi les chrétiens avaient conservé des églises. Elle figure aussi dans les œuvres d'un certain Hussein Hezarfenn, un contemporain de Cantemir et de peu son aîné ; mais on ne sait s'il l'a inventée ou s'il l'a prise à quelque source connue des deux auteurs en question[11].

Bien que cette version puisse être absurde, son absurdité ne rend pas inacceptable l'histoire racontée par les vieux janissaires ; il faut se représenter ce qu'était Constantinople à l'époque du siège. Ce n'était pas ce que sont les villes de nos jours, un conglomérat continu de maisons. Même aux jours de leur plus grande prospérité les divers quartiers de Byzance étaient séparés par des jardins et par des vergers. En 1453, la population étant moins du dixième de ce qu'elle avait été au XIIe siècle, la ville se composait d'un assemblage de villages dont beaucoup devaient être assez éloignés de leurs voisins. Chaque village avait probablement sa propre palissade. Un mur particulier entourait depuis longtemps le quartier de Pétrion. Les chefs de plusieurs de ces villages auraient pu être parfaitement en mesure de se rendre aux assaillants qui étaient devant eux à l'instant où leur parvenait la nouvelle du franchissement du rempart. Tout étant perdu, il n'y avait plus lieu de résister. Les commandants turcs locaux auraient alors envoyé les chefs de quartier sous escorte au sultan pour annoncer la reddition à celui-ci pendant qu'il attendait devant le rempart. Mehmet avait gardé auprès de lui quelques-uns de ses meilleurs soldats pour lui servir de police militaire ; il en avait sans doute détaché quelques-unes pour protéger du pillage les quartiers qui s'étaient rendus. Ce qu'avaient raconté les vieux janissaires était en fait la vérité.

Il existe des témoignages à l'appui de cette thèse. Au début du XVIIe siècle, Evliya Chelebi notait que certains pêcheurs de Pétrion étaient « des descendants des Grecs qui avaient ouvert à Mehmet II la porte de Pétrion », et que « même alors ils continuaient à être exemptés du paiement de tous droits et qu'ils n'avaient aucune dîme à verser à l'inspecteur des pêcheries[12] ». Au XVIIIe siècle le voyageur anglais James Dallaway remarquait la persistance d'une tradition selon laquelle, « pendant que le vaillant Constantin défendait en enfant perdu la porte de Saint-Romain, d'autres assiégés, soit par lâcheté soit par désespoir, s'entendaient avec les agresseurs et leur ouvraient la porte du Phanar : moyennant quoi ils avaient obtenu de Mehmet II la cession du quartier voisin avec certaines immunités[13] ». Si nous faisons la liste des églises qui survécurent à la chute de la ville, nous constatons qu'elles étaient toutes (à une exception près) situées soit dans les quartiers de Petrion et du Phanar, soit à Psamathia sur les pentes sud-ouest de la cité ; il est donc raisonnable de supposer que ces quartiers se sont en fait rendus assez à temps pour conserver leurs lieux de culte. Il est moins certain que les habitants aient pu conserver leurs maisons et leurs libertés personnelles. La description que Critobule fait de la ville après le sac suggère qu'elle fut entièrement dévastée et que toute la population survivante fut réduite en esclavage. Mais Constantinople était de très vaste étendue ; l'immunité accordée à certains quartiers excentrés a pu passer inaperçue. Il est certainement resté dans la ville des citoyens qui furent ensuite en mesure de racheter certains des captifs.

Le sultan ne souhaitait pas hériter d'une ville totalement ruinée et ainsi qu'il le montra ensuite, il désirait apparaître comme l'empereur des Grecs autant que comme le sultan des Turcs. Il lui convenait vraisemblablement de réserver certains quartiers à ses futurs sujets grecs et de leur permettre de garder les églises de ces quartiers ; la reddition de l'enceinte pouvait être la bienvenue. Cela explique peut-être aussi ce qu'il advint de l'église des Saints-Apôtres. Cet important édifice se dressait près de la grande rue qui reliait à Sainte-Sophie, à l'hippodrome et au quartier de l'ancien palais, le secteur du rempart terrestre par où les Turcs avaient fait irruption dans la ville. Un très grand nombre de soldats victorieux devaient avoir passé devant lui, et il semble incroyable qu'ils ne l'aient pas investi et pillé, si cela ne leur a pas été sévèrement interdit. Mehmet avait donc dû pourvoir spécialement à la protection de cette église des Saints-Apôtres. On ne peut que présumer que sa décision était déjà prise : alors que Sainte-Sophie, la cathédrale officielle de l'empire, devait être convertie en mosquée pour montrer que les Turcs étaient maintenant la puissance impériale, les Grecs, en leur qualité de second peuple de l'empire, auraient le droit de garder l'église qui était la seconde en importance. c'est apparemment sans hésitation que Mehmet attribua les Saints-Apôtres au patriarcat quelques jours après la chute de la ville. Que le patriarcat ait plus tard quitté cette église de son plein gré, ne change rien au fait principal[14].

Ainsi, bien que ce que raconte Cantemir sur la reddition de Constantinople soit évidemment une invention, les juristes de Soliman ne se ridiculisaient aucunement en décidant que la ville avait capitulé en même temps qu'elle avait été prise d'assaut.

NOTES

NOTES DU CHAPITRE PREMIER

1. Adam d'Usk, *Chronikon*, éd. Thompson, 57 ; *Chronique du religieux de Saint-Denis*, éd. Bellaguet, 756. Le meilleur compte rendu du voyage de Manuel se trouve dans Vasiliev, « Le Voyage de l'empereur byzantin Manuel II Paléologue en Europe Occidentale » (en russe), dans *Journal du ministère de l'Instruction publique*, nouv. série, XXXIX,. 41-78, 260-304. Voir aussi Andreeva, « Zur Reise Manuels II Palaiologos nach West-Europa », dans *B. Z.*, XXXIV, 37-47. Halečki, « Rome et Byzance au temps du grand Schisme d'Occident », dans *Collectio theologica*, XVIII, 514 sqq.) affirme que Manuel eut une entrevue avec le pape Boniface XI en 1402. Les preuves semblent insuffisantes ; mais Manuel envoya des représentants au pape en 1404 ; Adam d'Usk, *op. cit.*, 96-7.

2. L'usage moderne qui distingue Galata, la ville basse, de Péra sur la colline était inconnu au Moyen Âge. Les deux noms étaient employés indistinctement, Péra étant considéré d'habitude comme le nom officiel.

3. Pour la situation générale à l'époque, voir Ostrogorsky, *History of the Byzantine State*, trad. Hussey, 425 sqq.

4. Ostrogorsky, op. cit., 476-84.

5. Nicéphore Grégoras, *Romaïke Historia*, dans *C. S. H. B.*, II, 797-98 ; Jean Cantacuzène, *Historiae*, dans *C. S. H. B.*, III, 49-53 ; Bartholomée Della Pugliola (*Historia Miscella*, dans Muratori, *R. I. Ss.*, XVIII, 409) dit que les deux tiers de la population de Constantinople périrent ; *Chronikon Estense* (Dans *Muratori*, *R. I.*, *Ss.*, XV) estime la proportion des morts aux huit neuvièmes de la population ; pour l'étendue de l'empire au XVe siècle, voir Bakalopoulos, « Les Limites de l'Empire byzantin », dans *B. Z.*, LV, 2, 56-65.

6. Pour l'art à l'époque des Paléologues, voir Beckwith, *The Art Of Constantinople*, 134 sqq.

7. Grégoras, *op. cit.*, II, 788-9.

8. Pour Métochitès et la vie intellectuelle de son temps, voir Beck, *Theodoros Metochites, passim.*

9. Meyendorff, *Introduction à l'étude de Grégoire Palamas* ; et aussi Beck, « Humanismus und Palamismus », XIIe Congrès international des Études byzantines, Rapports, III.

10. Halečki, *Un Empereur de Byzance à Rome*, 205 ; Charanis, "The Strife among the Paleologi and the Ottoman Turks", dans *Byzantion*, XVI, 1, 287-93.

11. Pour un bref résumé des controverses théologiques, voir Runciman, "The Schism between the Eastern and Western Churches", dans *Anglican Theological Review*, XLIV, 4, 337-50.

12. Pour Cydones et son influence, voir Beck, *Kirche und theologische Literatur im Byzantinischen Reich*, 732-6.

13. Schneider, "Die Bevölkerung Konstantinopels im 15. Jahrundert", dans *Nachrichten der Akademie der Wissenschaften in Göttingen, Phil.-Hist. Klasse*, 1949, 233-44.

14. Ibn Battuta, *Voyages*, éd. Defremery et Sanguinetti, II, 431-2 ; Gonzalès de Clavijo, *Diary*, trad. Le Strange, 88-90 ; Bertrandon de la Broquière, *Voyage d'Outremer*, éd. Schéfer, 153 ; Pero Tafur, *Travels*, trad. Letts, 142-6. Gennade, lui-même constantinopolitain, qualifie la ville de pauvre et pour la plus grande partie inhabitée (*Œuvres complètes de Gennade Scholarios*, éd. Petit et autres, I, 287, et IV, 405).

15. Tafrali, *Thessalonique au XIVe siècle*, 273-88 ; Zakythinos, *Le Despotat grec de Morée*, II, 169-72.

16. Il n'a pas été publié de bonne biographie de Manuel depuis Berger de Xivrey, *Mémoire sur la vie et les ouvrages de l'empereur Manuel Paléologue*, publié en 1851. Voir Ostrogorsky, *op. cit.*, 482-98. Pour l'expédition de Boucicault, voir Delaville le Roulx, *La France en Orient au XIVe siècle : les expéditions du maréchal Boucicault.*

17. Heyd, *Histoire du commerce du Levant*, édition 1936, II, 266-8, avec références. Voir ci-dessous, note 56.

18. Fuchs, *Die Höheren Schulen von Konstantinople im Mittelalter*, 73-4 ; Beck, op. cit., 749-50 ; Pius II, Opera omnia, 681.

19. Pour Pléthon, voir Masaï : *Pléthon et le platonisme de Mistra.*

20. Runciman, "Byzantine and Hellene in the Fourteenth Century", Τόμος Κωνσταντίνου 'Αρμενοπούλου, 27-31.

21. Ostrogorsky, *op.cit.*, 497-8 ; Tafrali, *op. cit.*, 287-8.

22. Voir Gill, *The Council of Florence*, relation remarquable et équitable, encore qu'elle ne rende pas toujours entière justice, à mon avis,

au point de vue grec. Pour les reproches faits à la grammaire du patriarche, voir *Œuvres complètes de Gennade Scholarios*, III, 142.

23. Gill, *op. cit.*, 349 sqq. L'impératrice mère semble être revenue plus tard sur son opposition ; voir Jean Eugenikos, *Lettres*, dans Lambros, Παλαιολόγεια καί Πελοποννησιακά, I, 59, 125.

24. Voir ci-dessous, note 64.

25. Voir Diehl, « De quelques croyances byzantines sur la fin de Constantinople », dans *B.Z.*, XXX ; Vasiliev, "Medieval Ideas of the end of the world", dans *Byzantion*, XVI, 2, 462-502. Gill (*op. cit.*, 378) pense que Gennade et ses amis croyaient la fin du monde prochaine. Je pense qu'il prend trop à la lettre leur sincère croyance à la fatalité du règne de l'Antéchrist, c'est-à-dire, pour eux, du sultan.

26. « Terre Hodierne Graecorum et dominia secularia et spiritualia ipsorum », éd. Lambros, dans *Neos Hellenomnenon*, VII, 360 sqq.

27. Doukas, *Historiae Turco-Byzantina*, éd. Grecu, XXXVII, 329 ; Zoras, Περί τήν άλωσιν τής Κωνσταντινουπόλεως, 9-70. Voir supra, 87.

28. Voir chap. 3 du présent ouvrage, pour la mort de Jean. Pour les travaux qu'il fit au rempart, voir chap. 6 et Van Millingen, *Byzantine Constantinople : The Walls of the City* (Jean est appelé Jean VII par van Millingen). Quelques-uns des travaux furent exécutés grâce à l'argent fourni par Georges Brankovitch, despote de Serbie.

NOTES DU CHAPITRE II

1. Pour la vie acritique, voir un bref résumé, avec références, dans Vasiliev, *History of the Byzantine Empire*, 369-71.

2. Voir Laurent, *Byzance et les Turcs Seldjoucides*, 27-44.

3. Voir Houtsma, article "Tughrilbeg", dans *Encyclopaedia of Islam*, IV, 828-9.

4. Laurent, *op. cit.*, 45-59 ; Cahen, « La Campagne de Mantzikert, d'après les sources musulmanes », dans *Byzantion*, IX, 613-42.

5. Laurent, *op. cit.*, 61-101 ; Cahen, "The Turkish Invasion: The Selchükids", dans *A History of the Crusades*, éd. Setton, I, 135-76.

6. Wittek, *The Rise of the Ottoman Empire*, 18-20 ; Koprülü, *Les Origines de l'empire ottoman*, 101-7 ; Cahen, *op. cit.*, 138-9.

7. Cahen, "The Selchükid State of Rum", dans *A History of the Crusades*, éd. Setton, II, 675-90.

8. Cahen, "The Mongols and the Near East", *ibid.*, II, 690-2, 725-32.

9. Wittek, *op. cit.*, 25-32, et *Das Fürstentum Mentesche*, 1-14.

10. Wittek, *op. cit.*, 34-7 et *Das Fürstentum Mentesche*, 15-23 ; Memerle, L'*Émirat d'Aydin, Byzance et l'Occident*, 1-39.

11. Wittek, *op. cit.*, 4-15 ; Köprülü, *op. cit.*, 82-8.

12. Il ne serait pas aussi incroyable que Köprülü le suggère que la dynastie ottomane ait eu cette ascendance Comnène-Seldjoukide ; mais si elle est réelle, sans doute est-elle venue plus tard, par le mariage de Bayezid Ier avec une princesse de Germiyan.

13. Wittek, *op. cit.*, 14-5.

14. Wittek, *op. cit.*, 37-43 ; Kramers, article "Othman Ier", dans *Encyclopaedia of Islam*, III, 1005-7.

15. Babinger, article "Orkhan", dans *Encyclopaedia of Islam*, III, 999-1001.

16. Pour la guerre civile à Byzance, voir Ostrogorsky, *op. cit.*, 444-75.

17. Babinger, *loc. cit.*; Köprülü, *op. cit.*, 125-6. La date de la mort d'Orhan est incertaine. Uzunçarsîlî (*Osmanlî Tarihi*, I, 62) donne 1360. Wittek (*op. cit.*, 44, 54) donne 1362, selon le témoignage des Βραχέα Χρονικά.

18. Wittek, *op. cit.*, 42-3, 50.

19. Köprülü, *op. cit.*, 131-2 ; Pears, "The Ottoman Turks to the Fall of Constantinople", dans *Cambridge Medieval History*, IV, 664-5.

20. Uzunçarsîlî, *op.cit.*, I, 61 sqq. ; Wittek, *op. cit.*, 44-5 ; Ostrogorsky, *op. cit.*, 478-9.

21. Charanis, "The Strife among the Paleologi and the Ottoman Turks", dans *Byzantion*, XVI, 1, 288-300.

22. Köprülü, *op. cit.*, 129-30 ; Jireček, *Geschichte der Serben*, II, 87 sqq.

23. Tafrali, *Thessalonique au XIVe siècle*, 283-5 ; Charanis, *op. cit.*, 301 ; Jireček, *op. cit.*, II, 99 sqq ; Ostrogorsky, op. cit., 485 ; Babinger, *Beiträge zur Frühgeschichte des Turkenherrschaft in Rumelien*, 65 sqq.

24. Babinger, *op. cit.*, 1, 24 ; Jireček, *op. cit.*, II, 119 sqq. La date exacte de la bataille de Kossovo est incertaine, mais le 15 juin semble exact. Voir Atiya, *The Crusade of Nicopolis*, 5 ; et Ostrogorsky, *op. cit.*, 486, n. 1, pour les références.

25. Toute la campagne de Nicopolis est entièrement décrite dans Atiya, *op. cit.* Voir aussi Inalcîk, article "Bayezid I", dans *Encyclopaedia of Islam*, nouv. éd., I, 117-9.

26. Voir chap. 1 du présent ouvrage, p. **XX**.

27. Doukas, *op. cit.*, XV, 89.

28. Pour Timour, voir Grousset, *L'Empire des Steppes*, 486 sqq.

29. Doukas, *op. cit.*, XXIII, 177-9 ; voir plus haut, chap. 1, **XX**.

30. La meilleure relation de cette période est dans Jorga, *Geschichte des Osmanischen Reiches*, I, 325 sqq. Voir aussi Kramers, article "Muhammad Ier", dans *Encyclopaedia of Islam*, III, 657-8.

31. Doukas, *op. cit.*, XIX-XXII, 129-69.

32. Doukas, *op. cit.*, XXIII, 285 ; Bertrandon de la Broquière, *Voyage d'outremer*, 181-2, « Ils me dirent qu'il n'aimait pas la guerre, et cela me paraît vrai » ; Laonikos Chalcocondyle (*De Rebus Turcicis*, dans *C.S.H.B.*, 351-2) dit que Mourad fit vœu en pleine bataille de Varna, d'entrer dans un ordre religieux ; il n'y a pas de preuve de cette affirmation, mais les relations de Mourad avec les janissaires (voir plus loin, note 67) font supposer qu'il était en sympathie avec les Bektashis.

33. Doukas, *op. cit.* , XXVIII, 229-37 ; Chalcocondyle, *op. cit.*, 231-5. Georges Phrantzès, *Chronicon*, *C.S.H.B.*, 116-7 ; Jorga, *op. cit.*, I, 378 sqq. Un récit contemporain du siège auquel ont été ajouté quelques détails miraculeux, est donnée par Jean Cananos, voir dans le *C.H.S.B.*, volume de Phrantzès, 457-79.

34. Doukas, *op. cit.*, XXIX-XXXI, 245-70 ; Chalcocondyle, *op. cit.*, 236-48 ; Jorga, *op. cit.*, I, 236 sqq ; Jireček, *op. cit.*, 174 sqq. Un compte rendu de la prise de Thessalonique, suivi d'une monodie, a été écrit par Jean Anagnostès, publié par le *C.H. S. B.*, volume de Phrantzès, 483-534.

35. Pour la vie de Scanderberg, voir Radonić : *Djuradj Kastriot Skenderberg i Albanija u* XV *veku* ; et Gegaj, *L'Albanie et l'invasion turque au* XV*e siècle.*

36. Babinger, *Mehmed der Eroberer und seine Zeit*, 19-33. L'utilité de cet important ouvrage est réduite par la complète absence de références aux sources. La relation moderne la plus complète de la campagne de Varna (Halečki, *The Crusade of Varna*) contient plusieurs affirmations très discutables ; voir Pall, « Autour de la croisade de Varna », dans *Bulletin Historique de l'Académie Roumaine*, XXII, 144 sqq. ; et Babinger, « Von Amurath zu Amurath; Vor- und Nachspiel der Schlacht bei Varna », dans *Oriens*, III, 229 sqq.

37. Babinger, *Mehmed der Eroberer*, 51-5.

38. *Ibid.*, 42-3.

39. Mortmann, article "Dewchirme", et Huart, article "Janissaries", in *Encyclopaedia of Islam*, I, 952-3, et II, 572-4. Voir Birge, *The Bektashi Order of Dervishes*, 45-8, pour ce qui est des rapports entre la fondation du corps et l'ordre des Bektashis ; Bartholomée de Jano (*Epistola de crudelitate Turcorum*, dans *M.P.G.*, CLVII, col. 1065-66) dit que Mourad avait reconstitué le corps en 1438.

40. Doukas, *op. cit.*, XXXIII, 285 ; Chalcocondyle, *op. cit.*, 375 ; Phrantzès, *op. cit.*, 92, 211.

NOTES DU CHAPITRE III

1. Phrantzès, *op. cit.*, 121-2, 134.

2. Zakythinos, *Le Despotat grec de Morée*, I, 165-74.

3. Zakythinos, *op. cit.*, I, 165-225, 299-302 ; et II, 322-34. Phrantzès, à qui nous devons la plupart de nos renseignements sur Théodore, ne l'aimait pas ; il voyait en lui un rival de son héros Constantin, et il ne cesse d'être injuste à son égard.

4. Pour la reine Hélène, voir Hill, *History of Cyprus*, III, 527-44.

5. Pour le rôle que joua Dimitri au concile de Florence, voir Gill, *op. cit.*, 108-9, 252, 262 sqq. Pour son mariage, Phrantzès, *op. cit.*, 193-4. Il avait été précédemment marié à Zoé Paraspondylès, qui mourut pendant qu'il était en Italie. *Ibid.*, 161, 191-2.

6. Pour le début de la vie de Thomas, voir Zakythinos, *op. cit.*, I, 241 sqq.

7. Zakythinos, *op. cit*, I, 204-40.

8. Phrantzès, *op. cit.*, 203, 324-5, où il suggère que les relations de Constantin avec Venise souffrirent de l'échec de son projet de mariage avec la fille du doge. Cette histoire n'est confirmée par aucune source vénitienne. Voir aussi Lambros, « Ο Κονσταντίνος Παλαιολόγος ώς σύζυγος », *Neos Hellenomnemon*, IV, 433-6.

9. Phrantzès, *op. cit.*, 202 ; Chalcocondyle, *op. cit.*, 342 ; Krekič, *Dubrovnik (Raguse) et le Levant au Moyen Âge, Regestes*, n°1110, 349.

10. Phrantzès, *op. cit.*, 204-6 ; Chalcocondyle, *op. cit.*, 373-4.

11. Doukas, (*op. cit.*, XXXIV, 293) dit que Constantin, bien qu'appelé empereur, n'avait jamais été couronné. Voir Voyatzidis, « Τό ζήτημα τής στέφεως Κωνσταντίνου τού Παλαιολόγου », Λαογραφία VII, 449-56.

12. Phrantzès, *op. cit.* ; Chalcocondyle, *loc. cit.*

13. Tous les écrivains contemporains, latins, slaves aussi bien que grecs, parlent de Constantin avec respect. Il n'existe aucun portrait contemporain authentique de lui ; voir Lambros « Αί εἰκόνες Κωνσταντίνου τού Παλαιολόγου », dans *Neos Hellenomnemon*, II, 229-42 et IV, 238-40.

14. Pour les conseillers de Constantin, voir Phrantzès, *op. cit.*, XX sqq. On doit se rappeler que Phrantzès éprouvait personnellement de l'aversion à l'égard de Luc Notaras, il était donc prévenu contre lui.

15. Phrantzès, *op. cit.*, 217. Voir Gill, *op. cit.*, 376, n. 3.

16. Phrantzès, *op. cit.*, 206 sqq.

17. Phrantzès, *op. cit.*, 211-3.

18. Babinger, *Mehmed der Eroberer*, 1-12, 22-3.

19. *Ibid.*, 34-7.

20. *Ibid.*, 45-7.

21. Pour l'identité de cette dame, dont le nom était Hadije, voir Alderson, *The Structure of the Ottoman Dynasty*, p. 94 et tables XXV, XXVI, et LIV. Doukas (*op. cit.*, XXXIII, 287) dit qu'elle est la fille de Spentiar (Isfendyar), seigneur de Sinope.

22. Babinger, *op. cit.*, 53.

23. *Ibid.*, 60 sqq. Pour la date exacte, voir Inalcîk, "Mehmet The Conqueror (1432-1481) and his time", in *Speculum*, XXXV, 411.

24. Babinger, *op. cit.*, 62-4.

25. Doukas, *op. cit.*, XXXIII, 281-3, 287-9, relation vivante et emportant la conviction. Ashikpashazade (derviche Ahmed dit Asik-Pasa-Sohn), *Denkwürdigkeiten und Zeitläufe des Hauses Osman*, éd. et trad. Kreutel, 195-7.

26. Une médaille du cabinet des Médailles de la Bibliothèque nationale de Paris représente Mehmet jeune. Cette médaille a probablement été frappée peu après 1453. Le médaillon de Gentile Bellini, au British Museum, et le médaillon de Costanzo de Ferrare, à Paris, datent de 1480 et de 1481, donc de la fin de la vie de Mehmet.

NOTES DU CHAPITRE IV

1. Doukas, *op. cit.*, XXXIII, 289-91 ; Chalcocondyle, *op. cit.*, 375-6 ; Thiriet, *Regestes des délibérations du Sénat de Venise concernant la Romanie*, III, n°2862, 167-8 ; Babinger, *op. cit.*, 69-70 ; Hasluck, *Athos and its Monasteries*, 50.

2. Voir Inalcîk, *Fatih devri üzerinde Tetikler ve Vesikalar*, 110-1.

3. Pour un bref résumé de la situation internationale, voir Gill, *op. cit.*, 382-3.

4. La lettre de Filelfo se trouve dans Jorga, *Notes et extraits pour servir à l'histoire des Croisades*, IV.

5. Gill, *op. cit.*, 187.

6. Gill, *op. cit.*, 377-80, avec références.

7. On trouvera un excellent compte rendu détaillé, avec toutes les références voulues, de la mission de Platris dans Paulovà, « L'Empire byzantin et les Tchèques avant la chute de Constantinople », dans *Byzantinoslavica*, XIV, 158-225, en partic. 203-24. Le seul écrivain occidental contemporain à relater cet épisode est Ubertino Pusculus de Brescia, qui vivait alors à Constantinople. Pusculus, *Constantinopoleos*, dans Ellisen, *Analekten der mittel- und neugriechischen Literatur*, 36-7.

8. Doukas, *op. cit.*, XXXIV, 291-3 ; Chalcocondyle, *op. cit.*, 376-9.

9. Doukas, *op. cit.*, XXXIV, 293-5.

10. Doukas, *op. cit.*, XXXIV, 295-7 ; Chalcocondyle, *op. cit.*, 380-1; Critobule (Kritovoulos), *History of Mehmet the Conqueror*, trad. Briggs, 15-20.

11. Doukas, *op. cit.*, XXXIV, 301-3 ; Chalcocondyle, 380-1. Critobule, *op. cit.*, 20-2 ; Phrantzès, *op. cit.*, 233-4. Voir Inalcîk, *op. cit.*, 121-2.

12. Doukas, *op. cit.*, XXXV, 309 ; Nicolo Barbaro, *Giornale dell' Assedio di Constantinopoli*, éd. Cornet, 1-5.

13. Thiriet, *Regestes*, III, n° 2881, 2896, 2897, 173, 177-8 ; Heyd, *Histoire du commerce du Levant*, II, 302-5 ; Thiriet, *La Romanie vénitienne au Moyen Âge*, 380-1.

14. Documents cités dans Jorga, *Notes et extraits*, II, 271-3 ; Heyd, *op. cit.*, II, 285-6 ; Argenti, *Occupation of Chios by the Genoese*, I, 201-2.

15. Krekič, *Dubrovnik (Raguse) et le Levant*, 59-62.

16. Gill, *op. cit.*, 378-9 ; Marinescu, « Le pape Nicolas V et son attitude envers l'empire byzantin », dans *Bulletin de l'institut archéologique bulgare*, X, 333-4, et « Notes sur quelques ambassadeurs byzantins en Occident à la veille de la chute de Constantinople », in *Annuaire de l'institut de philologie et d'histoire orientales et slaves*, X, 419-28 ; Guilland, « Les appels de Constantin XI Paléologue à Rome et à Venise pour sauver Constantinople », dans *Byzantinoslavica*, XIV, 226-44.

17. Gill, *op. cit.*, 382-7, avec toutes les références. Mais voir aussi Paulovà, *op. cit.*, 192-203, pour une compréhension plus pénétrante de la psychologie de Gennade. Gill me semble simplifier le problème en affirmant que tout le monde à Constantinople comprenait qu'il ne viendrait pas d'aide de l'Occident, tant que l'union ne serait pas appliquée. Pour modérer la joie du peuple à la vue des soldats occidentaux, vue qui l'inquiétaient certainement, Gennade rappelait à tout le monde que l'aide de l'Occident impliquait l'union, et qu'il ne suffirait pas d'un peu de bonne volonté et d'économie pour tourner la question, ainsi que Notaras semble l'avoir cru ; Gill soulignait à bon droit l'influence modératrice de Notaras, qui a été traité fort injustement par Doukas (dont l'information venait principalement de sources génoises ; voir appendice 1) et par les écrivains occidentaux et par Pusculus (ce dernier prétend que Notaras détestait les beaux-arts et qu'il était le fils d'un marchand de poisson, curieuses accusations contre un homme de haut lignage, qui, bien que personnellement austère, habitait un palais célèbre pour sa beauté). Les principales sources originales pour les négociations sont les *Œuvres complètes de Gennade Scholarios*, III, 165-93 ; Doukas, *op. cit.*, XXXVI, 315-9 ; Phrantzès, *op. cit.*, 325 ; Léonard de Chio, *Historia Constantinopolitanae Urbis captae*, dans *M. P. G.*, CLIX, 929-30 ; Isidore de Russie, « lettre au pape », Jorga, *Notes et extraits*, II, 522-4 ; Pusculus, *op. cit.*, 21, 23.

NOTES DU CHAPITRE V

1. Voir ci-dessus, note 93.

2. Doukas, *op. cit.*, XXXV, 311-3.

3. Critobule, *op. cit.*, 23-33, long discours composé par l'auteur, qui fait retracer au sultan toute l'histoire ottomane jusqu'à son temps. Taci Bey zade Cafer Celebi, *Mahrusa-i Istanbul Fetihnamesi*, éd. A. H. 1331,

6-8, est une version plus courte, également composée par l'auteur mais visiblement sur la même base ; voir Inalcîk, *op. cit.*, 125-6.

4. Doukas, *op. cit.*, XXXVII, 321 ; Pusculus (*op. cit.*, 49) dit à tort que Mésembria fut une des villes qui résistèrent aux Turcs.

5. Phrantzès, *op. cit.*, 234-6 ; Chalcocondyle, *op. cit.*, 381-2.

6. Pour les bateaux de guerre de cette époque, voir Yule, *Travels of Marco Polo*, éd. Cordier, I, 31-41 ; Pears, *The Destruction of the Greek Empire*, 232-5 ; Sottas, *Les Messageries maritimes de Venise*, 52-102.

7. Barbaro (*op. cit.*, 21-2) donne 12 galères et 70 à 80 bateaux longs ; Jacobo Tetaldi (*Informations*, dans Martène et Durand, *Thesaurus novus anecdotorum*, I, col. 1820-1821), 16 à 18 galères et 60 à 80 bateaux longs ; Léonard de Chio (*op. cit.* Col. 930), 6 trirèmes et 10 birèmes, et un total de 250 bateaux ; Phrantzès (*op. cit.* 237), 30 grands et 330 petits bateaux, mais un total de 480 bateaux (pp. 239-40) ; Doukas (*op. cit.*, XXXVIII, 333), un total de 300 ; Chalcocondyle (*op. cit.* 384), 30 trirèmes et 200 bateaux plus petits ; Critobule (*op. cit.*, 37-38), un total de 350, sans les transports. Critobule insiste sur l'intérêt personnel que Mehmet portait à la flotte.

8. Critobule, *op. cit.*, 38.

9. Pour l'organisation de l'armée turque, voir Pears, *op. cit.* 222-31 ; Babinger, *Mehmed der Eroberer*, 91-92. Parmi les sources chrétiennes, Doukas (*op. cit.*, XXXVIII, 333) dit que l'effectif global des troupes turques dépassait 400 000 hommes ; Chalcocondyle (*op. cit.*, 383) parle de 400 000 ; Critobule (*op. cit.*, 38) dit 300 000, sans compter ceux qui gravitaient autour du camp ; Phrantzès (*op. cit.*, 240) dit 262 000 ; Léonard de Chio (*op. cit.*, col ; 927) dit 300 000 y compris 15 000 janissaires ; Tetaldi (*op. cit.*, col. 1820) dit 200 000 y compris autour du camp ; Barbaro (*op. cit.*, 18) dit 160 000. Les autorités turques parlent de 80 000 hommes, voir Khairullah Effendi, *Tarikh*, 61-63. Voir Mordtmann, *Belagerung und Eroberung Konstantinopels*, 39. Babinger fait observer que, pour des raisons démographiques, l'Empire ottoman n'aurait pas été en mesure de mettre plus de 80 000 hommes en ligne à la fois.

10. Oman, *History of the Art of War in the Middle Ages*, II, 205 sqq.

11. Babinger, *op. cit.*, 88.

12. Doukas, *op. cit.*, XXXV, 305-07 ; Phrantzès, *op. cit.*, 236-8 ; Chalcocondyle, *op. cit.*, 385 ; Critobule, *op. cit.*, 43-6 ; Barbaro, *op. cit.*, 21 ; Léonard de Chio, *op. cit.*, col. 927. Voir Babinger, *op. cit.*, 86, 88.

13. Mordtmann, article "Constantinople", dans *Encyclopaedia of Islam*, I, 867 ; Hammer, *Geschichte des Osmanischen Reiches*, I, 397-8.

14. Doukas, *op. cit.*, XXXVII, 327 ; Barbaro, *op. cit.*, 18 ; Zorzo Dolfin, *Assedio i Presa de Constantinopoli*, éd. Thomas, 12-3 ; Phrantzès (*op. cit.*, 237) dit que les Turcs arrivèrent le 2 avril, date probable de

l'arrivée de l'avant-garde. Léonard de Chio (*op. cit.*, col. 927) parle du 9 avril, date où les renforts semblent être arrivés.

15. Critobule, *op. cit.*, 35.

16. Critobule, *op. cit.*, 34-5. Léonard de Chio (*op. cit.*, col. 934) accuse les Grecs de thésauriser. Divers thrènes déplorant la chute de la cité donnent l'avarice comme un des péchés des Grecs qu'aurait puni le désastre, mais l'accusation est portée de façon rhétorique, sans donner de détails.

17. Voir Marinescu, « Notes sur quelques ambassades », 426-7.

18. Thiriet, *Regestes*, III, n°2905, 130.

19. Marinescu, *op. cit.*, 424-5, et « Le pape Nicolas V », 336-7.

20. Thiriet, *op. cit.*, n° 2909-2912, 2917, 2919, 182-4.

21. Voir plus loin, chapitre 7, p. 113.

22. Csuday, *Die Geschichten der Ungarn,* I, 422-6. Phrantzès (*op. cit.,* 323-28) rapporte que les Hongrois envoyèrent une ambassade au sultan pour l'avertir qu'une attaque sur Constantinople nuirait aux bonnes relations qu'ils avaient avec lui, mais que Hunyadi exigea de l'empereur soit Sélybrie soit Mesembria pour prix de son aide. Il ajoute qu'Alphonse d'Aragon fit de même en demandant la cession de Lemnos.

23. Ostrogorsky, *op. cit.,* 492.

24. Jorga, *Histoire des Roumains,* IV, 124 sqq.

25. Phrantzès, *op. cit.*, 325-6. Le « Janissaire polonais » dépeint l'indignation des troupes serbes quand elles apprirent qu'elles devaient se joindre aux forces turques. *Pamietniki Janczata Polaka Napisane*, éd. Galezowski, *Zbior Pisarzow Polskich*, V, 123 sqq.

26. Voir Miller, *The Latins in the Levant*, 407 sqq.

27. Barbaro, *op. cit.*, 14-8.

28. Phrantzès, *op.cit.*, 241 ; Doukas : *op. cit.*, XXXVIII, 331 ; Critobule, *op. cit.*, 39-40 ; Barbaro, *op. cit.*, 13-5 ; Léonard de Chio, *op. cit.*, col. 928 ; Dolfin, *op. cit.*, 14 ; Tetaldi, *op. cit.*, col. 1821 ; Montaldo, *Constantinopolitanum Excidium*: *Slavic Chronicle of the Siege of Constantinople*, éd. Desimoni, *Atti della società Ligure di Storia,* X, 334 ; Jorga, « Une source négligée de la prise de Constantinople », dans *Bulletin historique de l'Académie roumaine*, XII, 91-2 (version russe) et 78 (version roumaine). *Historia politica Constantinopoleos* (dans *C.S.H.B.*, 18-9) attribue pour l'occasion à Giustiniani un élégant discours. Voir plus loin, appendice 1, p. 202, pour les hommes venant de Péra.

29. Phrantzès, *op. cit.*, 252-3.

30.Phrantzès, *op. cit.*, 256. Don Francisco prétendait descendre d'Alexis Ier Comnène. Je n'ai pu retrouver la preuve de cette descendance.

31. Phrantzès (*op. cit.*, 244) l'appelle Johannès l'Allemand ; Léonard de Chio (*op. cit.*, col 928) lui donne le surnom de Grand ; Dolfin (*op. cit.*, 14) fait de même (« Grando »).

32. Barbaro, *op. cit.*, 19.

33. Barbaro, *op. cit.*, 13-4 ; Phrantzès (*op. cit.*, 241) dit qu'un certain nombre de familles grecques, de toutes les classes sociales, avaient quitté la ville pour échapper au siège.

34. Barbaro, *op. cit.*, 20 ; Phrantzès, *op. cit.*, 238 ; Dolfin, *op. cit.*, 20. Leurs chiffres correspondent plus ou moins, Barbaro donne plus de détails.

35. Phrantzès, *op. cit.*, 241. Tetaldi (*op. cit.*, col. 1820) dit que le chiffre se situait entre 6000 et 7000 ; il ajoute, d'après un manuscrit : « et pas davantage ». Léonard de Chio (*op. cit.*, col. 933), suivi par Dolfin (*op. cit.*, 22) dit 6 000 Grecs et 3 000 Italiens, en comprenant probablement dans ce dernier chiffre les combattants immobilisés à Péra. Tetaldi évalue à 30 000 hommes la population entière de la ville ; il ne dit pas clairement si ce chiffre est donné sans compter les femmes. En tenant compte des femmes, des vieillards, des enfants et du clergé, un effectif de 5 000 hommes en état de porter les armes correspondrait à une population de 40 000 à 50 000 âmes. Bien que certains moines dussent être enrôlés plus tard, ils n'étaient probablement pas inclus dans les listes de Phrantzès. Critobule (*op. cit.*, 76) dit que près de 4 000 habitants furent tués lors de la chute de la ville et que le reste, un peu plus de 50 000 personnes, fut mis en captivité. Ses chiffres, comme ceux de la plupart des écrivains du Moyen Âge, sont presque toujours excessifs.

NOTES DU CHAPITRE VI

1. Critobule, *op. cit.*, 40. Quelques-uns des fossés semblent avoir été remplis d'eau. Callistus, *Monodia*, dans *M.P.G.*, CLXI, col. 1124.

2. Barbaro, *op. cit.*, 15-6 ; Léonard de Chio, *op. cit.*, col. 930 ; Phrantzès, *op. cit.*, 238. Doukas, *op. cit.*, XXXVIII, 333.

3. Barbaro, *op. cit.*, 18-20.

4. La description la meilleure et la plus complète des murailles de la ville reste celle de Van Milligen, *Byzantine Constantinople : the Walls of the City.* Mais j'accepte sans hésiter l'opinion de Pears selon qui la porte romaine mentionnée dans les récits du siège doit, dans tous les cas, être identifiée comme étant la cinquième porte militaire. Comme il le fait observer, le vieux nom « Pempton » n'est jamais employé après le VIIe siècle, pas plus que le nom plus tardif de porte de Saint Kyriake n'apparaît dans les relations du siège. Pourtant c'est la seule porte située dans la vallée du Lycus, dans le secteur du rempart où l'on combattit le plus violemment. Il semble clair que cette porte était connue en ce temps

sous le nom de porte militaire de Saint-Romain et que, lorsque les écrivains contemporains mentionnent la porte Romaine, c'est d'habitude de la porte militaire qu'ils veulent parler plutôt que de la porte civile de Saint-Romain, l'actuelle Top Kapu, sur la colline plus au sud. Pears, *Destruction of the Greek Empire*, 429-35.

5. Léonard de Chio : *op. cit.*, col. 936 ; Chalcocondyle, *op. cit.*, 384. Pour les réparations des murs depuis 1422, y compris les réparations avec des inscriptions mentionnant Iagrus, voir Van Milligen, *op. cit.*, 104-8, 126. Phrantzès (*op. cit.*, 225) mentionne Néophytos avec beaucoup de respect, bien qu'il ait été critique à l'égard de toute personne qu'il soupçonnait de déloyauté.

6. Barbaro (*op. cit.*, 16-9), Léonard de Chio (*op. cit.*, col. 934-5), Phrantzès (*op. cit.*, 252-6) sont tous à peu près d'accord sur les diverses positions, bien que Léonard évite autant que possible de mentionner les Grecs et que Phrantzès seul mentionne la présence de Manuel le Génois à la porte Dorée. Phrantzès place aussi Notaras à Pétrion et met Cantacuzène, avec Nicéphore Paléologue, à la tête de la réserve mobile. Peut-être Manuel fut-il remplacé plus tard par Cantacuzène ; et le secteur de Notaras pourrait avoir inclus à la fois Pétrion et Pétra. Barbaro est seul à mentionner quelle était la position d'Orhan. Pusculus (*op. cit.*, 64-5) et Dolfin (*op. cit.*, 23-4) indiquent des positions un peu différentes ; mais le premier écrivait de mémoire longtemps après l'événement et le second n'a pas assisté au siège.

7. Voir Pears, *op. cit.*, 250-2.

8. Critobule, *op. cit.*, 41-2 ; Tetaldi, *op. cit.*, col. 1822. Aucune source turque ne donne le moindre détail sur les positions de l'armée ottomane, en dehors du récit hautement fantaisiste composé deux siècles plus tard par Evliya Chelebi ; des extraits significatifs de ce récit sont donnés par Turková, « Le siège de Constantinople d'après le Seyahātnāme d'Evliya Çelebî », dans *Byzantinoslavica*, XIV, 1-13, en partic. 7-9.

9. Critobule, *op. cit.*, 42 ; Phrantzès, *op. cit.*, 240 ; Barbaro, *op. cit.*, 21. Les Deux-Colonnes (Diplokion) sont représentées sur le plan de Constantinople de Buondelmonte (1422) juste de l'autre côté du ruisseau qui descendait la vallée entre Taxim et Maska, à peu près où se trouve l'aile sud-ouest de l'actuel palais de Dolma-Bagtché.

10. Barbaro, *op. cit.*, 19-20.

11. Critobule, *op. cit.*, 40-1.

12. Barbaro, *op. cit.*, 18-20.

13. Critobule, *op. cit.*, 47-8.

14. Barbaro, *op. cit.*, 21 ; Critobule, *op. cit.*, 48-9 ; Phrantzès, *op. cit.*, 238-39 ; Doukas, *op. cit.*, XXXVIII, 339 ; Chalcocondyle, *op. cit.*, 386-7.

15. Barbaro, *op. cit.*, 21-2 ; Critobule (*op. cit.*, 50-1) place la rencontre après le premier assaut contre le rempart. La date exacte n'en est pas moins clairement donnée par Barbaro. Critobule semble avoir confondu cette attaque contre le barrage avec l'attaque plus faible faite par Baltoghlou le 18 avril.

16. Barbaro, *op. cit.*, 23 ; Critobule, *op. cit.*, 49-50.

NOTES DU CHAPITRE VII

1. Phrantzès, *op. cit.*, 247-50 ; Critobule, *op. cit.*, 52-5 ; Doukas, *op. cit.*, XXXVIII, 335 ; Chalcocondyle, *op. cit.*, 389-90 ; Barbaro, *op. cit.*, 23-6 ; Léonard de Chio, *op. cit.*, 930-1 ; Dolfin, *op. cit.*,17-8 ; Pusculus, *op. cit.*, 68-9. Doukas parle de quatre bateaux génois et d'un bateau impérial, et Chalcocondyle d'un bateau génois et d'un bateau impérial ; mais les comptes rendus des témoins oculaires s'accordent tous sur trois génois et un impérial. Barbaro dit que les Génois vinrent parce que tentés par l'offre que leur faisait l'empereur d'importations libres de droits. Léonard dit qu'ils amenèrent des soldats, des armes et de l'argent destinés à la défense. Selon Critobule, ils étaient envoyés par le pape.

2. Pour la lettre du cheik et la réaction du général turc, voir Inalcîk, "Mehmed the Conqueror", dans *Speculum*, XXXV, 411-2, et *Fateh Devri*, 217.

3. Barbaro, *op. cit.*, 26 ; Critobule, *op. cit.*, 55 ; Doukas, *op. cit.*, XXXVIII, 336.

4. Barbaro, *op. cit.*, 26 ; Phrantzès, *op. cit.*, 246-7 ; Léonard de Chio, *op. cit.*, col. 931.

5. Barbaro, *op. cit.*, 27-8 ; Phrantzès, *op. cit.*, 250-2 ; Critobule, *op. cit.*, 55-6 ; Léonard de Chio (*op. cit.*, col. 930) reproche à un vénitien d'avoir donné l'idée au sultan ; Tetaldi, *op. cit.*, col. 1820-21 ; Pusculus *op. cit.*, 69-70 ; Dolfin, *op. cit.*, 16 ; « Le Janissaire polonais », chap. XXIV ; Ashikpashazade, *op. cit.*, 198 ; Saad ed-Din, *The Capture of Constantinople*, trad. Gibb, 20-1. Ashikpashazade dit que 70 bateaux furent transportés, bien que les sources de Saad ed-Din suggèrent un nombre beaucoup moins élevé. Evliya Chelebi parle de 50 galères et de 50 petites embarcations (dans Turkovà, « Le Siège de Constantinople », 5-6). Le Janissaire polonais parle de 30 bateaux. Les sources chrétiennes contemporaines varient entre 67 bateaux (Critobule) et 80 (Tetaldi). De même que Pears (in *The Destruction of the Greek Empire*, 443-6), je crois que les bateaux furent hissés dans la vallée abrupte mais courte derrière Tophane, plutôt que par la vallée plus large qui conduit à Sisli, itinéraire qui eût été beaucoup plus long et à peine plus facile.

6. Barbaro, *op. cit.*, 28-33 ; Phranzès, *op. cit.*, 257-8 ; Critobule, *op. cit.*, 56-7 ; Léonard de Chio, *op. cit.*, col. 932-3 ; Tetaldi, *op. cit.*, col.

1821 ; Pusculus, *op. cit.*, 72-5 ; Doukas, *op. cit.*, XXXVIII, 347-8. Critobule, dont l'information venait probablement de sources turques, et Doukas, qui puise largement à des sources génoises, disent tous deux que le sultan reçut de Péra un message l'avertissant. Barbaro, que sa haine des Génois rend suspect, dit que le podestat de Péra envoya lui-même un message au sultan. Léonard de Chio, lui-même Génois, sous-entend que les Génois étaient responsables.

7. Pour les relations du sultan avec Péra, voir plus loin, chapitre 8, 176.

8. Phrantzès, *op. cit.*, 252 ; Critobule, *op. cit.*, 57 ; Barbaro, *op. cit.*, 43-4 ; Léonard de Chio, *op. cit.*, col. 931 ; Doukas, *op. cit.*, XXXVIII, 349 ; Chalcocondyle, *op. cit.*, 388 ; Kodja Effendi, ms. 170, cité dans Lebeau, *Histoire du Bas Empire*, XXI, 265. La plaque apposée en 1953 pour marquer l'endroit où le pont atteignait la rive d'Istanbul ne doit pas être au bon endroit : en effet on n'aurait pas fait aboutir le pont à une plage étroite dominée par la puissante fortification des Blachernes, et coupée par le canal de Diedo du reste de l'armée turque, mais à un point situé hors de portée des machines ou canons placés sur les murailles. Néanmoins Barbaro, qui donne la description la plus complète de ce pont ainsi que la date de son achèvement, dit qu'il finissait près et au pied de la « palissade », mot par lequel il désigne vraisemblablement la muraille des Blachernes.

NOTES DU CHAPITRE VIII

1. Phrantzès, *op. cit.*, 256 ; Barbaro, *op. cit.*, 33-4 ; Léonard de Chio, *op. cit.*, col. 935.

2. Barbaro, *op. cit.*, 35 ; Thiriet, *Regestes*, nos 2919-23, 185-6.

3. Thiriet, *Regestes*, n 2927, 186-7.

4. Barbaro, *op. cit.* ; *Chronique slave*, 114 (version russe, 95 ; version roumaine, 79) dit que l'empereur demanda du secours à la Morée, aux autres îles et pays des Francs.

5. Phrantzès, *op. cit.*, 258, Léonard de Chio, *op. cit.*, col. 932-33.

6. Cet épisode n'est rapporté que par la *Chronique slave*; mais la relation du chroniqueur a le cachet de l'authenticité. *Chronique slave*, 118 (version russe, 95 ; version roumaine,79-80).

7. Phrantzès, *op. cit.*, 259-60 ; Barbaro, *op. cit.*, 35-6; Doukas, *op. cit.*, XXXVIII, 347.

8. Barbaro, *op. cit.*, 36-7 ; *Chronique slave*, 118-9 (version russe, 95-6; version roumaine, 80-1), mentionne l'héroïsme de Rhangabe.

9. Barbaro, *op. cit.*, 37-9.

10. Barbaro, *op. cit.*, 39 ; *Chronique slave*, 119-20 (version russe, 96-7 ; version roumaine, 81), relate une histoire exagérée et peu

convaincante selon laquelle l'empereur aurait tenu conseil sous le portique de Sainte-Sophie lorsqu'il apprit que les Turcs avaient effectivement fait irruption dans la ville. Sur quoi il serait monté à cheval et les aurait refoulés.

11. Barbaro, *op. cit.*, 39-40.

12. Barbaro, *op. cit.*, 40-2, 44-5.

13. Barbaro, *op. cit.*, 42-3 ; Phrantzès, *op. cit.*, 243-5 ; Léonard de Chio, *op. cit.*, col. 936.

14. Barbaro, *loc. cit.* ; Phrantzès, *op. cit.*, 245 ; Tetaldi, *op. cit.*, col. 1821 ; Léonard de Chio, *op. cit.*, col. 936 ; Chalcocondyle, *op. cit.*, 388-9.

15. Barbaro, *op. cit.*, 46-7.

16. Barbaro, *op. cit.*, 47. Il en parle en détail pp. 33-4, à l'endroit où il signale le départ du bateau, montrant ainsi qu'il devait avoir relu tout l'original de son journal pour y insérer le renvoi.

17. Barbaro, *op. cit.*, 46, date l'éclipse au 22 mai. Mais la pleine lune et l'éclipse eurent lieu le 24 mai. Ici encore, l'auteur doit avoir modifié son texte original. Les autres présages sont donnés par Phrantzès, *op. cit.*, 264-5 ; par Pusculus, *op. cit.*, 79 ; par Critobule, *op. cit.*, 58-9 ; de nouveau par Barbaro, 48, et sous une forme très exagérée, par la *Chronique slave*, 122.

18. Cette histoire ne figure que dans la *Chronique slave*, 122-3 (version russe, 98 ; version roumaine, 82). Amputée de détails imaginaires tels que la présence du patriarche, elle est probablement véridique.

NOTES DU CHAPITRE IX

1. Critobule, *op. cit.*, 60.

2. Phrantzès, *op. cit.*, 263-4, 327 ; Doukas, *op. cit.*, XXXVIII, 341-3. L'ambassadeur hongrois avait donné d'utiles conseils au sultan sur l'emploi de l'artillerie.

3. Chalcocondyle (*op. cit.*, 390-2) raconte toute l'histoire des négociations d'Ismaïl ; Doukas, *op. cit.*, XXXVIII, 345, 349 ; Saad ed-Din, 20.

4. Phrantzès, *op. cit.*, 265-70 ; Léonard de Chio, *op. cit.*, col. 937-8 ; Tetaldi, *op. cit.*, col. 1821-2.

5. Tetaldi, *loc. cit.*

6. Barbaro, *op. cit.*, 48-9 ; *Chronique slave*, 124 (version russe, 100; version roumaine 84). La source slave est seule à mentionner la blessure de Giustinani.

7. Phrantzès, *op. cit.*, 270 ; Léonard de Chio, *op. cit.*, col. 938.

8. Barbaro, *op. cit.*, 48-9.

9. Barbaro, *op. cit.*, 49-51 ; Critobule, *op. cit.*, 60 ; Doukas, *op. cit.*, XXXIX, 351-3 ; Léonard de Chio, *op. cit.*, 938 ; Dolfin (*op. cit.*, 20) mentionne seul la visite du sultan à Péra.

10. Critobule (*op. cit.*, 60-5) donne tout au long le discours tel qu'il pense que le sultan aurait dû le prononcer en cette occasion. Il tenait certainement ses renseignements de son ami Hamza Bey, qui était présent à la réunion ; aussi pouvons-nous admettre que le sultan s'exprima à peu près comme l'indique Critobule. Phrantzès (*op. cit.*, 269-70) donne une brève allocution.

11. Barbaro, *op. cit.*, 50 ; Phrantzès, *op. cit.*, 262-3 ; Léonard de Chio, *op. cit.*, col. 937.

12. Phrantzès, *op. cit.*, 271-9 ; Léonard de Chio, *op. cit.*, col. 938-9.

13. Phrantzès, *op. cit.*, 279. Critobule, Chalcocondyle et la *Chronique slave* mentionne l'office qui dura toute la nuit, dans leur récit du sac de la ville. Voir plus loin, chap. 11, p. 215.

14. Phrantzès *op. cit.*, 280 ; Andrea Cambini, *Libro della Origine de Turchi*, édition 1529, 8-10.

15. Phrantzès, *op. cit.*, 280. La jument aux pieds blancs que montait l'empereur figure dans la poésie populaire grecque, par exemple O θάνατος τού Κωνσταντίνον Δράγαζη, dans Legrand, *Recueil de chansons populaires grecques*, 74.

NOTES DU CHAPITRE X

1. Critobule, *op. cit.*, 66-7.

2. J'ai tiré ce récit de différentes sources. D'abord, les témoins oculaires : Phrantzès, *op. cit.*, 280-7 ; Barbaro, *op. cit.*, 51-7 ; Léonard de Chio, *op. cit.*, col ; 940-1 ; Tetaldi, *op. cit.*, col. 1822-3 ; Pusculus, *op. cit.*, 80-1 ; Montaldo, *op. cit.*, 335-8 ; Riccherio, *La Presa di Constantinopoli*, dans Sansovino, *Dell' Historia Universale*, II, 64-6 ; Le Janissaire polonais, 132-4. Les relations de Critobule (*op. cit.*, 67-71) et de Doukas (*op. cit.*, XXXIX, 351-61) ont certainement été rédigées sitôt après l'événement d'après des témoins oculaires. Les sources turques donnent de brefs comptes rendus, reproduits dans Saad ed-Din, 21-8. Chalcocondyle (*op. cit.*, 354-6) donne un bref compte rendu qui n'ajoute rien. La *Chronique slave* (124-5) donne un compte rendu confus de la lutte. Doukas est le seul à donner des détails sur l'entrée par la Kerkoporta, mais son récit est brièvement confirmé par Saad ed-Din. Pour la situation exacte de la Kerkoporta, voir Van Millingen, *Byzantine Constantinople*, 89-94. Les sources ne sont pas d'accord entre elles au sujet de la blessure de Giustiniani. Phrantzès dit qu'il fut blessé au pied et Chalcocondyle à la main, mais Léonard parle d'une blessure de flèche à l'aisselle et Critobule d'une balle qui aurait percé sa cuirasse. Ce fut probablement une blessure sérieuse quelque part au corps. Barbaro, par aversion pour tous les Génois, ne mentionne aucunement la blessure,

et dit seulement que Giustiniani abandonna son poste. Cela mis à part, les sources sont remarquablement concordantes.

3. Phrantzès, *op. cit.*, 287-8 ; Barbaro, *op. cit.*, 57-8. Phrantzès dit que Paolo et Troïlo se sont échappés et il ne mentionne pas Antonio ; mais le podestat de Péra, dans sa lettre au gouvernement génois (éd. De Sacy, *Notices et Extraits des manuscrits de la Bibliothèque du Roi*, XI, 1, 77) affirme que Paolo essaya de se cacher mais fut pris et périt. Il est donc probable que Phrantzès a mentionné Paolo par erreur à la place d'Antonio.

4. Saad ed-Din, 23. Voir Ahmed Muktar Pacha, *The Conquest of Constantinople*, 228. Pour les pêcheurs de Pétrion, voir plus loin, appendice II, p. 286.

5. Barbaro, *op. cit.*, 59-61 ; Phrantzès, *op. cit.*, 293.

6. Voir plus loin, appendice II, p. 286.

7. Critobule, *op. cit.*, 74-5 ; Doukas, *op. cit.*, XXXIX, 379 ; Chalcocondyle, *op. cit.*, 398.

8. Léonard de Chio, *op. cit.*, col. 943 ; podestat de Péra, *op. cit.*, 77.

9. Riccherio, *op. cit.*, 66 ; *Rapporto del Superiore dei Franciscani*, cité dans *Cronica de Bologna* (Muratori, *R. I. Ss.*, XVIII, 701-2) ; Chalcocondyle, *op. cit.*, 399. Trois lettres envoyées de Rome au cardinal de Ferrare (données par Jorga, *Notes et Extraits*, II, 518-20) racontent l'histoire en détail. Tetaldi, lorsqu'il écrivait sa relation, croyait que le cardinal avait péri (*op. cit.*, col. 1823).

10. Barbaro, *op. cit.*, 57-8 ; podestat de Péra *op. cit.*, 75 ; Doukas (*op. cit.*, XXXIX, 371-3) dit que cinq bateaux génois s'échappèrent.

11. Barbaro, *op. cit.*, 58-9 ; Doukas, *op. cit.*, XXXIX, 373.

12. Phrantzès, *op. cit.*, 387-8. Voir ci-dessous, chap. 11, p. 231.

13. Si l'on en croit la tradition, le drapeau turc est frappé d'un croissant de lune avec une étoile à l'intérieur, parce que le sultan entra à Constantinople sous une lune qui avait cet aspect : cela explique que le croissant est celui d'une lune en décroissance et non l'inverse. En fait la lune en était à son troisième quartier.

14. Doukas, *op. cit.* Voir plus loin, appendice II. Le podestat de Péra ne dit pas clairement qu'il y alla en personne, comme Doukas l'affirme (Podestat de Péra, *op. cit.*, 76).

15. Phrantzès, *op. cit.*, 290-1 ; Doukas, *op. cit.*, XL, 377, Chalcocondyle, *op. cit.*, 399 ; *Historia politica*, 23 ; Barbaro, *op. cit.*, 53 ; Tetaldi, *op. cit.*, col. 1823 ; Pusculus *op. cit.*, 81 ; Montaldo, *op. cit.*, 338 ; Saad ed-Din, 31 ; la *Chronique slave*, 126 (version russe 102 ; version roumaine 87) dit que la tête fut inhumée sous l'autel de Sainte-Sophie et le corps brûlé à Péra. Le *Janissaire polonais*, en page 133, dit que la tête fut reconnue par un paysan nommé André. La tombe supposée de

l'empereur qu'on avait coutume de montrer au Vefa Meidan à Istanbul était une invention sans aucun fondement historique.

NOTES DU CHAPITRE XI

1. Barbaro, *op. cit.*, 55 ; Phrantzès, *op. cit.*, 288-9 ; Critobule, *op. cit.*, 71-3. L'église Sainte-Marie-des-Mongols est traditionnellement connue des Turcs sous le nom de Kan Kilisse, l'église du Sang, à cause du sang qui ruisselait dans les rues, des hauteurs de Pétra jusqu'à son seuil.

2. Doukas, *op. cit.*, XXXIX, 363.

3. Doukas, *op. cit.*, XXXIX, 369.

4. Les recherches archéologiques ont montré que l'église du Pantocrator fut mise à sac et qu'elle servit ensuite de bivouac. Gennade qui habitait comme moine à l'intérieur de l'enceinte y fut capturé, sans doute dans sa cellule. Il semble qu'il se soit d'abord retiré au monastère des Charsianites (voir Beck, *Kirche und theologische Literatur*, 760) mais pendant l'hiver 1452-3 il résidait au Pantocrator (Doukas, *op. cit.*, 315).

5. Doukas, *op. cit.*, XXXIX, 365 ; Critobule, *op. cit.*, 75 .

6. Phrantzès, *op. cit.*, 290 ; Critobule, *op. cit.*, 75-6 ; Léonard de Chio, *op. cit.*, col. 941-2.

7. Barbaro, *op. cit.*, 57 ; Critobule, *loc. cit.* ; Doukas, *loc. cit.*, *Rapport des Franciscains*, col. 701-2.

8. Critobule (*op. cit.*, 76) parle de 4 000 tués et de 50 000 prisonniers. Léonard de Chio (*op. cit.*, col. 942) dit 60 000 prisonniers. Ces deux chiffres de prisonniers doivent être exagérés, puisque toute la population de la ville était probablement inférieure à 50 000. Le rapport des Franciscains (*loc. cit.*) estime à 3 000 le nombre de tués.

9. La *Chronique slave*, 127 (version russe, 105 ; version roumaine 86-7), donne des détails qui semblent avoir été fournis par un témoin oculaire, bien que le patriarche imaginaire y figure ; Doukas (*op. cit.*, XXXIX, 375) parle du soldat turc qui défonçait le pavement de la cathédrale, mais reporte la visite du sultan au 30 (date à laquelle le pavement aurait certainement déjà été démoli) ; Phrantzès, *loc. cit.* ; Ashikpashazade (*op. cit.*, 199) se contente de dire qu'un service musulman fut célébré dans l'édifice le vendredi suivant.

10. Cantemir (*History of the Othman Empire*, trad. Tindal, 102) donne la citation en persan, mais non son origine.

11. Phrantzès, *op. cit.*, 291-2 ; Léonard de Chio, *op. cit.*, col. 942 ; Critobule, *op. cit.*, 82.

12. Barbaro, *op. cit.*, 57-61 ; podestat de Péra, *op. cit.*, 77 ; Léonard de Chio, *op. cit.*, col. 943 ; *Rapport des Franciscains*, col. 702. Pour les références au sujet des aventures d'Isidore, voir ci-dessus, note 9, chap. X.

13. Mathieu Camariotès, *De Constantinopoli capta narratio lamentabilis*, dans M.P.G., CLX, col. 1068-69.

14. Doukas, *op. cit.*, XL, 381, et Chalcocondyle, *op. cit.*, 402-3, dont j'ai suivi le récit. Doukas n'aime pas Notaras ; sa relation n'en est que plus convaincante. Critobule (*op. cit.*, 83-4) ne parle pas de la luxure de Mehmet, par souci de ne pas ternir la réputation du sultan. Léonard de Chio, tout en parlant de la luxure du sultan, donne une version selon laquelle Notaras, qu'il haïssait, aurait essayé de rejeter la faute sur tout le monde sauf sur lui-même (*op. cit.*, col. 943). Phrantzès (*op. cit.*, 291-3) raconte une autre histoire, très hostile à Notaras. Montaldo (*op. cit.*, 339) accuse Notaras de traîtrise mais relate l'histoire de son fils.

15. Doukas, *op. cit.*, XLII, 395. L'identité de la femme de Notaras est incertaine. Dans des lettres qui lui sont adressées comme celles de Gennade (par exemple *M.P.G.*, CLX, col. 747), Notaras est appelé le « gendre de l'empereur » — γαμβρός τού Βασιλέως. Si sa femme avait été une fille de Manuel II et de l'impératrice Hélène, il est impossible que Phrantzès, qui donne tous les détails sur la famille, ne l'ait pas mentionnée. Elle devait être née après 1400, car son fils avait une quinzaine d'années en 1453. Il est improbable que Manuel, époux dévoué, ait eu un enfant illégitime après son mariage. Les Byzantins n'auraient pas, je crois, employé le terme de « gendre » pour désigner vaguement une alliance par mariage. La femme de Notaras doit donc avoir été une fille du neveu de Manuel, l'empereur Jean VII, qui épousa une princesse Gattilusi dont il n'eut certainement aucun fils ; mais Jean VII peut avoir eu une fille, légitime ou illégitime. Papadopoulos (*Versuch einer Genealogie der Palaiologen*, 90) fait d'elle la fille de Démétrius Paléologue Cantacuzène, mais sa référence à Phrantzès ne dit rien de pareil. Je ne sais pas sur quel témoignage Lambros (Συνθήκη, 153, 170) fonde sa généalogie de la famille Notaras.

16. Voir plus loin, chap. 13, 204. Sathas (*Monumenta Historiae hellenicae*, IX, vi) déclare qu'Anna fut, à un moment donné, fiancée à l'empereur Constantin. Son témoignage semble insuffisant.

17. Phrantzès, *op. cit.*, 309-10, 383, 385.

18. Critobule, *op. cit.*, 76-7, 85 ; Doukas, *op. cit.*, XLII, 395 ; *Rapport des Franciscains*, col. 702 ; le podestat de Péra (*op. cit.*, 76-7), écrivant à la date du 23 juin, affirme que le sultan est parti la nuit précédente. Babinger, *Mehmed der Eroberer*, 107.

19. Voir plus loin, appendice II.

20. Voir plus loin, appendice II.

21. Phrantzès, *op. cit.*, 304-7 ; *Historia politica*, 27-8 ; *Historia patriarchica*, dans *C.S.H.B.*, 79-81 ; Critobule, *op. cit.*, 94-5 ; Cantemir, *op. cit.*, 104. Voir aussi la relation complète mais un peu confuse de

Papadopoulos, *Studies and Documents relating to the History of the Greek Church and People under Turkish Domination*, 1-85.

22. Voir plus loin appendice II.

23. Phrantzès, *op. cit.*, 307 ; *Historia politica*, 28-9 ; *Historia patriarchica*, 82-3, qui donne ensuite le texte des traités de Gennade (83-93).

24. Critobule, 82-3 ; Ashikpashazade, *op. cit.*, 124-6 ; Doukas, *op. cit.*, XLII, 393 ; *Historia politica*, 25. Pour l'émigration forcée de Trébizonde, voir plus loin, chap. 12, 247 sqq. Une lettre écrite en 1454 par des évêques réfugiés en Valachie parle de 30 000 familles qui auraient été contraintes de s'installer à Constantinople, voir Jorga, *Notes et Extraits*, 67. 4 000 étaient des immigrants forcés, et 4 000 venaient du « continent », c'est-à-dire de Thrace.

25. Le voyageur espagnol Cristobal de Villalon, écrivant vers 1550, affirmait avoir vu à Constantinople les listes établies par la municipalité ; celles-ci montraient qu'il existait dans la ville 60 000 foyers turcs, 40 000 grecs et arméniens, et 10 000 juifs, plus 4 000 foyers à Péra (grecs ou occidentaux) et 10 000 foyers grecs dans les faubourgs. Villalon, *Viaje de Turquia*, II, 255 sqq. Voir Jorga, *Byzance après Byzance*, 45-52.

NOTES DU CHAPITRE XII

1. Note d'un codex du monastère d'Agarathos, citée dans Tomadakis, « Répercussion immédiate de la prise de Constantinople », dans *Cinq centième anniversaire de la prise de Constantinople*, Athènes, 1953.

2. Thiriet, *Regestes*, n° 2928, 187. Voir Pastor, *History of the Popes*, trad. Antrobus, II, 271-4.

3. Tetaldi (*op. cit.*, col. 1823) pensait que si la flotte était arrivée à temps, la ville ne serait pas tombée.

4. Critobule, *op. cit.*, 81 ; Thiriet, *La Romanie vénitienne*, 383. Thiriet, *Regestes*, nos 2929-2936, 187-90.

5.Thiriet, *Regestes*, nos 2929-2936, 187-90.

6. Podestat de Péra, *op. cit.*, 76-8 ; Montaldo, *op. cit.*, 342 ; Doukas *op. cit.*, XLII, 393 ; Critobule, *op. cit.*, 76 . Pour le nom du podestat, Lomellino, voir la préface de Desimoni à Montaldo, *op. cit.*, 306-7.

7. Heyd, *Histoire du Commerce du Levant*, II, 382-407. L'acte cédant Caffa au Conseil est donné dans les *Notices des Manuscrits de la Bibliothèque de Roi*, XI, i, 81-9.

8. Voir Argenti, *The Occupation of Chios by the Genoese*, I, 205-8.

9. Heyd, *op. cit.*, II, 308 et n. 4. Tetaldi (*op. cit.*, col. 1823) évalue les pertes des Anconitains à plus de 20 000 ducats.

10. Heyd, *op. cit.*, II, 308, 336-38. Tetaldi (*loc. cit.*) évalue à 20 000 ducats les pertes des Florentins.

11. Heyd, *op. cit.*, II, 308, 348.

12. Krekić, *Dubrovnik (Raguse) et le Levant*, 62 ; et Thiriet, *Regestes*, nos 1279 et 1364, 383, 398.

13. Thiriet, *ibid*, nos 2955-56, 3021, 194-5, 212-3.

14. Raynaldi, *Annales*, X, 2-3.

15. Jorga, *Notes et Extraits*, II, 518.

16. *Ibid.*, IV, 90-1, 101-2, 111-3.

17. Pie II, *Opera omnia*, 716-7.

18. Grunzweig, « Philippe le Bon et Constantinople », dans *Byzantium*, XXIV, 51-2.

19. Olivier de la Marche, *Mémoires*, éd. Beaune et d'Arbaumont, II, 381-2.

20. Critobule, *op. cit.*, 119-21 ; Doukas, *op. cit.*, XLV, 423. Voir Miller, *Essays on the Latin Orient*, 340-3, avec références.

21. Atiya, The Crusades in the Later Middle Ages, 236-40.

22. Olivier de la Marche, *Mémoires*, II, 336-7.

23. Jorga, *Notes et Extraits*, IV, 126-7.

24. Chalcocondyle, *op. cit.*, 403.

25. Pie II, *Opera omnia*, 394.

26. Doukas, *op. cit.*, XLII, 395 ; Critobule, *op. cit.*, 85 ; Babinger, *Mehmed der Eroberer*, 108-9.

27. Critobule, *op. cit.*, 86-7 ; Doukas, *loc. cit.* ; Miller, *Essays on the Latin Orient*, 334-5.

28. Phrantzès, *op. cit.*, 293-4 ; Critobule, *op. cit.*, 87-8 ; Chalcocondyle, *op. cit.*, 403-4 ; Léonard de Chio, *op. cit.*, col. 943 ; Ashikpashazade, *op. cit.*, 197-9. Voir Inalcîk, *Fatih Devre*, 134-6. La relation d'Ashikpashazade est particulièrement hostile à Halil, mais certains historiens ottomans ultérieurs, écrivant à une époque où les Chandarli, sa famille, avaient été réhabilités, sont plus bienveillants. Voir Inalcîk, *Fatih Devre*, 132-6. Il est probable que la disgrâce et la mort de Notaras doivent être en rapport avec celle d'Halil. Ashikpashazade dit que Notaras a essayé de l'acheter en lui envoyant de l'argent caché dans un poisson. Les deux hommes étaient certainement en bons termes l'un avec l'autre.

29. Voir Jireček, *Geschichte des Serben*, II, 201 sqq ; Miller, *Essays on the Latin Orient*, 456-7, et "The Balkan States", dans *Cambridge Medieval History*, IV, 575-82 ; Babinger, *Mehmed der Eroberer*, 112 sqq.

30. Critobule, *op. cit.*, 105-11, 138-39 ; Doukas, *op. cit.*, XLIV, 419 ; XLV, 423, 427 ; Léonard de Chio, *De Lesbo a Turcis capta*, éd. Hopf, *passim* ; Miller, *Essays on the Latin Orient*, 335-52.

31. Miller, *The Latins in the Levant*, 435-41, 456-7.

32. Critobule, *op. cit.*, 126-37, 149-53 ; Doukas, *op. cit.*, XLV, 423-5 ; Le « Janissaire polonais », 155-65 ; Ashikpashazade, *op. cit.*, 210-3. Voir Zakythinos, *Le Despotat grec de Morée*, 247-84.

33. Critobule, *op. cit.*, 163-74 ; Phrantzès, *op. cit.*, 413 ; Doukas, *op. cit.*, XLV, 429-31 ; Chalcocondyle, *op. cit.*, 490-7 ; « Le Janissaire polonais », 165-73 ; Ashikpashazade, *op. cit.*, 218-27. Voir Miller, *Trebizond, the Last Greek Empire*, 97-104.

34. Critobule, 175-7 ; *Historia politica*, 36-7 ; Miller, *Trebizond*, 105-8.

35. Phrantzès, *op. cit.*, 308 ; Critobule, *loc. cit.* ; Miller, *loc. cit.*

36. Miller, *loc. cit.* La ballade sur la jeune fille de Kordyle est donnée dans Legrand, *Recueil de chansons populaires grecques*, 78.

37. La ballade sur la chute de Trébizonde se trouve dans Legrand, *op. cit.*, 76.

38. Jorga, *Histoire des Roumains*, IV, 131 sqq.

39. Voir Medlin, *Moscow and East Rome*, 75-95.

NOTES DU CHAPITRE XIII

1. Phrantzès, *op. cit.*, 395, 412-3, 427-9, 449 ; Critobule, *op. cit.*, 58-9 ; *Historia politica*, 35-6. La mort de la princesse Hélène a été pleurée dans une monodie que donne Lambros. Voir Παλαιολόγεια καί Πελοποννησιακά, IV, 221-9.

2. Phrantzès, *op. cit.*, 410-5 ; Miller, *The Latins in the Levant*, 453-4 ; Zakythinos, *Le Despotat de Morée*, I, 287-90. Phrantzès dit que la femme de Thomas mourut à l'âge de soixante-dix ans. Cela doit être une erreur, puisque Thomas n'avait que cinquante-six ans quand il mourut trois ans après, et que leur plus jeune enfant, Zoé, n'a pu naître avant 1456. Thomas épousa Catherine en 1430. Si elle avait quinze ans à cette époque, elle en avait quarante-sept au moment de sa mort.

3. Phrantzès, *op. cit.*, 202, 413, 450. Voir Lascaris, *Vizantiske Princeze u Srednjevekovnoj Srbiji*, 97-123.

4. Pour le destin des fils de Thomas, voir le récit, avec toutes les références, de Zakythinos, *Le Despotat de Morée*, I, 290-7 ; et Typaldos, « Οί άπόγονοι τών Παλαιολόγων μετά τήν άλωσιν », dans Δελτίον τής Ιστορικής καί Εθνολογικής Εταιρίας τής Ελλάδος, VIII, 129, 154. Pour le destin de Zoé-Sophie, voir Medlin, *Moscow and East Rome*, 76-7, 79, 86-7. Pour son premier mariage, voir Phrantzès, *op. cit.*, 424-5.

5. Pour les membres de la famille des Paléologues qui se trouvaient en Cornouailles au XVIIe siècle et moururent finalement à la Barbade, voir Leigh Fermor, *The Traveller's Tree*, 144-9, et Zoras, Περί τήν άλωσιν τής Κωνσταντινουπόλεως, 287-95. Cette branche prétendait descendre d'un fils de Thomas, nommé Jean. Si ce fils avait existé, il est

impossible que Phrantzès, qui connaissait bien la famille et s'intéressait vivement à elle, ne l'ait pas mentionné. Bessarion ne le mentionne pas davantage dans ses instructions au tuteur des deux fils de Thomas. Il est possible que Thomas ait eu un fils bâtard nommé Jean. Plus probablement cette famille de Cornouailles descendait de quelque branche collatérale des Paléologues : ces branches collatérales étaient nombreuses, quoique aucune ne fût légitimement de sang impérial ; tous les descendants légitimes en ligne masculine de Michel VIII, le premier empereur Paléologue, sont connus, et il est très improbable qu'aucun ait été omis par les autorités. Les émouvantes doubles aigles gravées sur la tombe de Théodore Paléologue dans l'église de Landulph en Cornouailles n'ont malheureusement pas de raison d'être là.

6. Voir Miller, *Essays on the Latin Orient*, 502-7. On nous dit que la reine Hélène prit le grand deuil à la nouvelle de la chute de Constantinople et qu'elle accueillit des réfugiés. Makhairas, *Chronicle*, I, 682.

7. Pour les descendants de Scanderberg, voir Gegaj, *L'Albanie et l'Invasion turque au XVe siècle*, 161-2.

8. Phrantzès, *op. cit.*, 413-4 ; Chalcocondyle, *op. cit.*, 497-8 ; *Historia politica*, 38 ; Miller, *Trebizond*, 108-11.

9. La lettre de Filelfo est reproduite par Legrand, *Cent dix Lettres grecques de Fr. Philelphe*, 62-8.

10. Phranzès, *op. cit.*, 408, 411, 424-5, 429-46, 451-3.

11. Sathas, Μνημεία Ἑλληνικῆς Ἱστορίας, IX, vi-xi.

12. Voir Bréhier, article « Bessarion », dans Baudrillart, *Dictionnaire d'Histoire et de géographie ecclésiastique*, VIII, col. 1185-94 ; Miller, *Essays on the Latin Orient*, 348-9 ; Léonard de Chio, *De Lesbo a Turcis capta*, éd. Hopf, *passim*. On dit qu'Isidore avait perdu l'esprit dans sa vieillesse. Voir Pastor, *History of the Popes*, trad. Antrobus, II, 323.

13. Critobule, *op. cit.*, 117 ; *Ecthesis Chronica*, éd. Lambros, 26-8, 36 ; *Historia politica*, 38-9, *Historia patriarchica*, 96-101. Voir Tomakidis, « Ἐτούρκευσευ ὁ Γεώργιος Ἀμιρούτξης », dans Ἐπετηρίς Ἑταιρείας Βυξαντινῶν Σπουδῶν, XVII, 99-143. Il essaye vainement, je pense, de blanchir Amiroutzès.

14. Voir plus haut, chap. 11, 224-227.

NOTES DE L'APPENDICE 1

1. Pour Phrantzès, j'ai suivi le texte publié dans le *Corpus* de Bonn, étant donné qu'il n'a encore paru aucune édition critique de la partie de son travail qui nous intéresse. Pour l'attribution du *Chronicon Majus*, voir Lœnertz, « Autour du *Chronicon Maius* attribué à Georgios Phrantzès », dans *Miscellanea Mercati*, III. Pour son véritable nom, voir Laurent, « Sphrantzès et non Phrantzès », dans *B. Z.*, XLIV.

2. Pour Doukas, je me suis servi de l'édition critique publiée par Grecu (en même temps que d'une traduction roumaine qui ne sera pas très utile à beaucoup de chercheurs occidentaux) à Bucarest en 1958, plutôt que de la vieille édition de Bonn, bien que cette dernière ait l'avantage de contenir aussi la vieille traduction italienne de l'ouvrage ; je ne peux estimer autant que le fait Grecu la valeur de Doukas comme source, voir Grecu, « Pour une meilleure connaissance de l'historien Ducas », dans *Mémorial Louis Petit.*

3. Pour Chalcocondyle, je n'ai pas pu me procurer l'édition publiée par J. Darko à Budapest, en 1922 ; je cite donc l'édition de Bonn. Pour une brève relation de sa vie, voir Vasiliev, *A History of the Byzantine Empire*, 693.

4. Pour Critobule, j'ai suivi la traduction en anglais publiée à Princeton en 1954. Bien qu'elle n'ait pas été faite sur l'original grec mais d'après la traduction en français de Dethier, une comparaison avec l'original publié par Müller en 1883 montre qu'elle est valable. Pour une brève vue d'ensemble sur Critobule, voir Pears, *The Destruction of the Greek Empire*, x-xi. La turcophilie de Critobule a incité les historiens grecs modernes à le sous-estimer.

5. Pour ces chroniques, voir Moravscik, *Byzantinoturcica*, I, 128-9, 159, 246-8. La chronique en vers d'Hierax, publiée par Sathas, Μεσαιωνκή Βιβλιοθήκη, I, est de faible valeur en tant que source historique.

6. La chronique a été publiée par G. Zoras, en une édition critique qui montre ce que lui doit le chroniqueur Léonard de Chio pour l'histoire du siège et de la chute de la ville.

7. Pour une description complète des divers thrènes, voir Zoras, Περί τήν άλωσιν τής Κωνσταντινουπόλεως, 157-283.

8. Gill (*op. cit.*, 366 sqq.) a fait plein usage de ces lettres.

9. Pour toute la question de la *Chronique slave*, voir Unbegaun, « Les Relations vieux-russes de la prise de Constantinople », dans *Revue des Études slaves,* IX ; et Jorga, « Une source négligée de la prise de Constantinople », dans *Académie roumaine, Section historique*, XII.

10. Pour une brève note d'ensemble sur Barbaro, voir Pears, *The Destruction of the Greek Empire*, ix-x.

11. Pour les références, je me suis reporté à l'édition latine de la relation de Léonard, telle qu'elle figure dans la patrologie de Migne ; il existe aussi une version italienne, donnée dans l'*Historia universale*, III, de Sansovino, qui diffère quant à certains détails mineurs de l'édition latine et qui lui est probablement un peu postérieure.

12. Comme pour Léonard, il existe deux versions de la relation d'Isidore, une lettre en latin adressée au pape, que donne la patrologie

de Migne, et une lettre en italien adressée « à tous les fidèles », que donne Sansovino, *op. cit.*, II. La lettre au pape a probablement été traduite avec certaines modifications avant d'être répandue en Italie ; pour les écrits d'Isidore, voir Mercati, « *Scritti d'Isidoro il Cardinale Ruteno* », dans *Studi i Testi*, XLVI.

13. On donne habituellement au podestat le nom de Zaccaria, mais Desimoni, dans sa préface à la relation de Montaldo (306-7), montre que le podestat de cette époque s'appelait Lomellino.

14. Pour les historiens turcs, voir Babinger, *Die Geschichtschreiber der Osmanen und ihre Werke*, où ceux que je mentionne se trouvent dans l'ordre alphabétique parmi d'autres écrivains ottomans ; et les chapitres écrits par H. Inalcîk et V. L. Menage, dans *Historians of the Middle East*, éd. B. Lewis et P. M. Holt. Voir aussi Inalcîk, "Mehmed the Conqueror", dans *Speculum*, XXXV, *passim*.

15. Pour rendre justice à Evliya Chelebi, l'on devrait ajouter que sa description de Constantinople à l'époque où il vivait est exacte et fiable.

NOTES DE L'APPENDICE 2

1. Voir plus haut, chap. 11, 214. L'église Saint-Jean de Pétra fut finalement donnée à la mère chrétienne de Mahmoud Pacha et re-consacrée.

2. Ces églises sont mentionnées comme étant des édifices du culte par des pèlerins tels que le Russe Ignace de Smolensk (vers 1390), Alexandre (1393) et le Russe anonyme qui visita Constantinople vers 1440. De Khitrovo, *Itinéraires russes en Orient*, 138, 162, 233-34.

3. Phrantzès, op. cit., 307 ; *Historia politica*, 28-9 ; *Historia Patriarchica*, 82.

4. Pour ces églises, voir Van Millingen, *Byzantine Churches in Constantinople*, 49, 113, 128 ; et Janin, *La Géographie ecclésiastique de l'Empire byzantin*, III, i, 33, 75, 95, 224, 228, 319, 365-6, 447.

5. Cette église semble avoir été Saint-Jean du Dippion, non loin de l'hippodrome, édifice qui servit au milieu du XVe siècle à loger une ménagerie ; Janin, *op. cit.*, 273-4.

6. Hypsilantes, Τά μετά τήν Ἄλωσιν, 62, 91.

7. *Historia patriarchica*, 158 sqq. ; Cantemir, *History of the Othman Empire*, 102-5. Voir note suivante.

8. *Historia Patriarchica*, *loc. cit.* ; Cantemir, *loc. cit.* ; Hypsilantes, *op. cit.*, 50-2. L'*Historia patriarchica* fond les deux épisodes en un seul ; mais il est clair que les janissaires ont dû jouer leur rôle dans l'épisode concernant Théolepte, et il est improbable qu'il y ait eu aucun survivant en 1537, quatre-vingt-quatre ans après la chute de la ville, parmi ceux qui y avaient assisté.

9. Janin, *op. cit.*, 75, 95.

10. Cantemir, *op. cit.*, 105.

11. Cantemir, *op. cit.*, 102-5 ; *Historia patriarchica*, *loc. cit.* Depuis Gibbon les historiens n'ont été que trop enclins à rejeter toute l'histoire comme absurde, sans essayer de se rendre compte de ce qu'elle pouvait masquer. Voir un article important et injustement négligé de J. H. Mordtmann, « Die Kapitulation von Konstantinopel im Jahre 1453 », dans *B. Z.*, XXI, 129 sqq. L'auteur identifie et discute les sources de Cantemir.

12. Evliya Chelebi, *Travels*, trad. Hammer, I, 159.

13. Dallaway, *Constantinople Ancient and Modern*, 98-9.

14. L'église Saint-Jean mentionnée plus haut (appendice 2, p. 282), s'il s'agit bien de Saint-Jean du Dippion, pose un autre problème, car elle était située dans un secteur où aucune autre église ne semble avoir subsisté.

Bibliographie de l'auteur

C. S. H. B. *Corpus Scriptorum Historiae Byzantinae*, Bonn, 1826-1897.

M. P. G. Migne, *Patrologia Graeco-Latina*, Paris, 1859-1866.

Muratori, R. I. SSs. Muratori, *Rerum Italicarum Scriptores*, Milan, 1723-1751.

Collections de sources

Ellisen, A. *Analeketen der mittel- und neugriechischen Literatur*, 5 vols. Leipzig, 1855-62.

Giese, F. *Die altosmanischen anonymen Chroniken*, Breslau, 1922.

Jorga, N. *Notes et extraits pour servir à l'Histoire des Croisades au XVe siècle*, 6 vols. Paris-Bucarest, 1899-1916.

Khitrowo, B. de. *Itinéraires russes en Orient*, Société de l'Orient latin, série géographique 5. Genève, 1889.

Kerkic, B. « Regestes des archives de Raguse », in *Dubrovnik (Raguse) et le Levant au Moyen Âge*. Voir bibliographie, section III.

Lambros (Lampros), S. P. Παλαιόλογεια καί Πελοποννησιακά, 4 vols. Athènes, 1912-30.

Legrand, É. *Recueil de chansons populaires grecques*. Paris, 1874.

Leunclavius (Löwenklaw), J. *Annales Sultanorum Othmnanidarum*. Frankfort, 1588.

Leunclavius (Löwenklaw), J. *Historiae Musulmanae Turcorum*. Francfort, 1591.

Martene, E. et Durand, U. *Thesaurus novus anecdotorum*, 5 vols. Paris, 1717.

Migne, J. P. *Patrologiae cursus completus*. Série gréco-latine, 167 vols. Paris, 1857-76.

Müller, C. *Fragmenta historicorum Graecorum*, 5 vols. Paris, 1878-85.

Muratori, L. A. *Rerum Italicarum scriptores*, 25 vols. Milan, 1723-51.

Notices et extraits des manuscrits de la Bibliothèque du Roi (la Bibliothèque Nationale). Paris, 1877 ff.

Raynaldi, O. *Annales ecclesiastici, suite de Baronius, Annales Ecclesiastici*. 15 vols. Lucca, 1747-56

Sansovino, F. *Historia universale dell' origine et imperio de' Turchi*, 3 vols. Venise, 1646.

Sathas, K. N. Μεσαιωνική Βιβλιοθήκη, 7 vols. Athènes, 1872-94.

Thiriet, F. *Regestes des délibérations du Sénat de Venise concernant la Romanie*, 3 vols. Paris-La Haye, 1959-61.

Sources classées par auteur

Abraham l'Arménien. *Mélodie élégiaque sur la prise de Stambol* (trad. M. Brosset, in Lebeau, *Histoire du Bas-Empire*, éd. Saint-Martin, XXI, 1836). Voir bibliographie section III.

Adam d'Usk, *Chronikon* (ed. E. M. Thompson). London, 1904.

Alexandre, scribe. *Voyage à Constantinople* (1393), in Khitrovo, *Itinéraires russes en Orient*.

Ali, Künh-ul-Akhbar, 4 vols. Istanbul, A. H. 1284, 1867.

Ἅλωσις τής Κορδύλης in Legrand, *Recueil de chansons populaires grecques*, n° 51.

Ἅλωσις τής Τραπεζούντος in Legrand, *Recueil de chansons populaires grecques*, n° 49.

Anagnostes, Joannes. *De Thessalonicensi excidio narratio*. Voir infra, Phrantzès.

« Giese anonyme ». *Tarih Ali Osman*, in Giese, *Die altosmanischen anonymen Chroniken.*

Ashikpashazade (Derviche Ahmed, appelé Asik-Pasa-Sohn); *Von Hirtenzelt sur Hohen Pforte*, extrait de *Tarih Ali Osman* (éd. et trad. R. F. Kreutel). Graz, 1959.

Barbaro, N. *Giornale dell' assedio di Constantinopoli* (éd. E. Cornet). Vienne, 1856.

Bartholomée de Jano. *Epistola de Crudelitate Turcorum.* (*M.P.G.*, CLVIII, 1866).

Bartholomée della Pugliola, *Historia miscella Bononiensis.* (Muratori, *R.I.Ss.*, XVIII, 1731).

Bessarion, Cardinal. « Lettre au Doge de Venise », in Jorga, *Notes et extraits*, II, 1899.

Callistos, Andronic. *Monodia de Constantinopoli Capta.* (*M.P.G.*, CLXI, 1886).

Camariotes, Matthieu. *De Constantinopoli capta narratio lamentabilis.* (*M.P.G.*, CLX, 1866).

Cambini, A. *Della origine de' Turchi et Imperio delli Ottomanni.* Florence, 1537.

Cananos, Jean. *De Constantinopoli Oppugnata.* Voir infra, Phrantzès.

Cantacuzène, Jean. *Historia* (éd. L. Schopen, *C.S.H.B.*, 1828-1832).

Chalcocondyle, Laonikos. *De Origine ac rebus gestis Turcorum* (éd. E. Bekker, *C.S.H.B.*, 1843).

---. *Chronica Minora*, (Βραχέα Χρονικά) éd. S. Lambros. Athènes, 1932.

---. *Chronicon Estense.* (Muratori, *R.I.Ss.*, XV, 1729). Χρονικόν περί τών Τούρκων Σουλτάνων (éd. G. T. Zoras). Athènes, 1958.

Chronique slave (en slavon). *Conquête de Tsarigrad* (éd. J. J. Sreznevsky), *publication de l'Académie des sciences de Saint Pétersbourg* 2ème division, I, Saint Pétersbourg, 1854; en version russe et roumaine in Jorga, « Une source négligée de la prise de Constantinople ». Voir supra bibliographie, section III.

Clavijo, R. Gonzales de. *Diary* (trad. G. Le Strange). Londres, 1928.

Cristobule. *De Rebus gestis Mechemetis*, Muller, *Fragmenta historicorum*, V, 1883 ; et aussi Kritovoulos, *History of Mehmed the Conqueror* (trans. C. T. Riggs). Princeton, 1954.

---. *Description de Constantinople* (1424-53), in Khitrowo, *Itinéraires russes en Orient.*

Dolfin, Zorzi. *Assedio e presa di Constantinopoli nell' anno 1453* (éd. G. M. Thomas). Munich, 1868.

Doukas, Michel. *Historia Turco-Byzantina* (éd. V. Grecu). Bucarest, 1948 ; voir aussi éd. E. Becker, *C.S.H.B.*, 1834.

---. *Ecthesis Chronica* (éd. S. Lambros). Londres, 1902.

Eugenikos, Jean. *Varia*, in Lambros, Παλαιολόγεια καί Πελοποννησιακά I, 1912.

Evliya Chelebi. *Seyahatname, Narrative of Travels*, trad. J. von Hammer (2 vols.). Londres, 1834 ; il y en a aussi des extraits in Turkova, « le siège de Constantinople ». Voir bibliographie, section III.

Filelfo (Phildelphus), *Cent-dix lettres grecques de François Philelfe* (éd. E. Legrand). Paris, 1892.

---.F. « Lettre au roi de France », in Jorga, *Notes et Extraits.*

Franciscains, père supérieur de l'ordre, *Rapporto* (Muratori, *R.I.Ss.*, XVIII, 1731).

Frédéric III, empereur. « Lettres au sultan », in Jorga, *Notes et Extraits*, II, 1899.

Gennade, Georges Scholarios. *Œuvres complètes de Gennade Scholarios* (éd. L. Petit, X. A. Sidéridès et M. Jugie, 8 vols.). Paris, 1928-1936.

Hierax, *Chronicon*, in Sathas, Μεσαιωνική Βιβλιοθήκη, I, 1872.

Ibn Battuta, *Voyages* (C. Defrémery et B. R. Sanguinetti, 4 vols.). Paris, 1893.

Isidore de Russie, Cardinal. « Lettre au pape Nicolas V » (*M.P.G.*, CLIX, 1866) ; « Lettre à tous les fidèles », in Sansovino, *Historia Universale*, III.

« Janissaire polonais » (Michel Constantinović d'Ostrovića). *Mémoires* (en slavon), in A. Galezowsky, *Zbior Pisarzow Polskieh*, V, Varsovie, 1929.

La Marche, Olivier de. *Mémoires* (éd H. Beaune et J. d'Arbaumont, 4 vols.). Paris, 1883-8.

Léonard de Chios, archevêque de Mitylène. *Epistola ad Papam Nicolaum V.* (*M.P.G.*, CLIX, 1844). En version italienne in Sansovino, *Historie Universale*, III.

---. *De Lesbos a Turcis capta* (éd. C. Hopf). Regensberg, 1866.

Montaldo, A. de. *Della Conquista de Constantinopoli per Maometto II* (éd. C. Desimoni) ; *Atti Della Società Ligure de Storia Patria*, X, Gênes, 1874.

Nestor Iskander. *La Relation de Tsarigrad* (en slavon), éd. Archimandrite Léonide, *Mémoires d'Art et de littérature anciennes, Société des Amateurs de Littérature ancienne*, Saint Pétersbourg, 1886.

Notaras, Luc. *Epistolae* (*M.P.G.*, CLX).

---. *Notitiae de Portis Constantinopolitanis* (éd. Preger et Benescevic), *B. Z.*, XXI, XXIII. 1921, 1923.

Phrantzès (Sphrantzès), Georges. *Chronicon* (éd. E. Bekker, *C.S.H.B.*, 1838), qui contient aussi Anagnostès et Cananos. Voir entrées plus haut.

Pie II, pape. *Opera Omnia*. Bâle, 1551.

Podestà de Péra. *Epistola de excidio Constantinopolitano* (éd. S. de Sacy). *Notices et extraits de la Bibliothèque du Roi*, XI. 1827.

Pusculus, Ubertino. *Constantinopoleos libri IV*, in Ellissen, *Analekten der mittel- und neugriechischen Literatur*, III, 1857.

Riccherio, Cristoforo, *La Presa di Constantinopoli*, in Sansovino, *Historia Universale*, III.

Sa'ad Ed-Din. *The Capture of Constantinople from the Taj ut-Tevarikh* (trad. E.J.W.Gibb). Glasgow, 1879.

Sanudo, M.*Vitae Ducum Venetorum* (Muratori, *R.I.S s.*, XXII, 1733).

Spandugino Cantacuzino, T. *Discorso dell' origine de Principi Turchi*, in Sansovino, *Historia Universale*, II.

Taci Beyzade. *Fethnāme-I Istanbul, Revue Historique publiée par L'Institut d'histoire ottomane*, IV. Istanbul, 1913.

Tafur, Pero. *Travels* (éd. et trad. M. Letts). Londres, 1926.

« Terre Hodierne Grecorum et dominia secularia et spiritualia ipsorum » (éd. S. Lambros). *Neos Hellenomnemon*, VII. Athènes, 1910.

Tétaldie, Jacobo (Édaldy, Jacques). *Informations envoyées tant par Francisco de Franc à Monseigneur le Cardinal d'Avignon que par Jehan Blanchin et Jacques Édaldy, marchant florentin, de la prise de Constantinople, à laquelle le dit Jacques estoit personnellement*, in Martène et Durand, *Thesaurus novus anecdotorum*, I, 1717.

Θάνατος του Κονσταντίνου Δράγαζη in Legrand, *Recueil de chansons populaires grecques*, n°48,.

Tursun Bey. *Chronique* (éd. Mehmet Arif), *Revue Historique publiée par L'Institut d'histoire ottomane*, pts. 26-38. Istanbul, 1914-16.

Villalon, C. de. *Viaje de Turquia* (éd. A. G. Solalinde), 2 volumes. Madrid, Barcelone, 1919.

Œuvres modernes

Ahmed Muktar Pacha. *The Conquest of Constantinople and the Establishment of the Ottomans in Europe*. Londres, 1902.

Alderson, A. D. *The Structure of the Ottoman Dynasty*. Oxford, 1956.

Amantos, C. « La Prise de Constantinople », *Le cinq-centième anniversaires de la prise de Constantinople, L'Hellénisme Contemporain*, fascicule hors série. Athènes, 1953.

Andreeva, M. « Zur Reise Manuels II Palaiologos nach West-Europa ». B.Z., XXXIV. 1934.

Argenti, P. *The Occupation of Chios by the Genoese*, 3 vols., Cambridge, 1958.

Atiya, A. S. *The Crusade in the Later Middle Ages*. Londres, 1938.

---. *The Crusade of Nicopolis*. Londres, 1934.

Babinger, F. *Beitrage zur Frühgeschichte der Turkenhaerrschaft in Rumelien*. Brunn-Munich-Vienne, 1944.

---. *Die Geschichtsschreiber der Osmanen und ihre Werke*. Leipzig, 1927.

---. *Mehmed der Eroberer und seine Zeit. Munich*, 1953.

---. Article « Orkhan », *Encyclopaedia of Islam*, III.

---. "Von Amurath zu Amurath. Vor- und Nachspiel der Schlacht bei Varna", *Oriens*, III. Leyden, 1950.

Bakalopoulos, A. « Les limites de l'Empire byzantin depuis la fin du XIVe siècle jusqu'à sa chute », B. Z., LV, I. 1962.

Baudrillart, Vogt et Rouzies éds. *Dictionnaire d'histoire et de géographie ecclésiastique.* Paris, 1911.

Beck, H.G. « Humanismus und Palamismus », XIIe Congrès International des Études Byzantines, *Rapports*, III. Ohrid, 1961.

Beck, H.G. *Kirche und theologische Literatur im byzantinischen Reich.* Munich, 1959.

Beck, H.G. *Theodoros Metochites.* Munich, 1952.

Beckwith, J. *The Art of Constantinople.* Londres, 1962.

Berger de Xivrey, M. *Mémoire sur la vie et les ouvrages de l'empereur Manuel Paléologue.* Paris, 1861.

Birge, J.K. *The Bektashi Order of Dervishes.* Londres, 1937.

Bratianu, G.I. *Études byzantines d'histoire économique et sociale.* Paris, 1938.

Bréhier, L. Article « Bessarion » in Baudrillart, *Dictionnaire d'histoire et de géographie ecclésiastique.* Voir ci-dessus.

---. *Le Monde Byzantin, I : Vie et mort de Byzance.* Paris, 1947.

Cahen, C. « La campagne de Manzikert d'après les sources musulmanes », *Byzantion*, IX. Bruxelles, 1934.

Cahen, C. « The Mongols », in *History of the Crusades* (éd. Setton), II.

Cahen, C. " The Selchukid state of Rum », in *History of the Crusades* (éd. Setton), I.

Cahen, C. « The Turkish Invasion : the Selchukids », in *History of the Crusades* (éd. Setton), II.

Cambridge Medieval History, IV. *The Eastern Roman Empire*, 717-1453. Cambridge, 1923.

Cantemir, D. *History of the Othman Empire* (trad. N. Tindal). Londres, 1734.

Charanis, P. « The strife among the Palaeologi and the Ottoman Turks ». *Byzantion*, XVI, I. Boston, 1944.

Concasty, M.L. « Les "informations" de Jacques Tedaldi », *Byzantion*, XXIV. Bruxelles, 1954.

Csuday, F. *Die Geschichten des Ungarn*, Zool. Berlin, 1899.

Cuspinian, J. *De Turcarum origine*. Leyden, 1634.
Dalloway , J. *Constantinople Ancient and Modern*. Londres, 1797.
Delaville Le Roulx, J. *La France en Orient au* XIVe *siècle*, 2 vols. Paris, 1886.
Diamantopoulos, A.N. « Γεννάδιος ὁ Σχολάριος ὡς ἱστορική πηγή τῶν περί τήν ἅλωσιν χρόνων », Ελληνικά, IX. Athènes, 1926.
Diehl, Charles. « De quelques croyances byzantines sur la fin de Constantinople », *B.Z.*, XXX. 1930.
Encyclopaedia of Islam, éds. Houtsma, Arnold et Basset. 4 vols. Leyden-London, 1913-34.
Encyclopaedia of Islam (nouv. éd., éd. Lewis, Pellat et Schacht); Leyden-London, 1955.
Finlay, George. *A History of Greece* (éd. H. F. Tozer), XIII. Oxford, 1877.
Fuchs, F. *Die Höheren Schulen von Konstantinopel im Mittelalter*, Byzantinische Archiv, III. Leipzig-Berlin, 1926.
Gegaj, A. *L'Albanie et l'invasion turque au* XVe *siècle*. Paris, 1937.
Gibbon, E. *The Decline and Fall of the Roman Empire* (ed. J. B. Bury), 7 vols. Londres, 1896-1900.
Gill, J. *The Council of Florence*. Cambridge, 1959.
---, Le *Concile de Florence*, Paris-Tournai, 1963
Grecu, V. « La Chute de Constantinople dans la littérature populaire roumaine », *Byzantinoslavica*, XIV. Prague, 1953.
---. « Pour une meilleure connaissance de l'historien Doukas », *Mémorial Louis Petit*. Bucarest, 1948.
Grunzweig, A. « Philippe le Bon et Constantinople », *Byzantion*, XXIV. Bruxelles, 1954.
Guilland, R. « Les appels de Constantin XI Paléologue à Rome et à Venise pour sauver Constantinople », *Byzantinoslavica*, XIV. Prague, 1953.
Gylles, P. *De topographia Constantinopoleos*. Lyon, 1561.
Halečki , O. *Un Empereur de Byzance à Rome*. Varsovie, 1930.
---. « Rome et Byzance au temps du grand schisme d'Occident », *Collectio Theologica*, XVIII. Lwow, 1937.
---. *The Crusade of Varna*. New York, 1943.

Hammer-Purstall, J. Von. *Geschichte des Osmanischen Reiches*, 10 vols. Pest, 1827-1835.
Hasluck, F. W. *Athos and its Monasteries*. London, 1924.
Heyd, W. *Histoire du commerce du Levant au Moyen Âge*, 2 vols. Leipzig, 1936.
Hill, G. *A History of Cyprus*, 3 vols. Cambridge, 1940-8.
---. *History of The Crusades* (éd. K. M. Setton). Philadelphia, 1955.
Historians of the Middle East (éd. B. Lewis and R. M. Holt). Londres, 1962.
Hoff, C. *Geschichte Griechenlands von Beginn des Mittelates bis auf unserer Zeit*, 2 vols. Leipzig, 1870-1.
Houtsma, M. T. Article "Tughrilbeg", *Encyclopaedia of Islam*, IV.
Huart, C. Article "Janissaries", *Encyclopaedia of Islam*, II.
Huber, A. *Geschichte Österreichs*, 5 vols. Gotha, 1885-96.
Hypsilantis, A. C. Τά μετά τήν άλωσιν (éd. A. Germanos). Constantinople, 1870.
Inalcik, H. Article « Bāyāzed I », *Encyclopaedia of Islam* (nouv. éd.), I.
---. *Fatih Devri üzerinde tetikler ve vesikalar*, I. Ankara, 1954.
---. "Ottoman methods of conquest", *Studia Islamica*, II. Paris, 1954.
---. "Mehmed the Conqueror (1432-1481) and his time", *Speculum*, XXXV. Cambridge, Mass. 1960.
Janin R. *Constantinople byzantine : la géographie ecclésiastique de l'empire byzantin, Pt.* I, iii, *Les Églises et les monastères*. Paris, 1953.
Jireček, K. *Geschichte der Serben*, 2 vols. Gotha, 1911-15.
Jorga, N. *Geschichte des Osmanischen Reiches*, 2 vols. Gotha, 1908-9.
---. « Une source négligée de la prise de Constantinople », *Académie Roumaine, Bulletin de la Section Historique*, XIII. Bucarest, 1927.
---. *Byzance après Byzance*. Bucarest, 1935.
---. *Histoire des Roumains*, 4 vols. Bucarest, 1937.
Khairullah Effendi. *Ta'rikh*. Istanbul, 1851.
Kolias, G. « Constantin Paléologue, le dernier défenseur de Constantinople », *Le Cinq-Centième Anniversaire de la prise*

de Constantinople, L'Hellénisme contemporain, fascicule hors série. Athènes, 1953.

Köprülü, M. F. *Les Origines de l'empire ottoman*. Paris, 1935.

Kramers, J. H. Article « Othman I », *Encyclopaedia of Islam*, I.

---. Article « Muhammad I », *Encyclopaedia of Islam*, III.

Krause, J. H. *Die Eroberung von Konstantinople im 13 und 15 Jahrhunderts durch die Kreuzfarhen, durch die nicaeischen Griechen und durch die Turken*. Halle, 1870.

Kerkic, B. *Dubrovnik et le Levant au Moyen Âge*. Paris, La Haye, 1961.

Kyrou, A. Βησσαρίων ὁ Ἕλλην, 2 vols. Athènes, 1947.

Lambros, S. Συνθήκη μεταξύ Ἰωάννου τοῦ Παλαιολόγου καί τοῦ δουκός τῆς Βενετίας Φραγκίσκου Φόσκαρη, in *Neos Hellenomnemon*, I. Athènes, 1904.

---. « Αἱ εἰκόνες Κωνσταντίνου τοῦ Παλαιλόγου », *Neos Hellenomnemon*, III et IV. Athènes, 1906-07.

---. « Ο Κωνσταντίνος Παλαιολόγος ὡς σύζυγος », *Neos Hellenomnemon*, IV. Athènes, 1907.

Lascaris, M. *Vizantiske princeze u srednjevekovnoj Srbiji*. Belgrade, 1926.

Laurent, J. *Byzance et les Turcs Seldjoucides jusqu'en 1081*. Nancy, 1913.

Laurent, V. « Sphrantzès et non Phrantzès », B. Z., XLIV, 1951.

Lebeau, C. *Histoire du Bas-Empire* (éd. J. Saint-Martin), 21 vols. Paris, 1824-1836.

Leigh Fermor, P. *The Traveller's Tree*. Londres, 1950.

Lemerle, P. *L'Émirat d'Aydin : Byzance et l'Occident*. Paris, 1937.

Loenertz, R. « Pour la biographie du cardinal Bessarion », *Orientalia Christiana Periodica*, X. Rome, 1944.

---. « Autour du Chronicon Maius attribué à Georgios Phrantzès », *Miscellanea Mercati*, III, Studi i Testi Vaticani, CXXIII. Rome, 1946.

Marinescu, C. « Le pape Callixte III, Alphonse d'Aragon, roi de Naples, et l'offensive contre les Turcs », *Académie roumaine, Bulletin de la Section Historique*, XIX. Bucarest, 1935.

---. « Notes sur quelques ambassadeurs byzantins en Occident à la veille de la chute de Constantinople sous les Turcs »,

Annuaire de l'Institut de Philologie et d'Histoire Orientales et Slaves, X. Bruxelles, 1950.
Masai, F. *Pléthon et le platonisme de Mistra*. Paris, 1956.
Masso Torrents, J. « 40 octaves à la porte de Constantinople », Εἰς μνήμην Σ. Λάμπρου. Athènes, 1938.
Medlin, W. K. *Moscow and East Rome*. Geneva, 1952.
Mercati, G. « Scritti d'Isidoro il Cardinale Rutano », *Studi I Testi*, XLVI. Rome, 1926.
Meyendorff, J. *Introduction à l'étude de Grégoire Palamas*. Paris, 1959.
Mijatovich, C. *Constantine, Last Emperor of the Greeks*. London, 1892.
Miller, W. *The Latins in the Levant*. London, 1908.
---. "The Balkan States", *Cambridge Medieval History*, IV.
---. *Essays on the Latin Orient*. Cambridge, 1921.
---. *Trebizond, the Last Christian Empire* ; Londres, 1926.
Moravcisk, G. *Byzantino-Turcica*, 2 vols. Budapest, 1942-3.
Mordtmann, A. *Die Belagerung und Eroberung Constantinopels durch die Türken im Jahre 1453*. Stuttgart-Augsbourg, 1858.
---. *Esquisse topographique de Constantinople*. Lille, 1892.
---. « Die letzen Täge von Byzanz », *Mitteilungen des deutschen Exkursions-Klub*. Istanbul, 1893 et 1895.
---. Article, « Devchirme », *Encyclopaedia of Islam*, I.
Moschopoulos, N. « La prise de Constantinople selon les sources turques », *Le Cinq-Centième Anniversaire de la prise de Constantinople, L'Hellénisme contemporain, fascicule hors série*. Athènes, 1953.
Norden, W. *Das Papsttum und Byzanz*. Berlin, 1903.
Oman, C. W. C. *History of the Art of War in the Middle Ages*, 2e éd., 2 vols. Londres, 1924.
Ostrogorsky, G. *History of the Byzantine State* (trans. J. Hussey). Oxford, 1955.
Pall, F. « Autour de la Croisa de Varna », *Académie Roumaine, Bulletin de la Section Historique*, XXII. Bucarest, 1941.
Papadoupoulos, A. *Studies and Documents Relating to the History of Greek Church and People under Turkish Domination*. Bruxelles, 1952.

---. Versuch einer Genealogie der Palaiologen. Amsterdam, 1962.

Paspates, A. G. Πολιορκία καί ἅλωσις τῆς Κωνσταντινουπόλεως. Athènes, 1890.

Pastor, L. *History of the Popes from the Close of the Middle Ages* (trad. F. I. Antrobus), 5 vols. Londres, 1891-8.

Paulová, M. « L'Empire byzantin et les tchèques avant la Chute de Constantinople », *Byzantinoslavica*, XIV. Prague, 1953.

Pears, E. "The Ottoman Turks to the Fall of Constantinople", *Cambridge Medieval History*, IV.

---. *The Destruction of the Greek Empire and the Story of the Capture of Constantinople by the Turks*. London, 1903.

Radonic, J. *Djuradj Kastriot Skenderberg i Albanija*. Belgrade, 1942.

Runciman, S. "Byzantine and Hellene in the Fourteenth century", Τόμος Κωνσταντίνου Ἀρμενοπούλου. Thessalonique, 1952.

---. "The Schism between the Eastern and Western Churches", *Anglican Theological Review*, XLIV, 4. Evanston, 1962.

Schlumberger, G. *Le Siège, la prise et le sac de Constantinople en 1453*. Paris, 1926.

Schneider, A. M. « Die Bevölkerung Konstantinopels im XV Jarhundert », *Nachrichten der Akademie der Wissenschaften in Göttingen*, Phil.-Hist. Klasse. Göttingen, 1949.

Sottas, J. *Les Messageries Maritimes de Venise au XIV*[e] *et XV*[e] *siècles*. Paris, 1938.

Stasiulevich, M. M. « Le siège et la prise de Constantinople par les Turcs » (en russe). *Archives de l'Académie impériale des Sciences*, 2e division, I, Saint Pétersbourg, 1854.

Tafrali, O. « Le siège de Constantinople dans les fresques des églises de Bukovine », *Mélanges G. Schlumberger*, II. Paris, 1924.

---, *Thessalonique au XIV*[e] *siècle*, pref. C. Diehl, Paris, P. Genthner, 1913.

Thiriet, F. *La Romanie vénitienne au Moyen Âge*. Paris, 1959.

Tomadakis, N. B. « Ετούρκευσεν ὁ Γεώργιος Ἀμιρουτζῆς », in Ἐπετηρίς Ἑταιρείας Βυζαντινῶν Σπουδῶν, XVIII. Athènes, 1953.

---. « Répercussion immédiate de la prise de Constantinople », *Le Cinq-Centième Anniversaire de la prise de Constantinople*,

L'Hellénisme contemporain, fascicule hors série. Athènes, 1948.

Typaldos, T. E. Οί απόγονοι τών Παλαιλόγων μετά τήν άλωσιν, Δελτίον τής Ιστορικής καί Εθνολογικής Έταιρείας τής Ελλάδος VIII. Athènes, 1922.

Ulgen, Ali Saim. *Constantinople during the Era of Mohammed the Conqueror*. Ankara, 1939.

Unbegaun, B. « Les relations vieux-russes de la prise de Constantinople », *Revue des Études Slaves*, IX. Paris, 1929.

Üzünçarsili, I. H. Osmanlî Tarîhî, 3 vols. Ankara, 1947-51.

Van Millingen, *Byzantine Constantinople : the Walls of the City*. Londres, 1899.

---. *Byzantine Churches in Constantinople*. Londres, 1910.

Vasiliev, A. A. « Le voyage de l'empereur byzantin Manuel II Paléologue en Europe Occidentale », (en russe), *Revue du Ministère de l'Instruction Publique*, N. S., XXXIX. Saint Pétersbourg, 1912.

---. "Medieval Ideas of the End of the World", *Byzantion*, XVI, 2. Boston, 1944.

---. *A History of the Byzantine Empire*, 324-1453. Madison, 1952.

Vast, H. *Le Cardinal Bessarion* (1403-72). Paris, 1878.

Voigt, G. *Enea Silvio Piccolomini als Papst Pius II und sein Zeitalter*, 3 vols. Berlin, 1856-63.

Voyatzidis, J. « Τό ζήτημα τής στέφης Κωνσταντίνου τού Παλαιολόγου », Λαογραφία VII. Athènes, 1923.

Walter, G. *La Ruine de Byzance*. Paris, 1958.

Wittek, P. *Das Fürstentum Mentesche : Studien zur Geschichte Westkleinasiens im 13-15 Jahrundert*. Istanbul, 1934.

---.*The Rise of the Ottoman Empire*. Londres, 1938.

Yule, H. *The Travels of Marco Polo* (éd. H. Cordier), 3 vols. Londres, 1902-20.

Zakythinos, D. *Le Despotat grec de Morée*, 2 vols. Paris, 1932-55.

---.« La Prise de Constantinople, et la fin du Moyen Âge » et « la Prise de Constantinople, tournant dans la politique et l'économie européennes », Le *Cinq-Centième Anniversaire*

de la prise de Constantinople, L'Hellénisme contemporain, fascicule hors série. Athènes, 1953.
Ziegler, A. « Isidore de Kiev, apôtre de l'Union florentine », *Irenikon*, XIII. Chevetogne, 1936.
Zoras, G. Περί τήν άλωσιν τής Κωνσταντινουπόλεως. Athènes, 1959.

Bibliographie de la présente édition

La bibliographie de l'auteur correspond bien sûr aux sources primaires et secondaires qu'il a consultées pour rédiger son ouvrage, seul Steven Runciman pouvait donc la remettre à jour lors des rééditions multiples de *The Fall of Constantinople*. Il ne s'agit donc nullement ici de compléter la bibliographie de l'auteur mais d'indiquer au lecteur quelques ouvrages plus récents, qui nous ont été utiles pour publier la présente édition et qui lui permettent d'en savoir plus sur d'autres sujets abordés dans l'ouvrage, comme les relations entre Byzance et l'Islam, entre Venise et l'Empire ottoman, ou les questions théologiques. Nous donnons également la référence des livres de S. Runciman traduits en français et disponibles en librairie.

Bailly, Auguste. *Byzance*. Paris, Arthème Fayard, 1939.

Bardill, Jonathan. *Brickstamps of Constantinople*. 2 vols. Oxford: OUP, 2004.

Carboni, Stefano et al. *Venise et l'Orient*. Paris, Gallimard, 2006.

Carras, Panaiotes. « Les enjeux théologiques du concile de Florence », *La Lumière du Thabor*, Revue internationale de théologie orthodoxe, n°22, 2e trimestre 1989, 48-73.

Cheynet, Jean-Claude. *Histoire de Byzance*. Paris, PUF, 2005.

Constable, Giles, "Sir Steven Runciman", *Proceedings of the American Philosophical Society*, vol. 147, n°1, mars 2003, 96-101.

Décarreaux, J. *Les Grecs au concile de l'Union, Ferrare-Florence,* 1438-1439. Paris, Picard, 1970.

Diedo, Alviso. *Histoire de Venise*, Paris, Perrin, 2005.

Ducellier, Alain. *Le Drame de Byzance: idéal et échec d'une société chrétienne.* Paris, Hachette, 1976.

---.*Chrétiens d'Orient et Islam au Moyen Âge, VIIe-XVe siècle.* Paris, Armand Colin, 1999.

Ducellier, Alain, Michel Kaplan et al. *Le Moyen Âge en Orient : Byzance et l'Islam, Des Barbares aux Ottomans.* Paris, Hachette, 2006.

Dvornik, F. *Byzance et la primauté romaine.* Paris, Cerf, Unam sanctam 49, 1964.

Flusin, Bernard. *La Civilisation byzantine.* Paris, PUF, 2006.

Freely, John et Ahmet S. Çakmat. *The Byzantine Monuments of Istanbul.* Cambridge, CUP, 2004.

Fuller, John F. C. *Les Batailles décisives du monde occidental.* Paris, Berger-Levrault, 1980.

Geanicopoulos, D. J. "The Council of Florence (1438-1439) and the Problem of Union between the Greek and Latin Churches", *Church History*, XXIV (1955), n°4, 324-346.

Jeffrey, Elisabeth M. ed., *Byzantine Style, Religion and Civilization*, Cambridge, CUP, 2006 Kiossopoulou Tonia ed., *1453 : la prise de constantinople et le passage du Moyen-Âge aux Temps modernes*, Actes du colloque du département d'histoire et d'archéologie de l'université de Crète, titre en grec, Hérakleion, Presses Universitaires de Crête, 2005.

Laiou, Angeliki A. "Steven Runciman: A man who Never Grew Tired", trad. John Leatham, in *The New Griffon*, Athènes, Gennadius Library, 2002. Article que l'on peut trouver sur Internet,
http://www.myriobiblos.gr/texts/english/laiou_runciman.html

Laurent, V et J. Darroutzès. *Dossier grec de l'Union de Lyon (1273-1277).* Paris, Institut Français d'Études Byzantines, 1976. [Au chap. 1., Runciman mentionne les efforts de Michel Paléologue pour unir les Églises, en signant l'union de Lyon. Le livre essentiel de V. Laurent et J. Darrouzès fait comprendre les motivations profondes du parti anti-unioniste de 1274 à 1453].

Lellouch, Benjamin et Stéphane Yérasimos, éds. *Les Traditions apocalyptiques au tournant de la chute de Constantinople.* Actes de la Table Ronde d'Istanbul, 13-14 avril 1996. Paris, L'Harmattan, 2000.

Lossky, V. *Théologie mystique de l'Église d'Orient*, Paris, Aubier, 1944.

Malherbe, Jacques, *Constantin XI : dernier empereur des Romains*. Louvain, Bruylant Academia, 2001.

Monfasani, John. *Byzantine Scholars in Renaissance Italy : Cardinal Bessarion and Other Emigres, Selected Essays.* Londres, Variorum reprints, 1995.

Murr Nehmé, Lina. *1453, Mahomet II impose le schisme orthodoxe.* Paris, F.-X. de Guibert, 2006. [Ce livre, dont le titre résume la thèse, est une relecture œcuméniste de l'histoire de Byzance de 1204 à 1453. Partant du postulat que « le différend entre catholiques et orthodoxes n'est pas dogmatique », elle minimise le rôle de l'idéologie catholique dans les Croisades – les Grecs considérés comme schismatiques ; elle adopte la solution du décret de Florence sur le Saint Esprit, ce qui est son droit, mais ne mentionne point les arguments de Marc d'Éphèse, ce qui est anti-historique. Scholarios est à ses yeux un opportuniste et un collaborateur, thèse qui n'est appuyée sur aucun document et qui expliquerait difficilement une survie de 500 ans de christianisme orthodoxe].

Nicol, Donald M. *Byzantium: its Ecclesiastical History and Relations with the Western World, Selected Essays.* Londres,Variorum reprints, 1972.

---. *Church and Society in the Last Centuries of Byzantium.* Cambridge, CUP, 1979.

---.*Byzantium and Venice.* Cambridge, CUP, 1989.

---. *A Biographical Dictionary of the Byzantine Empire.* Londres, Seaby, 1991.

---. *The Immortal Emperor: The Life and Legend of Constantine Palaiologos, Last Emperor of the Romans.* Cambridge, CUP, 1992.

---. *The Last Centuries of Byzantium, 1261-1453.* Cambridge, CUP, 1993. Récemment traduit et publié en français, voir entrée suivante.

---. *Les Derniers siècles de Byzance 1261-1453.* Paris, Les Belles Lettres, 2005.

Norwich, John Julius. *Histoire de Byzance.* Paris, Perrin, 2002.

Ostrogorsky, Georges. *Histoire de l'État byzantin.* Trad. J. Gouillard. Paris, Payot et Rivages, 1996. Ouvrage cité par Runciman dans une traduction anglaise.

Ostroumoff, N. *The History of the Council of Florence.* Trad. B. Popoff. 1861. Boston, St Nectarios P., 1971.

Oxford Dictionary of Byzantium, 3 vols. Oxford, OUP, 1991.

Petit, Louis. *Documents relatifs au concile de Florence I, La Question du Purgatoire à Ferrare*, doc. I-VI. Turnhout, Brepols, 1973. In *Patrologia Orientalis*, t. XV, fasc. 1, n°72.

---. *Documents relatifs au concile de Florence II, Œuvres anticonciliaires de Marc d'Éphèse.* Doc. VII-XXIV. Turnhout, Brepols, 1974.

Romanidès, John S. *Franks, Romans, Feudalism and Doctrine, An Interplay between Theology and Society.* Brooline, Holy Cross Orthodox Press, 1981.

Runciman, Steven. *Histoire des Croisades.* Trad. Denis-Armand Canal et Guillaume Villeneuve. Paris, Tallandier, 2006. Fresque extraordinaire, voir en particulier le récit de la 4e croisade.

---. *Le Schisme d'Orient : la papauté et les Églises d'Orient, XIe-XIIe siècles.* Trad. Hughes Defrance. Paris, Les Belles Lettres, 2005.

Sherrard, Philip. *The Greek East and the Latin West, a Study in the Christian Tradition.* Londres, OUP, 1959.

"Sir Steven Runciman (1903-2000)", obituary, *The Times*, 2 novembre 2000.

"Sir Steven Runciman", obituary by Nigel Clive, *The Guardian*, 3 novembre 2000.

"Sir Steven Runciman", obituary by Philip Mansel, *The Independent*, 2 novembre 2000.

Speros, Vryonis, Jr. "Sir Steven Runciman and the world of Byzantium", <http://www.greekworks.com/content/index.php/weblog/extended/sirstevenrunciman>

The Economic History of Byzantium from the Seventh through the Fifteenth Century, éd. A. E. Laiou, 3 vols. Washington, 2002.

Tsirpanlis, K. Mark *Eugenicus and the Council of Florence, a Historical Re-evaluation of his Personality.* (1974). New York, 1979.

Yérasimos, Stéphane. *Constantinople : de Byzance à Istanbul.* Paris, Place des Victoires, 2005.

INDEX

Note : Les termes qui reviennent constamment dans le texte, comme Byzantins, Constantinople, Grecs, Italiens, Ottoman, Turcs, ne sont pas listés dans l'index ci-après. Pour les noms grecs connus (ex : Paléologue) nous avons adopté la forme francisée.

Mytilène, 116, 193

Achevé d'imprimer en mai 2007
dans les ateliers de Normandie Roto Impression s.a.s.
61250 Lonrai
N° d'imprimeur : 071280
N° d'éditeur : 3162
Dépôt légal : mars 2007
ISBN : 978-2-84734-427-1

Imprimé en France